Robert B. Dilts,
Tim Hallbom & Suzi Smith

Identität, Glaubenssysteme und Gesundheit

Höhere Ebenen der NLP-Veränderungsarbeit

Ausführliche Informationen zu weiteren Büchern von Robert B. Dilts
sowie zu jedem unserer lieferbaren und geplanten Bücher
finden Sie im Internet unter **www.junfermann.de**
– mit ausführlichem Infotainment-Angebot
zum JUNFERMANN-Programm.

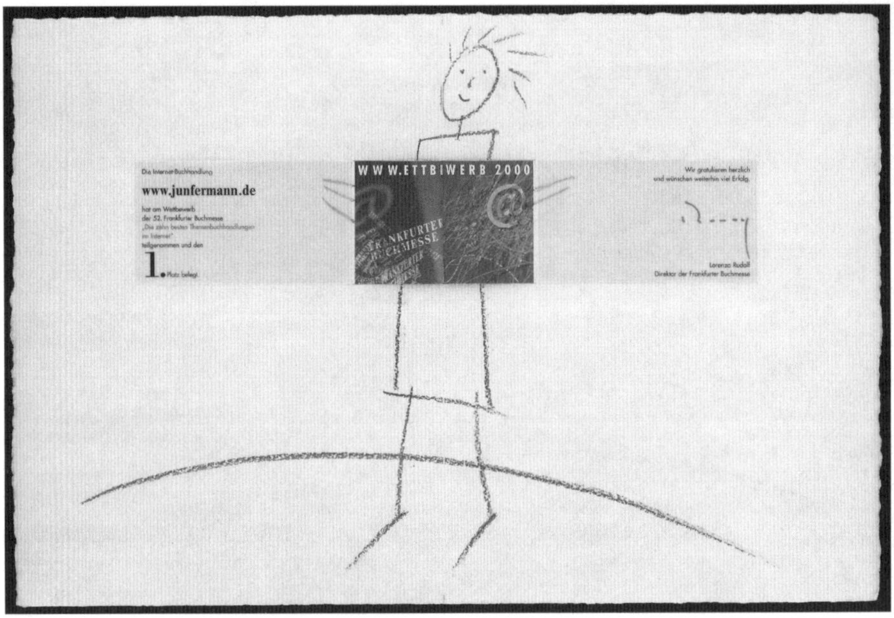

www.junfermann.de: 1. Platz im Wettbewerb
„Beste Themenbuchhandlung im Internet"

Reihe
Pragmatismus & Tradition
Band 11
Herausgegeben von
Thies Stahl

Robert B. Dilts
Tim Hallbom & Suzi Smith

Identität, Glaubenssysteme und Gesundheit

Höhere Ebenen der NLP-Veränderungsarbeit

Aus dem Amerikanischen von Gabriele Dolke

Junfermann Verlag · Paderborn
2001

2. Auflage 1993
3. Auflage 1998
4. Auflage 2001
Originaltitel: Beliefs – Pathways to Health & Well-Being;
erschienen bei Metamorphous Press
Übersetzung aus dem Amerikanischen: Gabriele Dolke

Satz: JUNFERMANN Druck & Service, Paderborn
Druck:

CIP-Titelaufnahme der Deutschen Bibliothek

Dilts, Robert B.:
Identität, Glaubenssysteme und Gesundheit: höhere Ebenen der NLP-Veränderungsarbeit / Robert B. Dilts; Tim Hallbom und Suzi Smith. Aus dem Amerikan. von Gabriele Dolke. – Paderborn: Junfermann, 2001
(Reihe Pragmatismus & Tradition; Bd. 11)
Einheitssacht.: Belief systems and your well being <dt.>
ISBN 3-87387-030-4
NE: Hallbom, Tim:; Smith, Suzi:; GT

ISBN 3-87387-030-4

Inhalt

Widmung

Für meine Mutter, Patricia, die mich lehrte zu leben;
für meinen Vater, Robert, der mich lehrte, was das Leben bedeutet;
für meine Frau, Anita, die mich lehrte zu lieben;
und für meinen Sohn, Andrew, der mich lehrte zu sein.

Robert Dilts

Danksagung

Die Liste der Menschen, denen in einem Werk wie diesem Dank gebührt, ist umfangreich und lang. Die Individuen, die sowohl zum intellektuellen als auch zum prozedural-praktischen Hintergrund des hier vorgestellten Materials beigetragen haben, umfassen nicht nur meine eigene Lebenszeit, sondern auch den gesamten Verlauf der überlieferten und dokumentierten Geschichte. Menschen wie Aristoteles, Sigmund Freud, Konrad Lorenz, Fritz Perls und andere, die den Boden für unser heutiges Verständnis der menschlichen Psyche bereitet haben, verdienen unseren Dank. John Grinder und Richard Bandler, die beiden Schöpfer des Neurolinguistischen Programmierens haben immens zu dem folgenden Werk beigetragen; zum einen als die Urheber von vielen der Prinzipien und Techniken, aus denen diese Prozesse stammen, zum anderen aber auch als meine persönlichen Mentoren und Freunde. Unter anderen, deren Arbeit dieses Material beeinflußt hat, sei Milton Erickson, Gregory Bateson und Timothy Leary gedankt; ich hatte das enorme Privileg, bei jedem von ihnen persönlich studieren zu können.

Ich möchte weiterhin der späten Virginia Satir danken; ihre Arbeit hat zu diesem Material beigetragen. Mein Kollege, Todd Epstein, der fast allen meinen Ideen als Resonanz diente, hat fortwährend zu diesem Material beigetragen. Ich möchte der Schar meiner NLP Kollegen, dem Netzwerk der Trainer und den vielen Einzelpersonen danken, die mir die Gelegenheit gaben, ihnen zu helfen, sie zu unterstützen und von ihnen für meine eigene Arbeit mit Glaubenssystemen zu lernen, in meinem Streben nach einem vollkommeneren Verständnis und der Möglichkeit, die Prozesse für menschliche Gesundheit, Wahlmöglichkeiten und Kreativität zu fördern. Last but certainly not least, zuletzt, aber sicherlich nicht geringer danke ich meiner Mutter, die mich primär durch das erfahrungsmäßige und intuitive Verständnis und die Entwicklung des Materials führte, das nun folgt.

Robert Dilts

Wir möchten einige weitere Danksagungen hinzufügen. Dave Young trug durch ein Transkript zum Kapitel über Allergien bei, Michael und Diane Phillips von Anchor Point halfen mit Vorschlägen für das Redigieren des Buchs, Paula Walters unterstützte uns besonders am Anfang; dem Eastern Institute of NLP sei gedankt, das uns Transkripte von Workshops zur Verfügung stellte, und Steve und Connirae Andreas von NLP Comprehensive, die uns Audio- und Video-Cassetten von Roberts Workshops überließen und uns auch mit Insider-Hinweisen zum Redigieren dienten. Wir möchten auch unseren vielen Freunden, Studenten und Kollegen danken, die uns ermutigt haben, dieses Werk fertigzustellen.

Suzi Smith
Tim Hallbom

Vorwort der deutschen Übersetzerin

Es war an einem frischen Aprilmorgen – die ersten Sonnenstrahlen fanden wärmend ihren Weg durch den Nebel der vergangenen Nacht – als ich Robert Dilts zum ersten Mal begegnete. Berlin, 1989 – für seine Workshops war ich als Übersetzerin eingeladen.

Während ich noch aufgeregt die herrlich großen Räumlichkeiten der Gründerzeit erkundete und beobachtete, wie sich der Vortragsraum mehr und mehr mit bunt gekleideten Menschen aller Altersstufen füllte, wurden „hinter den Kulissen" eifrig letzte Anmeldungen registriert, Unterlagen verteilt, eine Videokamera, verschiedenste Mikros und Walkmen in Position gebracht, dort vorn, wo der Stuhl noch leer auf den „Meister" wartete. Eine sirrende, vor Erwartung freudig angespannte Atmosphäre herrschte unter den Teilnehmern. Viele von ihnen schienen sich bereits zu kennen, immer wieder hörte man freudige Begrüßungsrufe, Hände wurden geschüttelt, viele umarmten sich.

Seit ich zum ersten Mal von Robert Dilts gehört und Bücher von ihm gelesen hatte, waren einige Jahre vergangen, in denen ich mir oft gewünscht hatte, einmal an seinen Seminaren teilnehmen zu können, denn seine präzise Darstellungsweise schwieriger Konzepte, die klare „Struktur", die er an „subjektive Erfahrung" sowohl unter wissenschaftlicher Perspektive als auch in bezug auf rein pragmatische Anwendung anzulegen verstand, hatten mich begeistert und neugierig gemacht, diesen Menschen kennenzulernen und „live" zu erleben. Meine ursprüngliche Vorstellung davon, wie einer der innovativsten Mitentwickler des NLP auszusehen hat, wurde allerdings durch die tatsächliche persönliche Begegnung mit Robert erst einmal zurechtgerückt.

Als die Zeiger der Uhr immer näher auf die Anfangszeit des Workshops vorrückten, war plötzlich ein Ruf „Robert! Welcome!" zu hören. Der kleine, feingliedrige, schlanke Mann mit dunklen Haaren und Bart, gekleidet im grau-schwarzen Business-Outfit, weißen Hemd und Krawatte, bahnte sich den Weg durch den Stuhlkreis und blieb hier und da stehen, um in aller Ruhe einige der auf ihn zukommenden Teilnehmer zu begrüßen, die er wohl von früheren Seminaren her kannte. Mit meinen „Schmetterlingen“ im Bauch und einem zugleich sehr angenehm entspannten Gefühl, als sei die Ruhe und Gelassenheit von Robert bereits auf mich eingewirkt, ging ich auf ihn zu und gab ihm zum ersten Mal die Hand. Sein warmer, weicher und doch nicht schlaffer Händedruck überraschte mich; ich empfand vom ersten Augen-Blick Vertrauen zu ihm und ein Gefühl, als ganze Person wertgeschätzt zu werden. Ich begrüßte ihn mit einem „Hello, you must be Robert! Nice to meet you“, und stellte mich vor. „Oh, nice to meet you, too“, entgegnete Robert und nahm sich genügend Zeit, um mit mir die notwendigen Details für die Simultanübersetzung zu besprechen. Sein langsames Sprechtempo und seine deutliche Aussprache im Gespräch mit mir und zu Beginn des Seminars machten mich glauben, daß es auch während des Workshops so weiter gehen würde, doch schon nach den ersten Minuten wurde uns allen erfahrbar, daß Robert sein Thema, bei dem es u. a. um die Veränderung von Glaubenssätzen gehen sollte, auf keinen Fall im Theoretischen belassen wollte: Erst einmal in Redefluß gekommen, sprühte er nur so vor begeisternden Ideen, und entsprechend sprühend-schnell war auch seine Sprechgeschwindigkeit – eine echte Herausforderung. Dabei war allerdings erstaunlich, mit welcher Klarheit und wie wohlstrukturiert er seine Ausführungen sowohl auf „visuellem Kanal“ an die Tafel schrieb, als auch lebendig und fesselnd zu den Teilnehmern „rüberbrachte“. Besonders faszinierend fand ich, daß Robert neue und schwierig erscheinende Gedanken in einer bestechenden Einfachheit zu vermitteln wußte und mehr noch, wie er jede der (z. T. hochwissenschaftlichen) Erkenntnisse im Sinne des Prinzips der Wahlmöglichkeiten in – meist mehrere – logische und pragmatische Anwendungen für Beratung und Therapie verwandelte. Viele dieser Übungen, die ich dort auf dem Workshop kennenlernte, finden sich auch in diesem Buch – klar nachvollziehbar und tiefgreifend. Nicht von ungefähr kann man bei der derzeitigen Entwicklung seiner Ideen erwarten, daß Robert Dilts, der seit einigen Jahren die Kreativitäts-Strategien von Genies und berühmten Persönlichkeiten wie z. B. Sokrates, Jesus, Mozart und Einstein studiert, analysiert und diese selbst auf geniale Weise in handfeste NLP-Übungen zur Erweiterung des menschlichen Potentials und der individuellen Ressourcen sowie zur Therapie von sog. psycho-somatischen Erkrankungen verwandelt, möglicherweise selbst in die Gemeinschaft dieser innovativen und genialen Schöpfer aufgenommen wird.

Von seinem Lehrer Gregory Bateson griff er die Idee der logischen Ebenen (logical levels) auf und setzte, wie er mir später sagte, all seinen Ehrgeiz daran, diese in praktische Anwendungsmöglichkeiten, d. h. in NLP-Übungen zu transformieren; er entwickelte daraus weiterhin das Modell der „neuro-logischen“ Ebenen, das man als Grundlage des holistischen Gesundheitsmodells verstehen kann, das in diesem Buch vermittelt wird.

Durch die Erfahrungen mit diesem Modell eröffneten sich in meinem Denken und therapeutischen Handeln wahrhaft neue Dimensionen. Besonders interessant erscheint dabei insbesondere die Ebene der Glaubenssätze und Grundüberzeugungen eines Menschen, die einen Großteil der Identität formen und wesentlichen Einfluß auf „psychische" sowie „somatische" Probleme haben (und aufgrund dessen von vielen Therapierichtungen oft als kritische, veränderungsresistente Faktoren angesehen werden).

Beeindruckt hat mich, daß seine Motivation zu dieser herausfordernden Arbeit aus einer persönlichen Krise und Betroffenheit entstand, die Robert ganz offen und mit glänzenden Augen mit-(uns)-teilte: Die gemeinsame Arbeit mit seiner an Krebs erkrankten und von den Ärzten aufgegebenen Mutter, der er auch dabei half, grundlegende, lebens-gefährdende Glaubenssätze zu verändern und dadurch gravierend zu ihrer Genesung beizutragen, wurde für beide zu einer Erfahrung, die ihr Leben und Wirken verändert hat.

In diesem Buch geht es nun in der Tat um die Frage, wie diese „Beliefs" entstehen, welchen Einfluß sie auf die verschiedenen Ebenen des Daseins haben und auch darum, wie sie verändert werden können. Hier weist Dilts auf wohlfundierter Theoriebasis und anhand unterschiedlichster Übungen einen Weg der Therapie, der – ohne an dieser Stelle irgend eine Therapieform diskreditieren zu wollen – weit über die bekannte „kognitive Umstrukturierung" o.ä. hinausgeht. Die wörtlich protokollierten Demonstrationen und prägnanten Zusammenfassungen lassen Dilts' Arbeit mit Menschen, die an Krebs oder Aids, an Allergien und anderen „somatischen" Erkrankungen leiden, lebendig, erfahrbar und erlernbar werden. Sein Zugang bleibt nicht „kognitiv", auch hat er längst die stille Meditationshaltung bei den NLP-Übungen überwunden – wo sich geistig und emotional etwas bewegen soll, darf und soll sich auch der Körper bewegen. Seine Arbeit geht in tiefere Schichten und Dimensionen des Erlebens und Daseins.

Meine eigene Erfahrung als Teilnehmerin an einer Demonstration seiner Arbeit mit Glaubenssätzen, war für mich auch auf allen anderen Ebenen – psychisch, emotional und körperlich – ein Erlebnis, das ich nur als „eine neue Geburt" beschreiben kann. Die Einfühlsamkeit, Sensibilität, unendliche Geduld und zugleich das Gefühl von Sicherheit und Klarheit, die ich in der Arbeit mit Robert erlebt habe, berührte tiefe Bereiche meiner Identität und wurde für mich zu einer spirituellen Erfahrung.

Bei all seiner hervorragenden Arbeit präsentiert sich Robert Dilts dennoch nicht als „Guru" oder „Meister" – im Gegenteil, seine Grundhaltung sind tiefe Anteilnahme und Offenheit in jeder menschlichen Begegnung. Vielleicht in der Tat wie eine gute Hebamme hilft er, die Ressourcen ans Licht zu bringen und die Potentiale zu fördern, die schon lange in uns gewachsen sind – und er nimmt Dank, Bewunderung oder Lob mit tiefer Freude und einer Haltung von Demut entgegen.

Im Wissen um die Möglichkeiten und Grenzen des bewußten Wissens hat er eine unglaubliche Flexibilität entwickelt, die selbst vor schwierigsten Problemen nicht Halt macht. Er stellt sich jedoch nicht als der Allwissende dar, denn für ihn ist jeder Mensch „eine neue Welt" über die er staunen kann, jeder Kontakt „der Beginn eines Tanzes mit einem unbekannten Bewußtsein" (vgl. Vera Becker, Die Primadonnen der Psychotherapie – Gespräche mit berühmten Therapeuten, Junfermann Verlag, Paderborn 1989, S. 155-187).

Diese Haltung spiegelt für mich die Erfahrung wider, daß jede „Psycho-Werkzeugkiste" zwar ein nützlicher und wesentlicher Bestandteil jeglicher effektiver Therapie ist, daß die Beziehung zu dem anderen Menschen aber, die Achtung und Ehrfurcht vor dem anderen Menschen-Wesen und die Liebe, die in der Beziehung leben kann, ein mehr als ebenso wesentlicher Teil des Menschseins und der Therapie ist.

Insbesondere in der heutigen Zeit verspüren viele Menschen trotz oder gerade wegen der materiellen „Überfütterung" in unserer Gesellschaft mehr und mehr eine innere Leere und Sinnlosigkeit und erkranken daran nur zu häufig „psycho-somatisch". Dilts eröffnet mit seiner Arbeit Möglichkeiten, die persönlichen Werte, die Glaubensüberzeugungen und die eigene Identität zu ent-decken, die im Zentrum von Krankheit und Gesundheit stehen, und mit den „Dingen" Kontakt aufzunehmen, „die größer sind als wir selbst", mit der eigenen Spiritualität, der Aufgabe und dem Sinn des Lebens, der eigenen „Mission" und „Vision", und auch Wege zu finden, sie zu er-füllen. Dank deshalb von ganzem Herzen an Robert Dilts, der mich lehrte, eine „neue Welt" zu entdecken.

Ihnen, liebe Leserin, lieber Leser, wünsche ich, daß dieses Buch ein wertvoller Begleiter werden wird, um viele neue Wege zu finden, die Ihre Arbeit und Ihr Leben reicher machen.

Gabriele Dolke
Diplom-Psychologin und Therapeutin

Einleitung

Veränderung ist ein vielschichtiger Prozeß ...

Wir machen Veränderungen in unserer Umwelt:

Veränderungen in unseren Verhaltensweisen, mit denen wir auf unsere Umwelt einwirken;

Veränderungen in unseren Fähigkeiten und in den Strategien, durch die wir unserem Verhalten Richtung und Führung geben;

Veränderungen in unserem Glauben (beliefs) und unseren Wertsystemen, durch die wir unsere Führungssysteme (guidance systems) und inneren Landkarten (maps) motivieren und verstärken;

Veränderungen in unserer Identität, aus der heraus wir die Glaubenssätze und die Werte wählen, nach denen wir leben;

Veränderungen in unserer Beziehung zu den Dingen, die größer sind als wir, jene Dinge, die die meisten Menschen das Spirituelle nennen.

In diesem Buch geht es darum, wie man auf einer bestimmten Veränderungsebene mehr Wahlmöglichkeiten gewinnen kann – auf der Ebene von Glaubenssätzen und Glaubenssystemen.*

Die Absicht dieses Buchs ist es, konzeptuelle und interaktive ,Werkzeuge' zur Verfügung zu stellen, die notwendig sind, die Glaubenssysteme zu verstehen, mit denen wir in der Umwelt leben und operieren und um innerhalb dieser Glaubenssysteme mehr Wahlmöglichkeiten zu gewinnen.

Ich begann, die Prozesse, die bei der Veränderung von Glaubenssätzen und -systemen beteiligt sind, ernsthaft zu erforschen, als meine Mutter 1982 zum wieder-

* Im Original „belief(s)" oder „belief system(s)". Da das englische „belief(s)" im Deutschen oft einer Umschreibung bedarf, wird es im folgenden mit „Glaubenssatz"/-sätze" oder auch „Glaubenssystem", in einzelnen Fällen auch als „Glauben" übersetzt.

holten Male Brustkrebs mit einem ziemlich großen Ausmaß an Metastasen und einer schlechten Prognose für eine Gesundung hatte. Dadurch, daß ich ihr auf ihrem dramatischen und tapferen Weg zur Gesundung half, von dem einige Elemente in diesem Buch beschrieben sind, kam ich sehr persönlich mit den Auswirkungen in Kontakt, die Glaubenssätze in Beziehung zur Gesundheit einer Person haben können und in bezug auf alle anderen Ebenen von Veränderung, die beteiligt sind, um eine vollständige und anhaltende Verhaltensänderung zu schaffen.

Der erste „Belief and Health" Workshop wurde im Dezember 1984 gehalten. Die meisten Konzepte und Techniken, die in diesem Buch beschrieben sind, sind Ergebnisse dieses Programms und der darauf folgenden Programme sowie auch Ergebnisse der Arbeit, die ich mit einzelnen Individuen durchgeführt habe; mit Menschen, die sich sowohl in lebensbedrohlichen als auch lebenstransformierenden Prozessen befanden. Während die Wurzeln der Konzepte und Techniken, die in diesem Buch präsentiert werden, weit und tief verzweigt sind, bezieht es sich am stärksten auf die Prinzipien und Techniken des Neurolinguistischen Programmierens. Die Quellen für das Material in diesem Buch sind vorwiegend NLP-Seminare für Fortgeschrittene, in denen das Thema Glaubenssätze und der Umgang mit ihnen als eine Fertigkeit auf fortgeschrittener Ebene präsentiert und behandelt wurden.

Das Buch ist in solcher Weise geschrieben, daß Sie als Leser oder Leserin sich in einen soeben stattfindenden Workshop als TeilnehmerIn ‚hineinassoziieren' können. Stellen Sie sich vor, Sie sind dort, Sie schauen den Demonstrationen zu, hören die Fragen und Antworten, und Sie nehmen teil an Diskussionen und Übungen.

Das primäre Ziel dieses Buchs ist, Ihnen das „Wie" (the „how to's") von Glaubensveränderungen zur Verfügung zu stellen, obwohl ich hoffe, Sie als LeserIn werden ebenso Inspiration und neue Ideen in den Konzepten und Beispielen der Menschen finden, die dieses Buch ausmachen.

Ich sollte noch darauf hinweisen, daß dies ein Gebiet des NLP ist, das sich so rapide entwickelt, daß wir schon jetzt genügend neues Material und neue Techniken haben, um einen zweiten Band zu füllen. Deshalb empfehle ich Ihnen: Machen Sie sich auf den Weg durch dieses Buch, als Möglichkeit, Ihre eigenen Glaubenssätze und Glaubensysteme zu erweitern, Ihren Glauben darüber, welche vielfältigen Möglichkeiten und Methoden in dem Prozeß beständiger Veränderung beteiligt sind – im Gegensatz zu einer einfachen Beschreibung von Techniken oder Vorgehensweisen.

Kapitel 1

Glaubenssätze: Ihre Identifikation und Veränderung

1982 hatte meine Mutter eine Übergangsphase in ihrem Leben erreicht. Viele Dinge veränderten sich für sie. Ihr jüngster Sohn war dabei, das Haus zu verlassen, und sie mußte sich damit auseinandersetzen, was dies für sie bedeutete. Die Kanzlei, in der mein Vater gearbeitet hatte, löste sich auf, und mein Vater machte sich selbständig. Ihre Küche, das Herz ihres Heims, war abgebrannt und sie fühlte sich sehr frustriert und durcheinander, weil die Küche „ihr Platz" war und zu einem Teil das repräsentierte, was sie in unserem Familiensystem war. Zu all dem kam noch, daß sie als Krankenschwester Überstunden für verschiedene Ärzte machte. Dies kommentierte sie mit dem Satz, daß sie „sterben" würde für einen Urlaub.

Mitten in all diesem Streß von Veränderung in ihrem Leben bekam sie ein weiteres Mal Brustkrebs, der Metastasen im Schädelknochen, in der Wirbelsäule, den Rippen und im Becken gebildet hatte. Die Ärzte stellten ihr eine schlechte Prognose und sagten letztlich, sie würden tun, was sie könnten, um es ihr „angenehm zu machen und zu erleichtern".

Meine Mutter und ich verbrachten lange Tage damit, mit ihren Glaubenssätzen, die sie über sich selbst und ihre Krankheit hatte, zu arbeiten. Ich benutzte jede NLP-Technik, die angemessen erschien. Es war eine anstrengende Arbeit für sie. Wenn wir gerade nicht arbeiteten, aß oder schlief sie. Ich half meiner Mutter dabei, eine Anzahl von einschränkenden (limiting) Glaubenssätzen zu verändern und größere Konflikte zu integrieren, die sich in ihrem Leben aufgrund dieser ganzen Lebensveränderungen entwickelt hatten. Als Ergebnis dieser Arbeit mit ihren Glaubenssätzen war sie in der Lage, beeindruckende Verbesserungen in ihrer Gesundheit zu erzielen, und sie entschied sich gegen eine Chemotherapie, Strahlentherapie oder irgendeine andere traditionelle Therapie. Zu der Zeit, wo dieses Buch geschrieben wird (7 Jahre später), erfreut sie sich hervorragender Gesundheit und hat bisher keine weiteren Anzeichen von Krebs gehabt. Sie schwimmt mehrmals in der Woche eine halbe Meile und lebt ein glückliches, erfülltes Leben, reist nach Europa und spielt Rollen in der Fernsehwerbung. Sie ist eine Inspiration für uns alle, für das, was für Menschen mit lebensbedrohlichen Krankheiten möglich ist.

Die Arbeit, die ich mit meiner Mutter durchführte, war entscheidend für meine Entwicklung von NLP-Modellen, um mit Gesundheit, Glaubenssätzen und Glaubenssystemen zu arbeiten. Die Modelle, die ich heute benutze, haben sich in den vergangenen sieben Jahren wesentlich weiterentwickelt. Um diese Modelle geht es in diesem Buch.

Noch bevor ich mit meiner Mutter arbeitete, war ich gefesselt von Glaubenssystemen und verblüfft, als ich erkannte, daß einige Leute, mit denen ich gearbeitet hatte, sich dennoch nicht veränderten, obwohl ich „erfolgreiche" NLP-Interventionen mit ihnen durchgeführt hatte. Indem ich erforschte, warum das so war, entdeckte ich, daß diese Menschen solche Glaubenssätze hatten, die irgendwie die Veränderung, die sie wollten, verneinten. Ein typisches Beispiel davon ereignete sich, als ich vor einer Gruppe von Sonderschullehrern (special education teachers) ein Seminar hielt. Eine Lehrerin hob ihre Hand und sagte, „Weißt du, ich finde, die NLP-Buchstabiertechnik ist toll, und ich benutze sie bei allen meinen Schülern. Nur bei mir selbst, da funktioniert sie nicht." Ich testete sie und fand heraus, daß die NLP-Strategie in der Tat sehr wohl bei ihr wirkte. Ich konnte ihr beibringen, ein Wort vorwärts und rückwärts korrekt zu buchstabieren. Dennoch, weil sie nicht glaubte, daß sie buchstabieren könne, ließ sie ihre neue Fähigkeit unberücksichtigt. Dieser Glaube erlaubte ihr, sich über jeglichen Beweis dafür hinwegzusetzen, daß sie tatsächlich buchstabieren konnte.

Glaubenssysteme sind der große Rahmen jeder Veränderungsarbeit, die Sie tun. Sie können Leuten beibringen zu buchstabieren – solange sie am Leben sind und Information zurückmelden können. Wenn Menschen jedoch wirklich glauben, daß sie etwas nicht können, werden sie unbewußt einen Weg finden, das Eintreten einer Veränderung zu verhindern. Sie werden einen Weg finden, die Ergebnisse so zu interpretieren, daß sie mit ihren bestehenden Glaubenssätzen übereinstimmen. Um die Lehrerin, von der wir vorher sprachen, dazu zu bringen, die Buchstabiertechnik anzuwenden, mußten wir zuerst mit ihrem einschränkenden Glauben arbeiten.

Ein Modell für Veränderung mit NLP

Wenn Sie mit irgendeiner Art von einschränkendem Glaubenssatz arbeiten, ist es Ihr Ziel, vom gegenwärtigen Zustand (present state) in Ihren erwünschten (Ziel-) Zustand (desired state) zu gelangen. Sie brauchen dazu eine klare Repräsentation Ihres Ziels. Wenn Sie zum Beispiel mit einem Raucher arbeiten, müssen Sie ihn dazu bringen, darüber nachzudenken, wer er sein wird und was er in seinen Beziehungen, in seinem Arbeitsleben, in seiner Freizeit, usw. tun wird, wenn er nicht mehr raucht. Sobald Sie jemandem geholfen haben, sich ein Ziel zu setzen, haben Sie bereits den Veränderungsprozeß begonnen, denn sein Gehirn ist ein kybernetischer Mechanismus. Das bedeutet, sobald er sich über sein Ziel klar ist, wird sein Gehirn sein unbewußtes Verhalten so organisieren, daß er es erreicht. Er wird anfangen, automatisch selbst-korrigierende Rückmeldung (self corrective feedback) zu nutzen, um auf seinem Weg zu seinem Ziel zu bleiben.

Ich habe kürzlich ein Beispiel dafür gehört. Jemand schrieb 1953 an einer Universität im Osten der U.S.A. eine Diplomarbeit über Zielsetzung (goal setting). Der Verfasser dieser Arbeit fand heraus, daß nur 3 % der Studenten ihre Lebensziele niedergeschrieben hatten. Zwanzig Jahre später, im Jahre 1973, überprüfte jemand die noch lebenden Mitglieder der Klasse von 1953 und fand heraus, daß die drei Prozent der Studenten, die ihre Ziele aufgeschrieben hatten, mehr Einkommen erzielten, als der Rest der Klasse insgesamt. Dies ist ein Beispiel dafür, wie Ihr Gehirn Ihr Verhalten organisieren wird, damit Sie ein Ziel erreichen.

Nachdem Sie identifiziert haben, was Sie erreichen möchten, können Sie beginnen, Informationen über Ihre momentane Situation zu sammeln: Ihren gegenwärtigen Zustand (present state). Indem Sie Ihren gegenwärtigen Zustand Ihrem erwünschten Zustand gegenüberstellen und die beiden miteinander vergleichen, können Sie bestimmen, welche Fähigkeiten und Ressourcen Sie brauchen, um Ihren erwünschten Zustand zu erreichen.

Formel für Veränderung

Ich möchte meine einfache NLP-Formel für Veränderung hier präsentieren: *Gegenwärtiger (Problem-) Zustand plus Ressourcen gleich erwünschter Zustand.*

Gegenwärtiger Zustand + Ressourcen = Erwünschter Zustand
(Present state + Resources = Desired state)

Dies ist im wesentlichen der Prozeß, den Sie bei allen spezifischen Techniken anwenden, die NLP in den letzten 17 Jahren entwickelt hat. Manchmal kommen Sie in Schwierigkeiten, wenn es darum geht, Ressourcen zu dem gegenwärtigen Zustand hinzuzufügen. Etwas im Denken der Person kommt dazwischen. Dann haben Sie ein Modell, das so aussieht:

Gegenwärtiger Zustand + Ressourcen = Erwünschter Zustand

↑↑↑

Interferenzen/Störungen
(einschließlich einschränkender Glaubenssätze)

Erkennen und Arbeiten mit Interferenzen

Manchmal bezeichne ich Interferenzen aus Spaß als „interne Terroristen", die all Ihre besten Anstrengungen sabotieren. Unglücklicherweise können Sie nicht nach innen gehen und den „Terroristen" verhaften, weil er ein Teil von Ihnen ist, der nicht zerstört, sondern vielmehr entfaltet und inkorporiert werden muß. Betrachten Sie eine Störung als eine Kommunikation darüber, daß eine *weitere Menge von Ressourcen* nötig ist, bevor Sie weiter auf Ihr Ziel (desired state) zugehen können.

Die häufigste Art von Interferenzen ist die *innerhalb* des Individuums. Manchmal versuchen Menschen, ein erwünschtes Ziel zu erreichen, aber sie erkennen nicht bewußt, daß sie bestimmte positive Gewinne aus dem Problem ziehen, das sie zu überwinden versuchen. Lassen Sie mich einige Beispiele davon geben, wie dies funktioniert.

Eine Frau hat vielleicht Schwierigkeiten abzunehmen, weil sie befürchtet, daß sich Leute von ihr sexuell angezogen fühlen könnten, wenn sie tatsächlich abnimmt. Abnehmen würde Angst auslösen, weil sie nicht weiß, ob sie in der Lage wäre, mit solchen Situationen taktvoll und angemessen umzugehen.

Wenn ein Mann, der krank ist, eine bestimmte Art von Aufmerksamkeit von seiner Familie bekommt, die er normalerweise nicht erhält, kann *das* zu einer Motivation dafür werden, krank zu bleiben. Wenn es ihm gutgeht, fühlt er sich einfach nur als selbstverständlich hingenommen und erhält nicht die Aufmerksamkeit, die er sich wünscht.

Ich erinnere mich an jemand, mit dem ich gearbeitet habe, der Leberkrebs hatte. Als ich ihn fragte, ob irgendwelche Teile von ihm etwas dagegen einzuwenden hätten, daß er wieder gesund würde, verspürte er ein Zögern. Ein Teil von ihm machte sich Sorgen, weil er alle seine Freunde zu einer großen Abschiedsparty um sich versammelt hatte, auf der jeder seine Seele offenbart und geweint hatte. Dieser Teil hatte das Gefühl, wenn er wieder gesund würde, wäre es ihm unmöglich, diesen unglaublichen Gefühlen gerecht zu werden und danach zu leben. Von da an würde es nur bergab gehen, weil er aufgrund seines vorausgesagten Sterbens dieses Gipfelerlebnis gehabt hatte. Nicht in der Lage zu sein, diesem Gipfelerlebnis gerecht zu werden, stellte eine Störung dar. Ich mußte erst mit dieser Störung arbeiten, bevor ich irgendwelche anderen Ressourcen hinzufügen konnte.

Interferenzen können eine von drei Formen annehmen. Die erste ist: Ein Teil der Person *will* die Veränderung nicht. Oft ist sich die Person über diesen Teil nicht bewußt. Ich arbeitete einmal mit einem Mann, der aufhören wollte zu rauchen, und jeder bewußte Teil von ihm stimmte zu. Allerdings gab es da noch einen unbewußten „15 Jahre alten" Teil in ihm, der sich für einen zu großen Konformisten halten würde, wenn er aufhörte zu rauchen. Würde er aufhören zu rauchen, wäre er nicht mehr er selbst. Wir mußten uns also erst um dieses Identitätsthema kümmern, bevor wir ihm angemessenere Wege zur Verfügung stellten, eine unabhängige Person zu sein. Daher müssen Sie, wenn Sie eine Veränderung bewerkstelligen wollen, diese Veränderung auch kongruent *wollen.*

Eine zweite Art von Störungen ist, wenn die Person nicht *weiß, wie* sie eine Repräsentation einer Veränderung schaffen soll oder wie sie sich verhalten soll, wenn sie sich tatsächlich verändern würde. Sie müssen *wissen, wie* sie sich vom gegenwärtigen in den erwünschten Zustand bewegen sollen. Ich habe einmal mit einem Jungen gearbeitet, der eine auditive Buchstabier-Strategie hatte und nicht buchstabieren konnte. Er versuchte zu buchstabieren, indem er die Buchstaben heraushörte. Natürlich konnte er nicht besonders gut buchstabieren, weil man, um effektiv zu buchstabieren, das Wort sehen und ein Gefühl von seiner Bekanntheit oder Unbekanntheit bekommen muß. Ich brachte ihm die NLP-Buchstabier-Strategie zur visuellen Erinnerung bei, was ihm das „*Know how*", das „*Wissen wie*" zu buchstabieren gab.

Dies führt uns zu der dritten Art von Störungen. Eine Person muß sich selbst die Chance geben, ihr Neu-Gelerntes zu nutzen. Es gibt einige verbreitete Arten, wie Menschen sich davon abhalten, sich *die Chance* zur Veränderung zu geben.

Eine Person braucht oft Zeit und Raum, damit die Veränderung stattfinden kann. Wenn jemand eine effektive Strategie ausprobiert, um abzunehmen, und er/sie sieht innerhalb einiger (weniger) Tage kein Ergebnis, hat er/sie sich selbst nicht die „Chance" gegeben, sich zu verändern. Indem Sie sich also einfach Zeit geben, kann es die Chance geben, die Sie brauchen.

Eine andere Art von Beispiel für eine „Chance zu" wurde demonstriert, als Tim Hallbom und Suzi Smith einmal mit einer Lehrerin eines Gymnasiums (graduate school) darüber sprachen, wie man Menschen helfen kann, Veränderungen in ihrem Leben zu erreichen. Die Lehrerin sagte: „Ich habe von der NLP-Phobie-Technik in Bandlers *Using Your Brain – For a Change* (Dt.: *Veränderung des subjektiven Erlebens*) gelesen, aber ich benutze sie nie, weil es so ein ‚quick fix', eine ‚Sekundenreparatur', ‚ein schnelles Hinbiegen' ist." Sie dachte, damit eine Veränderung der Mühe wert wäre, müßte es ein langer, schmerzhafter Prozeß sein. Tim und Suzi sagten: „Wir haben diesen Prozeß viele Male angewandt und gesehen, daß er jahrelang anhält." Sie entgegnete: „Es ist mir egal, ob es hält, es ist trotzdem ein ‚quick fix'." Diese Lehrerin war eine Person, die als „Menschen-Helferin" effektiver sein wollte, aber nicht lernen konnte wie, weil sie sich selbst aufgrund ihres festgefahrenen und einschränkenden Glaubens, wie eine Veränderung passieren sollte, nicht die Chance dazu gab.

Zusammenfassung

Zusammenfassend können Sie Veränderung durch folgende Schritte erreichen:

1. Identifizieren des gegenwärtigen Zustands (present state);
2. Identifizieren des erwünschten Zustands/Zielzustands (desired state);
3. Identifizieren der angemessenen Ressourcen (innere Zustände, Physiologie, Information oder Fertigkeiten), die Sie brauchen, um vom gegenwärtigen zum erwünschten Zustand zu kommen; und
4. Eliminieren jeglicher Interferenzen durch Nutzung dieser Ressourcen.

Sie brauchen *den Wunsch und Willen, das Wollen* (want to), sich zu verändern, das *Wissen wie* (know how to), und Sie müssen sich selbst die *Chance* zur Veränderung geben (chance to).*

Weitere Elemente, die Veränderung beeinflussen

Es gibt vier weitere zusätzliche Elemente, die damit zu tun haben, wie man Veränderung beeinflussen kann. Sie machen einen Teil des Willens aus, sich zu verändern, des Wissens wie und des Sich-selbst-eine-Chance-zur-Veränderung-Gebens. Diese Elemente sind:

(1) Physiologie, (2) Strategien, (3) Kongruenz und (4) Glaubenssysteme. Jede Veränderung, die Sie machen, wird auf irgendeine Weise durch jeden dieser Punkte beeinflußt.

Ich möchte es folgendermaßen unterteilen:

- Die Physiologie und Strategien haben mit dem „*Wissen wie*" zu tun. Wie *tun* Sie ein bestimmtes Verhalten?
- Kongruenz und Glaubenssätze haben zu tun mit dem (etwas tun) *Wollen* oder sich selbst die *Chance* dazu geben. Sie müssen fähig sein, sich voll dafür einzusetzen und nicht gegen sich selbst oder andere Leute zu kämpfen, wenn Sie dabei sind, es zu erreichen. Sie müssen ebenfalls glauben können, daß es für Sie möglich ist.

1. Physiologie

Physiologie, in dem Sinn, wie ich diesen Ausdruck gebrauche, hat damit zu tun, Zugang zu den richtigen Zuständen in Ihrem Körper zu bekommen, Ihre physiologischen Prozesse auf die angemessene Modalität (sehen, hören, fühlen) einzustellen, um etwas Bestimmtes zu tun. Lassen Sie mich einige Beispiele dafür geben, was ich bezogen auf die Physiologie meine. Ich habe mich mehrere Jahre mit

* Joseph Yeager, ein bekannter NLP-Trainer und Autor definierte diese drei Komponenten, die für effektive Veränderungen notwendig sind, (a) sich verändern wollen; (b) zu wissen, wie man sich verändert; und (c) die Chance zur Veränderung zu bekommen.

Schnellesen beschäftigt und herausgefunden, daß diejenigen, die am schnellsten lesen, ihre Physiologie am meisten mit einbringen und nutzen.

Ein Mann, den ich beobachtete, macht folgendes um sich auf das Lesen vorzubereiten: Er nimmt ein Buch, legt es hin und stellt sich in einiger Entfernung davor hin, macht sich bereit, sich daraufzustürzen. Er nähert sich, greift zu, schaut kurz drüber, blättert es schnell in seiner Hand und stellt sich wieder zurück. Dann, geht er wirklich dran. Er läßt seine Knöchel knacken, öffnet seinen Kragen, nimmt einen tiefen Atemzug und greift sich das Buch noch einmal während er sich hinsetzt und schnell zu lesen beginnt. Versuchen Sie das einmal selbst ... es ist wie ein kleines Erdbeben. Sobald Sie erst einmal durch diesen ganzen Prozeß des „Aufpumpens" hindurch sind, können Sie gar nicht mehr langsam lesen! (langsam) Anderseits ist es so, wenn Sie versuchen, schnell zu lesen, und sie machen dabei (seufzt ...), und Sie sitzen total entspannt zurückgelehnt ... dann wird es ein bißchen schwieriger, schnell zu lesen.

Lassen Sie mich noch ein anderes Beispiel geben. Wenn Sie jemandem beibringen, als Teil eines Veränderungsprozesses zu visualisieren, müssen Sie ihm mehr sagen, als daß er sich nur ein Bild machen soll. Vielleicht müssen Sie ihn auch in die angemessene Physiologie bringen. Wenn z. B. eine Frau kommentiert, daß sie nicht weiß, warum sie sich kein Bild machen kann, achten Sie auf ihre Körperhaltung. Wenn sie in sich zusammengesackt, tief atmend in einer „kinästhetischen Haltung" sitzt oder ihren Kopf nach vorne links geneigt hat, ist es keine Überraschung, daß sie keine visuelle Vorstellung machen kann, weil ihr Körper in einer Haltung ist, die mit Gefühlen und Hören assoziiert ist, nicht mit Sehen.

Meine Metapher für Physiologie (was sich bis hinein in die subtilen physiologischen Veränderungen erstreckt wie z. B. daß Ihre Augen sich nach oben bewegen, um sich ein Bild zu machen oder nach unten für Gefühle oder Geräusche), ist die eines Fernseh- oder Radiotuners. Fernsehstationen schicken die Wellen in den Raum, in dem Sie sich jetzt befinden. Ein Fernsehgerät hat eine bestimmte physiologische Einrichtung, die ihm erlaubt, diese Wellen aufzufangen. Wenn Sie Kanal 7 wählen, fängt es eine der Frequenzen dieser hereinkommenden Wellen statt der anderen bei einer minimalsten Interferenz durch die anderen auf.

Menschen funktionieren auf eine ziemlich ähnliche Weise. Wenn ich mir innere Bilder machen will, schaue ich nach oben rechts, atme flach und setze mich aufrechter hin, so daß ich fähig bin, ein Bild zu machen.

Es passiert manchmal, wenn Sie Kanal 3 einstellen, daß Sie Interferenzen (Störungen) von Kanal 4 bekommen. Das gleiche passiert manchmal auch in Ihrem Geist. Sie haben das Bild darüber, was Sie möchten, aber sie haben die falsche Stimme dazu ... sie haben eine Stimme, die sagt, „Nein, du kannst das nicht". So haben Sie also ein „Rauschen" von einem anderen Kanal – Ihrem auditiven Kanal. Das korrekte Benutzen Ihrer Physiologie erlaubt Ihnen, ein bestimmtes Verhalten ausführen zu können und das Ergebnis zu bekommen, das Sie erreichen wollen.

2. Strategien

Das Wort „Strategien" wird im NLP benutzt, um zu beschreiben, wie Menschen ihre inneren und äußeren Bilder, Geräusche, Gefühle, den Geruch und Geschmack in eine bestimmte Reihenfolge bringen, um einen Glaubenssatz, ein Verhalten oder ein Gedankenmuster zu produzieren. (Wir sprechen von den fünf Sinnen als Repräsentationssysteme oder Modalitäten. Wir Menschen erleben die Welt nie direkt – wir „re-präsentieren" sie uns selbst durch innere Vorstellungen, Geräusche und Stimmen und durch kinästhetische Gefühle.) In einer effektiven Strategie nutzt man die Repräsentationen, die am angemessensten sind, in der geeignetsten Reihenfolge, um ein Ziel zu erreichen.

Wenn das Ziel z. B. ist, ein Wort korrekt zu buchstabieren, werden gute Buchstabierer sich fast immer ein erinnertes Bild des Wortes machen und dann ihr Gefühl dazu überprüfen, um sicherzustellen, daß das Bild „richtig" ist. Schlechte Buchstabierer benutzen ineffektive Strategien, wie z. B. zu versuchen, das Wort phonetisch herauszuhören oder ein Bild vom Klang des Wortes her zu konstruieren. Keine dieser Strategien funktioniert gut, will man konsistent richtig buchstabieren.

Im Falle des Schnellesens wird die Lesegeschwindigkeit so lange begrenzt sein, wie jemand subvokalisiert (d. h. innerlich die einzelnen Wörter mitspricht), denn dann hängt die Lesegeschwindigkeit davon ab, wie schnell derjenige sprechen kann. Unabhängig davon, in welchem physiologischen Zustand er sich befindet, wird er in seiner Lesegeschwindigkeit eine Grenze erreichen. Wenn man sich die Worte vorspricht, anstatt sie zu sehen, wird man langsamer, denn Worte haben eine Reihenfolge. Um zu einem schnelleren Lesen zu gelangen, müßte man die Worte sehen und sich direkt Bilder ihrer Bedeutung machen.

Eine Sache, die jemanden zu einem guten Athleten oder einem guten Tänzer macht, ist die Fähigkeit, andere Leute dabei zu beobachten und dann selbst ins Tun einzusteigen. Vielleicht denken Sie, daß diese Leute deswegen gut sind, weil sie besser koordiniert sind als die meisten. Aber was erlaubt ihnen, besser koordiniert zu sein? Ist es die geistige Karte (map), die sie benutzen – die Sequenz der Repräsentationen und Submodalitäten, die sie benutzen? (Submodalitäten sind die

Qualitäten oder kleineren Elemente innerhalb jeder Modalität. Beispielsweise sind einige der Submodalitäten im visuellen Repräsentationssystem Helligkeit, Klarheit, Größe, Ort und Fokus. Im auditiven System sind es z. B. Lautstärke, Sprechgeschwindigkeit, der Ort wo das Geräusch herkommt; im kinästhetischen sind es z. B. Druck oder Dauer einer Berührung. Das Verändern von Submodalitäten oder der Reihenfolge der Repräsentationen wird Ihr subjektives Erleben eines jeden Ereignisses verändern, oft sogar sehr dramatisch.)

Jeder von uns hat „Talente", nicht weil wir schlauer sind oder bessere Gene haben als andere, sondern weil wir stabile Repräsentationen für eine bestimmte Fertigkeit oder ein Verhalten schnell und effizient bilden können. Um dies anschaulich zu machen, denken Sie jetzt einmal an ein Fach, das Sie in der Schule schnell und leicht gelernt haben, in dem Sie talentiert waren. Dann denken Sie an eins, in dem Sie sich abgeplagt haben. Bemerken Sie die Unterschiede in der Art, in der Sie jedes dieser beiden repräsentieren. Der Unterschied in Ihrem „Talent" hat mit der Strategie zu tun, die Sie benutzt haben.

3. Kongruenz

Kongruenz tritt dann auf, wenn Sie sich bewußt und unbewußt voll einem Ziel oder einem Verhalten verschreiben. Richtig zu essen und ein angemessenes Gewicht zu halten ist einfach, wenn „alle Teile" von Ihnen dies wollen. Sie werden die richtige Physiologie nutzen und gute Strategien haben, um Ihre Nahrung auszuwählen und zu essen. Es ist dagegen jedoch sehr schwer, wenn Sie sich darüber Sorgen machen, daß Sie vielleicht Ihren Lebensgenuß dadurch reduzieren, daß sie gesund essen. Sie können dann zwar in die geeignetste Physiologie gehen und effektive Strategien lernen, aber Sie werden nicht gesund essen, wenn Sie es nicht kongruent wollen.

Inkongruenz ist oft der Grund dafür, daß manche Verhaltensweisen so schwer zu verändern sind. Themen wie Rauchen, übermäßiges Trinken, Abnehmen, usw. sind deswegen so problematisch, weil ein Teil von Ihnen die Veränderung will, aber ein anderer Teil (oft ein unbewußter Teil) von Ihnen hat einen positiven Gewinn aus dem Verhalten, das Sie ändern wollen.

Als ich einmal mit einer Frau arbeitete, die abnehmen wollte, fragte ich: „Können Sie mir sagen, wie es sein würde, wenn Sie wieder schlank wären?" Sie sagte: „Ich weiß ganz genau, wie es sein würde. Ich würde so aussehen wie zu der Zeit als ich noch Schönheitskönigin war und mich selbst überhaupt nicht mochte." Kein

Wunder, daß sie jahrelang damit gekämpft und nicht abgenommen hatte. Als sie eine Schönheitskönigin war, hatte sie keine Kontrolle über ihr eigenes Leben. In der Lage zu sein, zu essen, was sie wollte, wann sie wollte, usw. war für sie eng damit verbunden, Kontrolle über ihr eigenes Leben zu haben. Schlank sein bedeutete, daß jemand anders alles regelte, was sie zu tun hatte und sie beurteilte. Für sie ging es um viel mehr als „einfach nur abnehmen".

Wenn Sie Ihre Ressourcen und Ihre Energie auf ein Ziel setzen, bei dem Sie nicht kongruent sind, wird ein Teil von Ihnen gegen die Veränderung ankämpfen und Sie wahrscheinlich davon abhalten. Vorhin nannte ich diesen Teil humorvoll den „internen Terroristen". Wenn Sie mit Ihrem Ziel kongruent sind, ist es viel einfacher, viele Wege zu finden, es auch zu erreichen.

Innere Konflikte (Inkongruenzen) kommen in vielen Formen vor. Es kann Kongruenzprobleme geben zwischen dem, was Sie *tun sollten* und dem, was Sie *tun wollen.* Es kann zum Beispiel sein, daß Sie denken, Sie *sollten* Ihrer Gesundheit zuliebe mit dem Rauchen aufhören, aber im Grunde *wollen* Sie eigentlich weiterrauchen, weil das das einzige ist, das Sie wirklich für sich selbst tun.

Es mag Kongruenzprobleme zwischen dem geben, was Sie *tun können* oder was sie *nicht tun können.* Sie wissen, daß Sie Ihren Chef um eine Gehaltserhöhung bitten *können,* weil Sie denken, daß Sie sie verdienen, aber irgendwie *können* Sie sich nicht ganz dazu überwinden. „Kann nicht"-Glaubenssätze sind schwieriger zu identifizieren als „sollte nicht" -Glaubenssätze, weil die Person Ihnen ja sagt: „Ja, ich *will* das *wirklich* tun, nur, ich *kann* es einfach nicht." Es scheint, als sei sie wirklich kongruent (besonders sich selbst gegenüber), aber irgendetwas hält sie davon ab, das zu tun, was sie will. Es erscheint einem solchen Menschen meist, als wenn er von irgendetwas von innen her sabotiert wird. (Der „Terrorist" tritt auf.) „Kann nicht"-Glaubenssätze beruhen normalerweise auf unbewußten Prägungen (imprints). Prägungen werden im Kapitel IV diskutiert.

4. Glaubenssätze und Glaubenssysteme

Glaubenssätze stellen einen der größeren Rahmen für das Verhalten dar. Wenn Sie wirklich an etwas glauben, werden Sie sich kongruent mit diesem Glauben verhalten. Es gibt verschiedene Typen von Glaubenssätzen, die am richtigen Ort sein müssen, damit Sie Ihr erwünschtes Ziel erreichen.

Eine Art dieser Glaubenssätze nennt man *Zielerwartung* (outcome expectancy). Das bedeutet, Sie glauben daran, daß Ihr Ziel erreichbar ist. In bezug auf Gesundheit bedeutet das, daß Sie glauben, daß es *möglich* ist, daß Menschen von etwas wie z. B. Krebs wieder gesunden können. Wenn Menschen nicht glauben, daß es möglich ist, ein Ziel zu erreichen (wie z. B. über eine Krankheit hinwegzukommen), fühlen sie sich hoffnungslos. Und wenn sich Menschen hoffnungslos fühlen, unternehmen sie nicht die notwendigen Schritte, um wieder gesund zu werden.

Keine Zielerwartung = Hoffnungslosigkeit

Eine andere Art von Glaubenssätzen nennt man Selbstwirksamkeits-Erwartung (self-efficacy expectancy)*.

Das bedeutet, Sie glauben daran, daß es möglich ist, das Ziel zu erreichen und Sie glauben, daß Sie haben, was immer Sie brauchen, um zu Ihrem Ziel zu gelangen. Bezogen auf Gesundheit heißt das, Sie glauben daran, daß Sie alle nötigen Ressourcen haben, die Sie brauchen, um sich selbst zu heilen (selbst wenn Sie glauben, Sie müssen diese Ressourcen erst noch neu organisieren).

Eine Person kann vielleicht glauben, daß ein Ziel für andere erreichbar ist, d. h. daß Menschen (grundsätzlich) von Krebs gesunden können, aber daß es für sie selbst nicht möglich ist. Wenn die Person glaubt, daß sie nicht hat, was sie braucht, um ihre Gesundheit zurückzugewinnen, findet man typischerweise ein Gefühl von Hilflosigkeit. Daher ist keine Selbstwirksamkeits-Erwartung gleichbedeutend mit einem Gefühl von Hilflosigkeit, und Hilflosigkeit führt ebenfalls zur Inaktivität.

Keine Selbstwirksamkeits-Erwartung = Hilflosigkeit

Beide Arten von Glaubenssätzen sind essentiell, um für erwünschte Gesundheitsziele so aktiv zu werden wie nötig. Wenn sich eine Person *sowohl* hoffnungslos *als auch* hilflos fühlt, wird sie apathisch. Dies kann ein wirkliches Problem darstellen, wenn man mit Krankheiten arbeitet, die potentiell lebensbedrohlich sind. Wenn

---

* A. Bandura, „Self Efficacy: Toward a Unifying Theory of Behavioral Change", *Psychological Review* 84 (1977), pp. 191-215.

Sie mit jemandem Glaubensarbeit machen, müssen Sie vielleicht mit einem oder beiden dieser Glaubensformen umgehen.

Wenn Sie eine Person bitten, ihre eigene Zielerwartung und/oder ihre Selbstwirksamkeit einzuschätzen, finden Sie oft eine Inkongruenz. Wenn Sie z. B. fragen, „Glauben Sie, daß Sie sich von Ihrer Krankheit erholen?“ werden Sie oft verbal die Antwort „Natürlich“ bekommen, während die Person in nonverbalem Widerspruch ihren Kopf schüttelt. Wenn Sie nur auf der Grundlage dessen arbeiten, was Ihnen jemand *sagt*, verpassen Sie die halbe Botschaft. Wenn Ihnen jemand eine solche inkongruente Botschaft anbietet, sollten Sie mit den konfligierenden Teilen mithilfe des „Verhandlungs-Modells“ („Negotiation Frame“) arbeiten, um angemessene Glaubenssätze von Selbstwirksamkeit und Zielerwartung zu entwikkeln. (Wir werden dieses später im Kapitel V diskutieren.)

Reaktions-Erwartung und der Placebo-Effekt

Es ist nützlich, einen weiteren Glauben zu kennen, den man Reaktions-Erwartung (response expectancy) nennt*. Reaktions-Erwartung ist das, was Sie als Resultat Ihrer Aktivitäten in einer bestimmten Situation – Negatives oder Positives – erwarten. Ein anschauliches Beispiel für eine Reaktions-Erwartung ist der Placebo-Effekt.

Der Placebo-Effekt tritt auf, wenn eine Person auf ein physiologisch inaktives „Medikament“ positiv reagiert – eine Mehltablette, eine Zuckerpille, eine Kapsel mit Milchpulver oder mit einem anderen unwirksamen Stoff. Sie geben jemandem ein Placebo, sagen ihm, daß es eine bestimmte Wirkung hervorrufen wird, was es mit ziemlicher Sicherheit tatsächlich oft tut. Placebos haben oft eine sehr hohe Erfolgsrate. Im Durchschnitt wirken sie genauso gut wie die echten Medikamente in ungefähr einem Drittel aller Fälle.

Ich habe vor einigen Jahren eine beträchtliche Anzahl Forschungsarbeiten (zur Wirkung von Placebos) überprüft, weil Bandler und Grinder Placebos auf den Markt bringen wollten. Sie hatten sich vorgenommen, sie in Flaschen zu füllen und „Placebos“ zu nennen. Anbei sollten kleine Broschüren mit Aussagen über die hohe Wirksamkeit von Placebos bei der Behandlung verschiedener Krankheiten in einer Anzahl von „x“ Fällen sein. Man sollte die Liste durchlesen und seine statistischen Erfolgschancen herausfinden können.

---

* Irving Kirsch, „Response Expectancy as Determinant of Experience and Behavior“, *American Psychologist* (November 1985), pp. 1189-1201.

Meine Durchsicht beförderte ein paar interessante Statistiken zutage. Die Forschung zeigte, daß bei Schmerzen Placebos bei 51 bis 70 % der Patienten so gut wie Morphium wirken können.*

Eine andere Studie betrachtete Placebos vom entgegengesetzten Gesichtspunkt.**

In dieser Studie wollten die Forscher herausfinden, wie gut diejenigen Leute, die auf Placebos reagierten, auch auf echte Drogen reagieren würden, also gaben sie ihnen Morphin. Sie fanden heraus, daß 95 % derjenigen, die auf Placebos reagiert hatten, auch positiv auf das Morphin ansprachen. Im Vergleich reagierten nur 54 % der Menschen, die nicht auf Placebos ansprachen, mit (Schmerz-) Linderung beim echten Morphium – ein Unterschied von 41 %. Menschen, die eine hohe Reaktions-Erwartung hatten, Linderung zu bekommen, bekamen sie auch. Angesichts dieser Art von Daten muß man sich über die Wirksamkeit bestimmter Medikamente wundern.

Eine weitere interessante Studie zeigte, daß die Reaktions-Erwartung (der Glaube, was das Medikament bewirken würde) der größte Entscheidungsfaktor war, der Resultate beeinflußte.***

In dieser Studie ging es um Alkohol, wobei die Untersuchungspersonen in vier Gruppen geteilt wurden:

1. Leute, denen mitgeteilt wurde, sie würden Alkohol bekommen und die wirklich Alkohol bekamen;
2. Leute, denen mitgeteilt wurde, sie würden Alkohol bekommen, die aber ein Placebo bekamen;
3. Leute, denen mitgeteilt wurde, sie würden keinen Alkohol bekommen, die aber welchen bekamen; und

---

* (a) F. J. Evans, „The Placebo Control of Pain", in J.P. Brady et al., *Psychiatry: Areas of Promise and Advancement* (NY: Spectrum, 1977). (b) „The Power of a Sugar Pill", *Psychology Today* (1974, 1977), pp. 55-59. (c) „Placebo Response: Relationship to Suggestibility and Hypnotizability", Proceedings of the 77th Annual Convention of th APA (1969), pp. 889-890.

** L. Lasagna, F. Mosteller, J.M. von Felsinger & H.K. Beecher, „A Study of the Placebo Response", *American Journal of Medicine*, 16 (1954), pp. 770-779.

*** (a) G.A. Marlatt, et al., „Cognitive Processes in Alcohol Use", in *Advances in Substance Abuse: Behavioral and Biological Research* (Greenwich, CT: SAI Press, 1980), pp. 159-199. (b) Bridell et al., „Effects of Alcohol and Cognitive Set on Sexual Arousal to Deviant Stimuli", *Journal of Abnormal Psychology, 87*, pp. 418-430. (c) H. Rubin & D. Henson, „Effects of Alcohol on Male Sexual Responding", *Psychopharmacology, 47*, pp.123-134. (d) G. Wilson & D. Abrams, „Effect of Alcohol on Social Anxiet and Physiological Arousal: Cognitive vs. Pharmacological Processes", *Cognitive Therapy and Research,* 1 (1977), pp. 195-210.

4. Leute, denen mitgeteilt wurde, sie würden keinen Alkohol bekommen, die auch wirklich keinen bekamen.

Die zwei Gruppen, denen gesagt worden war, daß sie Alkohol bekämen, hatten fast identische Ergebnisse. Ihre Reaktionen unterschieden sich sehr von denen der Leute, denen gesagt worden war, sie würden keinen Alkohol bekommen, die aber dennoch welchen bekommen hatten. Beide Gruppen, denen gesagt worden war, sie würden Alkohol bekommen, begannen um mehr zu bitten. Die Gruppe, der gesagt worden war, sie würden keinen Alkohol bekommen, aber doch welchen bekamen, hatten keine derartige Reaktion. Männliche Teilnehmer, denen gesagt worden war, daß sie Alkohol bekämen (unabhängig davon, ob sie welchen erhielten oder nicht), tendierten zu langsameren Herzschlag als normal, als sie in sog. „sexuell angst-auslösende" Situationen gebracht wurden. Die Gruppen, denen gesagt worden war, sie würden keinen Alkohol bekommen (egal ob sie welchen bekamen oder nicht), hatten in den gleichen Situationen einen beschleunigten Herzschlag.

Die Forscher schlossen daraus, daß es sowohl einen pharmakologischen Effekt der Droge *als auch* einen Erwartungseffekt gibt. Die Studie weist ebenso darauf hin, daß die Reaktions-Erwartung das wichtigste Element ist, zumindest bei den Verhaltensweisen, die von Alkohol beeinflußt sind. Eine andere Studie zeigte, daß Männer und Frauen physiologisch unterschiedlich reagierten. Die Forscher berichteten, daß sie nicht herausfinden konnten, wie man dies auf die pharmakologischen Effekte von Alkohol beziehen könne, noch auf Unterschiede der Physiologie zwischen Männern und Frauen. Sie schlossen daraus, daß die Reaktionen Funktionen von Glaubensüberzeugungen seien.*

In ihrer Essenz weisen all diese Studien auf dieselbe Sache hin. Der Placebo-Effekt (die Reaktions-Erwartung einer Person) ist eine sehr wichtige Komponente von Verhalten und Veränderung.

Viele Glaubenssätze haben mit Erwartungen zu tun. Wenn Sie nicht erwarten, von einer Krankheit zu gesunden, werden sie nichts von all dem tun, was Ihnen helfen kann, sich zu erholen – besonders nicht solche Dinge, die schwierig sein könnten. Mit anderen Worten, wenn Sie nicht glauben, daß Ihr Ziel auf Sie wartet, wenn Sie die Arbeit mit Ihrem Problem geschafft haben, oder wenn Sie nicht glauben, daß Sie das haben, was Sie brauchen, um Ihr Ziel zu erreichen, werden Sie nicht tun, was nötig und wichtig ist, um Ihr Ziel zu erreichen.

---

* Ebders.

Wie werden Glaubenssätze verändert?

Glaubenssätze basieren nicht notwendigerweise auf einer logischen Struktur (framework) von Vorstellungen. Im Gegenteil, sie sprechen in notorischer Weise nicht auf Logik an. Sie sind nicht gemacht, um mit der Realität übereinzustimmen. Weil wir nicht wirklich wissen, was real ist, müssen wir uns Glaubenssätze formen – das ist eine Sache des Glaubens (faith). Es ist sehr wichtig, dies zu verstehen, wenn Sie einem Menschen dabei helfen, seine einschränkenden Glaubenssätze zu verändern.

Eine alte Geschichte, die Abraham Maslow beschrieb, veranschaulicht dies: Ein Psychiater behandelte einen Mann, der glaubte, er sei eine Leiche. Trotz aller logischen Argumente des Psychiaters hielt der Mann an seinem Glauben fest. Dem Blitz einer plötzlichen Eingebung folgend, fragte der Psychiater den Mann, „Können Leichen bluten?“ Der Patient antwortete, „Das ist doch lächerlich! Natürlich können Leichen nicht bluten“. Nachdem er erst um Erlaubnis gefragt hatte, ritzte der Psychiater dem Mann in seinen Finger und drückte einen Tropfen tiefroten Blutes heraus. Der Patient schaute mit äußerster Verwunderung auf seinen blutenden Finger und rief: „Verdammt noch mal, Leichen bluten doch!“

Dies ist eine lustige Geschichte, und doch habe ich mit Menschen gearbeitet, die in einer ganzen Reihe von Momenten einiges mit dem Mann in dieser Geschichte gemeinsam hatten. Das ist besonders dann so, wenn jemand eine Krankheit hat, woran er möglicherweise sterben kann. Der Glaubenssatz ist: „Ich bin sowieso schon ein Leichnam – sowieso schon tot, und keine Behandlung wird mir helfen. Das Intelligenteste, was ich tun kann, ist aufzuhören, gegen das Unvermeidliche anzukämpfen.“ Das ist ein harter Glaubenssatz, denn zum gegenwärtigen Standpunkt unseres Wissens kann niemand eindeutig sagen, ob jemand wieder geheilt wird oder nicht.

Ich habe vor einigen Jahre eine interessante Studie gelesen, aber ich erinnere mich nicht mehr an die spezifische Quelle. Eine Frau hatte 100 „Krebs-Überlebende“ interviewt, in der Hoffnung, herauszufinden, was all diese Überlebenden gemeinsam hätten. Sie definierte einen Krebs-Überlebenden als jemanden, dem eine Diagnose „Krebs im Endstadium“ mit einer geringen Chance auf Heilung gestellt worden war, der aber immer noch am Leben und gesund war und sich noch zehn oder zwölf Jahre später seines Lebens freute. Interessanterweise konnte die Forscherin keine gemeinsamen Muster in der Behandlung dieser Patienten finden. Verschiedene Leute hatten unterschiedliche Behandlungen bekommen, unter anderem Chemotherapie, Strahlentherapie, Diät-Programme, Operationen, Spirituelle Heilung usw. Dennoch gab es eine Sache, die alle diese Überlebenden gemeinsam hatten: Sie hatten alle daran geglaubt, daß die Behandlung, die sie bekamen, bei ihnen wirken würde. Der Glaube, nicht die Behandlung, machten den Unterschied.

Arten von Glaubenssätzen

1. Glaubenssätze in bezug auf Ursachen

Wir haben Glaubenssätze darüber, wodurch etwas Bestimmtes verursacht wird. Was verursacht Krebs? Was macht Ihre Geschäfte erfolgreich? Was ist die Ursache Ihres Rauchens? Was verursacht Ihren Mißerfolg beim Abnehmen? Die Antwort, die Sie geben, wird eine Glaubens-Aussage sein.

Vielleicht sagen Sie, „Ich bin leicht gereizt, weil ich Ire bin", oder „Geschwüre kursieren in meiner Familie", oder „Wenn man ohne Mantel nach draußen geht, holt man sich eine Erkältung". Das Wort weil (sei es direkt oder indirekt enthalten) zeigt oft einen Glauben über eine Ursache an.

Einige meiner Freunde, die als Unternehmensberater arbeiten, hatten einmal mit einer großen Firma zu tun, in der die Angestellten von Krankheiten geplagt wurden. Viele hatten Erkältungen und Grippe. Der Direktor informierte meine Freunde, daß die Firma dabei sei, umfassende Reparaturen der Air Condition und des Belüftungssystems in ihrem Neubau durchzuführen, weil sie meinten, die mangelhafte Belüftung würde die Krankheiten der Angestellten verursachen. Später entdeckten meine Freunde, daß das Büro, in dem alle krank waren, in den vorausgegangenen sieben Monaten vier größere Umstrukturierungen hinter sich hatte. Was verursachte bei so vielen Leuten eines Büros die Grippe? War es der Streß der Neuorganisation, das Belüftungssystem oder Bazillen? Glaubenssätze in bezug auf Ursachen entstehen durch die Filter unserer Erfahrung. Wenn Sie glauben, daß „X" etwas Bestimmtes verursacht, wird Ihr Verhalten darauf ausgerichtet, „X" stattfinden zu lassen oder es zu stoppen, wenn es negative Konsequenzen hat.

2. Glaubenssätze in bezug auf Bedeutungen

Wir haben Glaubenssätze in bezug auf Bedeutung bestimmter Dinge. Was bedeuten Ereignisse, oder was ist wichtig oder notwendig? Was bedeutet es, wenn Sie Krebs haben? Wenn Sie Krebs haben, bedeutet das, daß Sie ein schlechter Mensch sind und bestraft werden? Bedeutet es, daß Sie drauf und dran sind, sich selbst umzubringen? Bedeutet es, daß Sie Veränderungen in Ihrem Lebensstil machen müssen?

Was bedeutet es, wenn Sie nicht aufhören können, zu rauchen? Bedeutet es, daß Sie schwach sind? Bedeutet es, daß Sie ein Versager sind? Bedeutet es, daß Sie einfach zwei Teile noch nicht miteinander integriert haben?

Glaubenssätze in bezug auf Bedeutungen werden Verhaltensweisen in Gang setzen, die mit dem Glauben kongruent sind. Wenn Sie glauben, daß Ihre Schwierigkeit, mit dem Rauchen aufzuhören, mit den zwei nicht-integrierten Teilen zusammenhängt, werden Sie wahrscheinlich daran arbeiten, sie zu integrieren. Wenn Sie glauben, daß es bedeutet, daß Sie schwach sind, werden Sie vielleicht nichts in Richtung Integration unternehmen.

3. Glaubenssätze in bezug auf die Identität

Glaubenssätze bezüglich der Identität schließen Ursache, Bedeutung und Grenzen ein. Was führt Sie dazu, etwas zu tun? Was bedeutet Ihr Verhalten? Was sind Ihre Grenzen und persönlichen Einschränkungen? Wenn Sie Ihre Glaubenssätze in bezug auf Ihre Identität verändern, bedeutet das, daß Sie irgendwie ein anderer Mensch werden. Beispiele von einschränkenden Glaubenssätzen in bezug auf die Identität sind, „Ich bin wertlos“, „Ich verdiene keinen Erfolg“ oder „Wenn ich das bekomme, was ich will, verliere ich etwas“. Glaubenssätze in bezug auf die Identität können Sie aber auch davon *abhalten*, sich zu verändern, besonders weil man sich dieser Glaubenssätze oft nicht bewußt ist.

Lassen Sie uns einmal Glaubenssätze in bezug auf die Identität und Phobien vergleichen. Phobien sind normalerweise Verhaltensweisen, die nicht zu unserer Identität passen. Das ist ein Grund, warum sie normalerweise so leicht zu verändern sind. Richard Bandler arbeitete einmal mit einer Frau, die eine Phobie hatte, Würmer aufzuheben. Also sagte Richard: „Müssen Sie oft Würmer aufheben? Sie sind kein Wurmzüchter oder so etwas ähnliches, nicht wahr?“ „Nein“, sagte sie, „es ist nur, die Tatsache, daß ich Angst habe, Würmer anzufassen, paßt nicht zu mir, so wie ich bin.“ Richard konnte ihr bei der Beseitigung ihrer Angst schnell helfen.

Diese Angst war außerhalb ihrer Definition der eignen Identität. Diese Tatsache macht es viel leichter, damit umzugehen, als mit etwas, das Teil der Identität ist. Ich weiß nicht, wie oft ich mit Klienten gearbeitet habe, die, wenn ihnen plötzlich klar wurde, daß sie die ersehnte Veränderung erreichen würden, dann sagten: „Ich kann das nicht machen, weil ich dann nicht länger ich selbst wäre."

Der Effekt von Glaubenssätzen in bezug auf Identität kann an die Substanz gehen. Zum Beispiel machte ich in einem Workshop in Europa eine Veränderungsarbeit mit einer Frau, die einige ziemlich ernste Allergien hatte. Als ich entsprechend nachfragte, um sicherzustellen, daß die Veränderung für sie ökologisch sein würde, erstarrte sie. Es stellte sich heraus, daß sie eine Allergologin ist. Ihre Allergie durch einen simplen NLP-Prozeß zu verändern, hätte ihre Identität als praktizierende Ärztin ausgelöscht. Es wäre eine größere Veränderung in ihrer beruflichen Identität vonnöten.

Um zusammenzufassen: Glaubenssätze können sich auf Bedeutung, auf die Identität oder auf Verursachung/Ursachen beziehen. Sie können mit Ihrer Umwelt, einschließlich anderer Menschen zu tun haben, oder es können Glaubenssätze in bezug auf sich selbst und die eigene Identität sein.

Glaubenssätze sind weitgehend unbewußte Muster von Denkprozessen. Weil es sich meistens um unbewußte Muster handelt, sind sie schwer zu identifizieren. Es gibt drei hauptsächliche Stolpersteine oder Fallen, derer Sie gewahr sein oder die sie vermeiden müssen, wenn sie versuchen, die Glaubenssätze oder Glaubenssysteme eines Menschen zu identifizieren.

Fallen bei der Identifizierung von Glaubenssätzen

1. Fische im Traum

Die erste der drei möglichen Fallen nenne ich das „Fische im Traum" -Phänomen. Diese Bezeichnung stammt aus einer Kabarettsendung im Radio von Los Angeles, über die mir David Gordon (ein sehr bekannter NLP-Autor, -Entwickler und -Trainer) berichtete. Ein Mann porträtierte einen Psychoanalytiker, der den Glauben hatte, daß Fische im Traum die Wurzel aller psychologischen Probleme seien. Wenn Leute zu ihm kamen und anfingen, ihm von ihren Problemen zu erzählen, unterbrach er sie und fragte ...

Psychoanalytiker: „Entschuldigen Sie, aber Sie haben nicht zufällig letzte Nacht einen Traum gehabt, oder?"

Klient: Ich weiß nicht ... ich glaube, ja vielleicht."
Psychoanalytiker: „Sie haben nicht von Fischen geträumt, nicht wahr?"
Klient: „Ahm ... nein ... nein."
Psychoanalytiker: „Wovon handelte Ihr Traum denn?"
Klient: „Tja, ich ging so die Straße hinunter."
Psychoanalytiker: „Gab es da irgendwelche Pfützen im Rinnstein?"
Klient: „Also, ich weiß nicht."
Psychoanalytiker: „Könnten dort welche gewesen sein?"
Klient: „Ich schätze, da hätte Wasser oder so etwas in der Gosse gewesen sein können."
Psychoanalytiker: „Hätten da irgendwelche Fische in diesen Pfützen gewesen sein können?"
Klient: „Nein ... nein."
Psychoanalytiker: „Gab es da auf der Straße in dem Traum ein Restaurant?"
Klient: „Nein."
Psychoanalytiker: „Aber es hätte dort eins sein können. Sie gingen wirklich die Straße hinunter, nicht wahr?"
Klient: „Tja, also, ich glaube, es hätte dort ein Restaurant geben können."
Psychoanalytiker: „Wurde in dem Restaurant Fisch serviert?"
Klient: „Hm, tja also ... ich nehme an, in einem Restaurant könnte Fisch serviert werden."
Psychoanalytiker: „Ah-ha! Ich wußte es doch. Fische im Traum."

Eines der Probleme bei der Identifizierung von Glaubenssätzen ist, daß man als Helfer dazu tendiert, bei anderen Menschen Beweise für *seine eigenen* Glaubenssätze zu finden.

Ich kannte eine Psychologin, die als Kind sexuell mißbraucht wurde – sie versuchte immer bei den Leuten, mit denen sie arbeitete, einen Mißbrauch aufzudekken. Sie schaffte es, bei den meisten ihrer Klienten, Erlebnisse von sexuellem Mißbrauch zu finden – unabhängig davon, ob es in deren persönlicher Geschichte tatsächlich so war oder nicht.

2. Der rote Hering

Wenn Ihnen Menschen über ihre Glaubenssätze berichten, erhalten Sie oft logische Konstrukte, die die Leute erfunden haben, um bestimmten ihrer Verhaltensweisen Sinn zu geben. Freud sprach über den Begriff frei-flottierender Angst.

(Angst, die durch unbewußte Konflikte entsteht.) Nach Freud ist das Angstgefühl das einzige, dessen sich eine Person mit solch einem Problem bewußt ist. Daher denkt sie sich logische Gründe dafür aus, warum sie sich so fühlt. Ihre logischen Gründe haben nichts mit ihren Angstgefühlen zu tun.

Ich nenne diese logischen Konstrukte „rote Heringe". Wenn Sie jemals mit „zwangsbesessenen" („obsessive-compulsive") Menschen gearbeitet haben, sind Sie wahrscheinlich diesem Phänomen begegnet. Eine Frau hat vielleicht bestimmte Erklärungen über Mikroben und warum es ihr davon schlecht geht. Ihre Erklärungen haben im allgemeinen gar nichts damit zu tun, wo diese Gefühle herkommen. Freud behauptete, sie würden immer aus unterdrückten sexuellen Gefühlen entstehen. Dagegen finde ich, daß die Gefühle, die jemand erlebt, oft ein Resultat innerer Konflikte ist, die in der Tat unbewußt sind, aber oft gar nichts mit Sex zu tun haben.

3. Die Nebelwand

Es gibt ein weiteres problematisches Verhalten, daß Sie daran hindern kann, einen Glaubenssatz zu identifizieren. Ich nenne es die „Nebelwand".

Ein Glaubenssatz ist oft hinter einer Nebelwand versteckt, besonders wenn er mit der Identität des Betreffendem zusammenhängt (oder mit einem Problem, mit dem es sehr schmerzlich ist umzugehen). Sie können Nebelwände dadurch identifizieren, daß die Person, mit der Sie arbeiten, plötzlich beginnt, sich auszublenden oder etwas zu diskutieren, das für den Prozeß, in dem Sie sich befinden, irrelevant ist. Es ist so, als wäre die Person in eine Wolke von Verwirrung eingetreten. Es ist wichtig für Sie zu wissen, daß Menschen sich oft genau dann „wegnebeln" (fog out) oder ausblenden, wenn Sie gerade an etwas wirklich Wichtiges herankommen. Wie eine Krake oder ein Tintenfisch, die sich in einer Wolke von Tinte einnebeln, um einem Verfolger zu entkommen. Eine Person blendet sich normalerweise aus, wenn sie – oder ein Teil von ihr – Angst hat. Sie setzt sich mit einem Glauben auseinander, der mit ihrer Identität zu tun hat – ein Glauben, der schmerzhaft oder unangenehm ist, was sie nicht zugeben will, nicht einmal sich selbst gegenüber.

Oft sagt jemand: „Ich werde da einfach ganz leer, wenn Sie mich das fragen." Wenn Sie ein Gefühl nehmen, um damit durch die Zeit hindurch ein frühes Prägungserlebnis zu suchen, sagt die Person vielleicht: „Ich kann mich an dieses frühe Erlebnis erinnern, aber es hat überhaupt nicht mit meinem Problem zu tun." Oder sie fängt plötzlich an, Ihnen ein Erlebnis zu erzählen, das ausgesprochen zusammenhanglos ist mit dem momentanen Prozeß.

Zur Zusammenfassung: Es gibt drei Hauptprobleme bei der Identifizierung von Glaubenssätzen:

(1) Das „*Fische im Traum*"-Phänomen, welches die Widerspiegelung Ihrer eigenen Glaubenssätze ist.

(2) Der „*rote Hering*": Der Klient denkt sich eine Erklärung für seine Gefühle aus, weil er sich nicht bewußt ist, was sie wirklich verursacht.

(3) „*Nebelwände*": Mit denen man eine Glaubensstruktur abspaltet oder disassoziiert und sich dadurch von der Konfrontation damit schützt.

Identifizieren von Glaubenssätzen

Wenn Sie es geschafft haben, diese Stolpersteine zu vermeiden, wie können Sie dann Glaubenssätze identifizieren? Offensichtlich können Sie niemand, mit dem Sie an einem unbewußten Glaubenssatz arbeiten, fragen, „Was ist das für ein Glauben, der Sie einschränkt?", denn derjenige weiß es selbst nicht. Es gibt zwei Möglichkeiten: Der Betreffende wird Ihnen antworten oder er wird nicht antworten. Wenn er Ihnen eine Antwort gibt, bietet er ihnen vielleicht einen roten Hering an oder zieht eine Nebelwand hoch. Wenn er Ihnen nicht antwortet, ist er in einer Sackgasse angekommen, denn er hat keine Idee. Glaubenssätze sind für den Betroffenen oft schwer zu identifizieren, weil sie so sehr ein Teil seines täglichen Erlebens sind, daß es schwierig ist, einen Schritt zurückzutreten und sie klar zu identifizieren.

Sie können oft einschränkende Glaubenssätze finden, wenn Sie sich durch eine Nebelwand hindurcharbeiten. Wenn die Sackgasse auftritt, bekommen Sie vielleicht Antworten wie: „Ich weiß nicht ..." oder „Es tut mir leid, in meinem Kopf ist nur Leere" oder „Ich tappe im Dunkeln" oder „Das ist verrückt; das gibt keinen Sinn." Paradoxerweise sind dies die Antworten, die Sie wollen, denn dann wissen Sie, daß Sie wirklich nahe daran sind, einen einschränkenden Glaubenssatz herauszufinden.

Einschränkende Glaubenssätze werden oft in einer Weise formuliert, die das Meta-Modell* verletzen. Glaubenssätze können anhand der Sprachmuster einer Person identifiziert werden. Die verbreitetsten Sprachmuster sind *Modaloperatoren* und *Nominalisierungen*. Diese haben typischerweise damit zu tun, was eine

Person tun kann und was sie nicht tun kann; was sie tun darf oder nicht darf, oder was sie tun sollte oder nicht tun sollte. Es kann sein, daß Sie auch hören, „Ich bin (nun mal) so", „Ich bin ein schlechter Buchstabierer", „Ich bin ein dicker Mensch". Diese Aussagen weisen auf Glaubenssätze über Identität hin. Sie schränken zum einen das Denken der Person ein, zum anderen das, was diese Person tun kann, um sich zu verändern.

Glaubenssätze können ebenso als Ursache-Wirkungs-Phänomene ausgesprochen werden. Diese werden oft in „wenn/dann"-Form formuliert: „Wenn ich nicht bete, werde ich bestraft." „Wenn ich meinen Anspruch geltend mache, werde ich zurückgewiesen." „Gerade dann, wenn ich dabei bin, Erfolg zu haben, geht alles den Bach runter."

Schließlich können Glaubenssätze auch oft dadurch identifiziert werden, daß man eine Problemsituation findet, die die Person schon mit einer ganzen Vielfalt von Methoden – einschließlich NLP – zu verändern versucht hat, ohne Erfolg. Wenn Sie fragen, „Was *bedeutet* das, was *sagt das über Sie aus,* daß Sie dies nicht verändern konnten?", bekommen Sie manchmal eine Glaubensaussage in bezug auf die eigene Identität zur Antwort. Sie können die Person fragen: „Was wollen sie statt dessen und *was hält Sie davon ab, es zu bekommen*?" Sie können die Antwort ankern (ein schlechtes Gefühl, eine Leere, was auch immer) und damit auf Suche gehen, zurück zu dem Erlebnis, das die Grundlage zu diesem Glauben gelegt hat.

Die Arten und Möglichkeiten, wie man Glaubenssätze identifiziert, werden klarer werden, wenn wir einige der verschiedenen Wege demonstrieren, wie Sie mit NLP an Glaubenssätzen arbeiten können.

Wenn Sie daran gehen, Ihre Identität oder einen einschränkenden Glauben zu verändern,

(1) müssen Sie wissen, *wie Sie das tun können;*
(2) müssen Sie *Ihr Ergebnis kongruent wollen.*
(3) Sie müssen auch den Glauben haben, daß es Ihnen möglich ist, die Veränderung durchzuführen.

Wenn einer dieser Aspekte fehlt, wird die Veränderung nicht vollständig sein. Sie können es wollen, glauben, daß Sie es tun können – aber wenn Sie nicht wissen, wie, wenn Sie nicht die Physiologie oder die richtige Strategie haben, werden Sie in Schwierigkeiten kommen. Desweiteren können Sie alle Fähigkeiten haben, jegli-

---

* Siehe Richard Bandler und John Grinder, *The Structure of Magic I* (Palo Alto, CA: Science and Behavior Books, 1975) für eine vollständige Beschreibung des Meta-Modells; dt.: *Metasprache und Psychotherapie: Die Struktur der Magie I* (Paderborn: Junfermann, 1981).

ches Training und alles, was Sie brauchen, um bei etwas effektiv zu sein, wenn Sie aber inkongruent sind oder wenn Sie nicht glauben, daß Sie es tun können, werden Sie nicht in der Lage sein, die gewünschte Veränderung zu erreichen.

Die Struktur von Glaubenssätzen und von der Realität

Wie wissen Sie, daß ein Mensch etwas Bestimmtes glaubt? Glaubt er etwas durch Gefühle? Und wenn er etwas durch Gefühle glaubt, wie bekommt er die Gefühle? Hat er ein Gefühl als Ergebnis dessen, was er sieht oder hört?* Was ist die grundlegende Richtung seiner Strategie?

Ich weiß nicht, wie vielen Leuten ich über den Weg gelaufen bin, die sagten ... „Ich weiß nicht, ich habe es mir zehntausend Mal *gesagt*, aber ich werde mich einfach nicht so *fühlen*, wenn ich wieder in diese Situation gehe“, oder „Ich habe mir selbst versprochen, wenn ich hingehe, um mit der Person zu reden, werde ich mich nicht angespannt fühlen, aber wenn ich dann hinkomme, fühle ich mich trotzdem so“. Sich selbst zu versprechen, daß er sich verändern wird, wird für diesen Menschen nicht funktionieren, weil seine Strategie, um das *Gefühl* zu bekommen, nicht das geringste damit zu tun hat, was er sich selbst *sagt*. Es hat entweder mit seinem Selbst-Bild und dem Gefühl zu tun, oder mit einem Vergleich von zwei Bildern oder irgendeiner anderen Strategie. Andere Leute sagen: „Also, ich habe wieder und wieder versucht, Dinge zu *visualisieren*, aber irgendetwas in mir *sagt* mir, das wird nicht funktionieren. Ich verstehe das auch nicht, weil ich wirklich sehr gut klare Bilder machen kann. Ich kann mich selbst sehen, wie ich eine Beförderung bekomme und Erfolg habe, aber irgendwas sagt mir, ich werde versagen.“ Wenn Sie wissen, wie Sie diese internen Verbindungen beobachten und sie heraushören können, finden Sie heraus, wie eine Person ihre einschränkenden Glaubenssätze strukturiert hat.

Oft bekommen Menschen Gefühle durch innere Bilder, die sie sich machen. Es ist nützlich zu wissen, daß es manchmal das Wichtigste ist zu erkennen, was für eine *Art* von Bild das ist. Manchmal gibt es in den Submodalitäten einen sehr subtilen „Unterschied, der den Unterschied macht“, der bestimmt, ob Sie ein starkes Gefühl für etwas bekommen oder nicht. (In Kapitel 3 dieses Buches ist eine De-

* Siehe John Grinder und Richard Bandler, *The Structure of Magic II* (Palo Alto, CA: Science and Behavior Books, 1976); dt.: *Kommunikation und Veränderung. Die Struktur der Magie II.* (Paderborn: Junfermann, 1982).

monstration davon, wie man diese Unterschiede herausbekommen kann.) Es ist wichtig, genug qualitativ hochwertige Information (aus dem Verhalten) zu bekommen, um genau zu wissen, wie man intervenieren muß.

Viele NLP-Practitioner kommen in einen Zwiespalt (bind), weil sie unter dem Glauben leiden, NLP wirkt so schnell, daß sie etwas falsch machen, wenn es länger dauert als 20 Minuten. Der Glaubenssatz kann ihnen helfen, ihre Geschwindigkeit zu steigern, um die höchst kritischen Elemente eines einschränkenden Glaubenssatzes zu finden. Es gibt nichts notwendigerweise Wichtiges darüber zu sagen, *wie* sie Ressourcen hinzufügen sollten. Unabhängig davon, welche Technik benutzt wird, ist das Hinzufügen von Ressourcen als solches weniger wichtig, als zu wissen, *was* man verändern will.

In den nächsten zwei Kapiteln geht es darum, wie man aufdecken kann, in welcher Weise ein Mensch seine Realität und seine Glaubenssätze konstruiert hat. Wenn Sie die Fähigkeit haben, die Denkstruktur einer Person zu identifizieren, werden Sie in der Lage sein, genau zu wissen, wie Sie effektiv intervenieren können.

Kapitel II

Realitäts-Strategien

Eine häufige Erfahrung aus der Kindheit ist es, zu behaupten, daß etwas in „Wahrheit“ und sinnlich wahrnehmbar geschehen ist, was eigentlich ein Traum oder eine Fantasie war. Viele Erwachsene sind sich nicht sicher, ob ein intensives Erlebnis, das sie als Kind hatten, real war oder aber in der Vorstellung stattgefunden hatte. Eine andere, bekannte Erfahrung ist, wenn Sie sich absolut sicher waren, daß Sie jemandem etwas erzählt hatten, und derjenige behauptet, Sie hätten es nicht getan, und Sie stellten später fest, daß Sie es zwar im Geist mehrfach durchgegangen sind, aber nie wirklich mit ihm darüber gesprochen haben.

Wir Menschen werden nie genau wissen, was Realität ist, weil unser Gehirn den Unterschied zwischen vorgestellter und erinnerter Erfahrung nicht *wirklich* kennt. Das Gehirn nutzt dieselben Zellen, um das eine wie das andere zu repräsentieren. Deswegen brauchen wir eine Strategie, die uns wissen läßt, daß eine Information, die durch die Sinne aufgenommen wurde, bestimmte Tests durchlaufen hat, die eine imaginierte Information nicht durchläuft.

Versuchen Sie ein kleines Experiment. Denken Sie an etwas, das Sie gestern hätten tun können, es aber nicht taten. Beispielsweise hätten Sie gestern einkaufen gehen können, aber Sie haben es nicht getan. Dann denken Sie an etwas, von dem Sie wissen, daß Sie es getan haben – vielleicht zur Arbeit zu gehen oder mit einem Freund zu reden. Stellen Sie die beiden im Geiste gegenüber – wie können Sie bestimmen, daß Sie das eine nicht, das andere aber sehr wohl taten? Der Unterschied kann subtil sein, aber die Qualitäten Ihrer internen Bilder, Geräusche und kinästhetischen Gefühle werden unterschiedlich sein. Wenn Sie Ihr imaginiertes Bild mit Ihrem realen kontrastieren, prüfen Sie Ihr inneres Erleben – sind die Vorstellungen an der gleichen Stelle Ihres Gesichtsfeldes lokalisiert? Ist eins klarer als das andere? Ist eins ein Film und eins ein Standbild? Gibt es Unterschiede in der Qualität Ihrer inneren Stimmen? Die Qualität der Information in unseren Sinnen ist für reale Erfahrungen irgendwie präziser gespeichert als für imaginierte, und das ist es, was den Unterschied ausmacht. Wir haben eine „Realitätsstrategie", die es uns ermöglicht, den Unterschied zu erkennen.

Viele Menschen haben versucht, sich selbst zu verändern oder zu re-programmieren, indem sie visualisiert haben, wie sie erfolgreich sein würden. Bei all jenen Leuten, die diese Strategie natürlicherweise auch benutzen, wird das gut funktionieren. Bei all denen, die eine Stimme benutzen, die sagt „Du kannst das", funktioniert diese visuelle Programmierung nicht. Wenn ich möchte, daß etwas für Sie Realität wird, oder wenn ich Sie von etwas überzeugen möchte, muß ich es den Kriterien *Ihrer* Realitätsstrategien anpassen. Ich muß es mit den Qualitäten Ihrer inneren Bilder, Geräusche und Gefühle abstimmen. (Diese Qualitäten nennt man Submodalitäten.) Wenn ich Ihnen also dabei helfen will, Ihr Verhalten in einer bestimmten Weise zu verändern, muß ich sicherstellen, daß es zu Ihnen als Person paßt. Dadurch, daß Sie Ihre Realitätsstrategien identifizieren, können Sie bestimmen, *wie*, ganz genau, Sie denken müssen, um davon überzeugt zu sein, daß es für Sie richtig ist, etwas Bestimmtes zu tun.

Demonstration: Realitäts-Strategien

Joe, würdest du bitte nach hier vorn kommen, damit ich demonstrieren kann, wie ich Realitätsstrategien evoziere und mit ihnen arbeite? Wonach wir bei Joe schauen wollen, ist eine Sequenz von internen Repräsentationen oder Tests, die er durchläuft, um zu bestimmen, was real ist. Während Sie zuschauen und zuhören, möchte ich Sie bitten, ein paar allgemeine Regeln für das Evozieren von Strategien im Kopf zu behalten. Die erste ist: Bringen Sie die Person so total wie möglich ins Hier und Jetzt und halten Sie sie da, während Sie Ihre Strategie evozieren. Ich werde Joe nicht darum bitten, etwas zu erinnern, sondern seine ganze Aufmerksamkeit auf ein momentan stattfindendes Beispiel für seine Realitätsstrategien zu richten. Ich werde im Präsens (Gegenwart) sprechen, um ihn in seiner Erfahrung assoziiert zu halten.

In der zweiten Regel geht es um Kontrast. Ich möchte ein Erlebnis, von dem Joe weiß, daß es real ist, mit einem anderen vergleichen, von dem er weiß, daß es imaginiert ist. Indem ich eine Gegenüberstellung benutze, kann ich identifizieren, was in seinem Denkprozeß *unterschiedlich* ist. (Es interessiert mich nicht, was dabei gleich ist.) Es ist der Unterschied, den wir prüfen können, um sicherzustellen, daß wir seine Realitätsstrategien gefunden haben (im Gegensatz zu irgendeiner anderen Strategie).

(Zu Joe:) Wir werden damit beginnen, daß du bitte an eine einfache Sache denkst, die du gemacht hast, die keinen emotionalen Inhalt hat. Was ist etwas, das du gestern gemacht hast, von dem du weißt, daß du es gemacht hast?
Joe: Ich bin gestern mit dem Zug und dem Bus gefahren, um hierher zu kommen.
Robert: Nun nimm etwas, daß du getan haben könntest, was du aber nicht gemacht hast.
Joe: Ein Eis zu essen.
Robert: Du hättest ein Eis essen können, aber du hast keins gegessen. Das paßt vollkommen in den Rahmen des Möglichen.
Joe: Oh, eigentlich, warte mal eine Sekunde ...
Robert: Du hast doch eins gegessen, hm? (Gelächter) Was hattest du denn oben auf dem Eis?
Joe: Einfach nur Krokant.
Robert: So, du hattest also Krokant drauf. Was ist etwas, daß du hättest darauf haben können, es aber nicht hattest?
Joe: Ich hätte heiße Soße drauf haben können.
Robert: Du hättest heiße Soße haben können. Das Gute bei Strategien ist, daß es *völlig gleichgültig ist, um welchen Inhalt es geht.* Glaubt mir, wenn wir anfangen zu bestimmen, was für Joe real ist und was nicht, ist die Unterscheidung zwischen Krokant und heißer Soße genauso wichtig, wie jede andere Identifizierung von Realität. Ob es ein Eis mit heißer Soße ist oder ein Streit mit einem Menschen, dem Ihr nahe seid, der Inhalt macht wirklich nichts aus. Der Prozeß wird der gleiche sein.
(Zu Joe:) Wie weißt du, daß du den Zug und den Bus genommen und ein Eis mit Krokant gegessen hast, statt mit Soße? Wie weißt du, daß du wirklich das eine getan hast und nicht das andere?
(Zur Gruppe:) Schaut hin. Er zeigt uns die Antwort.
Joe: Also, ich weiß, daß ich Krokant drauf hatte, denn ich ging durch einen Erinnerungsprozeß, und weil ich es erinnere, weiß ich, daß ich es getan haben muß.
Robert: Was er macht, ist interessant, denn ich habe schon eine Menge Realitäts-Strategien evoziert, und normalerweise kommen wir erst später in der Evokation zu dieser. Er sagte: „Also, ich habe an das Krokant zuerst gedacht, also muß ich logischerweise in Wirklichkeit das gehabt haben."
(Zu Joe:) Wie weißt du, daß du durch diesen Prozeß gegangen bist, ich meine, wo du jetzt hier sitzt, in diesem Moment?

Joe: (Augen nach oben links) Nun, als du mich batest, mir etwas einfallen zu lassen, was ich gestern gemacht habe...
Robert: Du hast visualisiert ...
Joe: Ja. (Augen wieder nach oben links)
(Zur Gruppe:) Wie ich schon sagte, es gibt eine *Sequenz* von Prozessen. Ich habe gesehen, daß Joe mehr tat, als ein Bild zu machen, obwohl das der Anfangspunkt war. Oft stellt man seinen ersten Realitäts-Check nicht in Frage, denn wenn man über das nachdenkt, was man getan hat, kommt einem eine Sache zu Bewußtsein, und es scheint, als wäre das alles, was da ist. Ein Bild im Kopf stellt ihr vielleicht nicht in Frage, aber es kann sein, daß ihr die Realität in Frage stellt, wenn ihr zwei verschiedene Bilder bekommt.
(Zu Joe:) Ich werde dich jetzt fragen, was du wirklich gestern getan hast, und diesmal möchte ich, daß du dir heiße Soße vorstellst.
Joe: Ich hatte keine heiße Soße.
Robert: Stimmt. Aber ich bitte dich, es dir vorzustellen. So kann man den Unterschied erkennen. Zu Anfang, als ich fragte, „Was hast du gestern gemacht?", hast du Krokant gesehen und nicht heiße Soße. Ich bitte dich, noch einmal durch den gesamten Prozeß zu gehen, denn ich denke, du hast mehr mentale Checks, als nur ein Bild von Krokant-Eiscreme. Jetzt möchte ich, daß du zwei Bilder machst; mach eins von dem Eis mit Krokant und ein anderes mit heißer Soße. Ich werde dann fragen, „Was hattest du denn gestern?", und ich möchte, daß du heiße Soße visualisierst, mit denselben internen visuellen Qualitäten wie das Krokant.
Joe: Das habe ich gerade gemacht, als du gesprochen hast.
Robert: OK. Was hattest du denn gestern?
Joe: (Inkongruent) Äh ... Ich hatte ein Eis mit ... äh, heißer Soße.
Robert: Hattest du das wirklich?
Joe: Nein.
Robert: OK. Wie weißt du das?
Joe: Das ist eine gute Frage, ich kann nämlich ein ziemlich gutes Bild von Eiscreme mit heißer Soße machen. Ich habe das schon ganz oft gegessen. Es ist nicht einfach ein Bild, das aus dem Nichts auftaucht, es ist ein Teil von mir, irgendwie.
Robert: Aber du weißt noch, was du hattest. Das ist wichtig. Jetzt hast du zwei Bilder, die gleich scharf sind. Wenn ich sage, „Was hattest du?", kannst du eins von beiden sehen. Wie weißt du, welches du wirklich hattest?
Joe: Das ist eine gute Frage. Nicht allein von dem Bild, schätze ich.
Robert: Denk darüber nach. Bist du sicher, welches du hattest?
Joe: Äh ... Ja.
Robert: Gut. (Lachen) Was macht dich so sicher?

Joe: Ich kann es kontextualisieren.
Robert: Das ist auch gut.
(Zur Gruppe:) Da haben wir also ein weiteres Stück. Typischerweise ist die erste Assoziation auf diese Frage – egal was dabei auftaucht – die erste Antwort für Realität. Obwohl wir hier über eine triviale Sache sprechen, können wir das in den Kontext von Glaubenssätzen stellen. Man kann zu jemand sagen: „Sind Sie ein guter Buchstabierer?“
„Nein, ich bin kein guter Buchstabierer.“
„Wie wissen Sie das?“
„Bin nie einer gewesen.“
Die erste Assoziation ist, was immer auch auftaucht. Was Joe als nächstes sagte, ist: „Es ist nicht nur das Bild, das bei mir auftauchte, jetzt ist da noch ein Kontext drumherum.“
Laßt uns herausfinden, was Kontext heißt. Meine Vermutung, was wir entdecken werden, ist – nach Joes Augenbewegungen zu urteilen – ein innerer Film.
(Zu Joe:) Vielleicht hast du dich selbst gesehen, wie du das Krokant abgeknabbert hast. Das Krokant verwandelt sich nicht plötzlich in heiße Soße, einfach weil du klar ein Standbild oder eine Vorstellung von dem Eis mit Soße sehen kannst. Ist es so?
Joe: Absolut. Gut geraten.
Robert: OK. Was siehst du dort oben? (Zeigt nach oben zu Joes linker Seite, wohin Joe seine Augen bewegt.)
Joe: Einfach nur das Abendessen, und den ganzen Zusammenhang der anderen Sachen, die ich gegessen habe. Meine Frau war da, aber es gab keine heiße Soße in dem Erlebnis.
Robert: Kannst du heiße Soße hinzufügen?
Joe: Ja, OK.
Robert: Malst du es dir aus?
Joe: Ich kann es alles vor meinem inneren Auge sehen.
Robert: Nun, was hattest du gestern Abend nach dem Essen auf deinem Eis?
Joe: Krokant.
Robert: Woher weißt du das? Als ich dich fragte, hast du sie beide gesehen? Wie hast du das bestimmt?
Joe: Weil ich es mich selbst sagen hörte.
Robert: Oh, weil du es dich selbst sagen *hörtest*. Das ist interessant. Da ist eine Stimme in deinem Kopf, die dir sagt, was real ist.
(Zur Gruppe:) Ich werde das jetzt ein bißchen vorantreiben, und wir werden schließlich an einen Punkt kommen, wo ihr seht, wie eine Veränderung passiert. Ihr werdet eine momentane Verwirrung sehen.

(Zu Joe:) Du hast eine Stimme...
Joe: Während wir hier gesessen haben, hatte ich es dir ja schon gesagt ... (Joe betont das Wort *gesagt*, was auf eine innere Stimme hinweist.) Es war eher wie eine Gewohnheit. Ich hatte dir schon gesagt, daß ich Krokant hatte und daher...
Robert: Es ist eine Gewohnheit?
Joe: Ich muß es dir mindestens ein halbes dutzend Mal gesagt haben.
Robert: Spannend, oder? Was hätte es dir genauso vertraut gemacht, über heiße Soße zu sprechen?
Joe: Ich hätte es tun müssen. Dann hätte ich die Erinnerung daran, daß ich es getan hätte.
Robert: Wiederholung ist ein Weg, um etwas real und vertraut zu machen. Wie oft müßtest du es sehen und dir sagen, daß du es gegessen hast? Ein halbes dutzend Mal?
Joe: Ich weiß nicht.
(Zu Joe:) Ich werde dich jetzt ein halbes dutzend Mal fragen, was du gestern auf deinem Eis hattest, und ich möchte, daß du das Bild von der heißen Soße visualisierst und sagst „heiße Soße". Bist du bereit?
Joe: Sicher.
Robert: Was hattest du gestern auf deinem Eis?
Joe: Heiße Soße.
Robert: Hat es gut geschmeckt?
Joe: Sehr gut.
Robert: Was hattest du gestern nochmal auf deinem Eis?
Joe: Heiße Soße. Und ich mußte mich beeilen, als ich sie machte, denn ich war in Eile, weil ich noch weg wollte.
Robert: Es war was, das du hattest?
Joe: Heiße Soße.
Robert: Laß uns ein bißchen warten...
Joe: Eigentlich ist es eher sowas wie Schokoladensoße. (Gelächter)
Robert: War es sehr heiß oder ...
Joe: Es ist am besten, wenn man sie etwas abkühlen läßt, so daß das Eis nicht so sehr schmilzt. Es war sehr gut.
Robert: OK. Wie steht die Partie jetzt? Was hattest du?
Joe: Ich hatte heiße Soße.
Robert: OK. (Gelächter) *(Zur Gruppe:)* Wir haben nur ein paar Versuche gemacht. Dies ist dieselbe Strategie, die Leute mit Affirmations-Cassetten benutzen. Wenn ihr etwas oft genug wiederholt, wird es für euch realer werden.
(Zu Joe:) Was hattest du gestern Abend?

Joe: Ich hatte Krokant.
Robert: Wie weißt du das, jetzt?
Joe: Die Bilder sind unterschiedlich...
Robert: Denk mal an Krokant. Denk wirklich dran. Ich möchte, daß du es visualisierst. OK. Das ist gut. Nun visualisiere bitte die heiße Soße. Visualisiere sie wirklich. Mir fiel ein Unterschied in Joes Physiologie auf. Wenn du diese beiden Sachen visualisierst, Joe, möchte ich, daß du sie dir nebeneinander anguckst. Geht das nebeneinander oder überlappt das eine das andere?
Joe: Bis jetzt habe ich nur getrennt an sie gedacht.
Robert: Wenn du das Krokant visualisierst, wo erscheint es in deinem visuellen Blickfeld oder vor deinem geistigen Auge?
Joe: Ungefähr hier. (Zeigt zum linken Mittelfeld.)
Robert: Ungefähr da (wiederholt Joes Geste). Wo ist das Bild, wenn du die heiße Soße visualisierst?
Joe: Ich denke, es war fast dieselbe Stelle.
Robert: Hier? (Zeigt leicht zum rechten Mittelfeld.) Gibt es irgendeinen qualitativen Unterschied bei den beiden Bildern? Vergleiche sie jetzt mal.
Joe: Ich habe gerade einen Prozeß durchlaufen, um sie gleich zu machen – also, nein.
Robert: OK. Ich möchte, daß du wirklich mit deinen Augen jetzt dort rüberschaust und die heiße Soße dort visualisierst (zeigt zum linken Mittelfeld). OK? Jetzt nimm bitte das Krokant und bring es dort rüber (zeigt zum rechten Mittelfeld). Hast du's? Welches hattest du denn? (Lange Stille, verwirrter Blick auf Joes Gesicht und dann Gelächter der Gruppe.)
Joe: ... Ich hatte ... äh ... das Krokant.
Robert: Gut.
(Zur Gruppe:) Der Punkt ist, daß wir jetzt beginnen, eine kleine Verzögerung in der Verarbeitung zu sehen. Natürlich könnt ihr dies zu einem Extrem führen, aber das ist nicht mein Ziel. Der Grund, daß ich das hier mit Joe mache ist nicht, weil ich ihn in bezug auf die Realität verwirren will, sondern um herauszufinden, welches seine Realitätstests sind. Laßt uns mal annehmen, ich wollte, daß Joe etwas verändert, und ich würde ihn davon überzeugen wollen, daß es eine wirkliche Veränderung ist, die ihm möglich ist. Wenn ich wirklich möchte, daß Joe so viele Wahlmöglichkeiten für ein neues Verhalten hat wie für ein altes, muß ich seine Realitäts-Checks identifizieren.

Das einzige, was Joe hat, um die Realität zu bestimmen, sind die Repräsentationen (Bilder, Geräusche und Gefühle), die in seinem Kopf gespeichert sind.

Weil unser Gehirn nicht den Unterschied zwischen einem konstruierten Bild (einem, das wir selbst erschaffen haben) und einem erinnerten Bild kennt, könnt ihr euch vorstellen, wie verwirrend es wird, wenn es um Dinge geht, die vor 10 Jahren passierten. Oder was ist, wenn ihr mit einem Traum arbeitet, und ihr seid euch nicht sicher, ob ihr ihn wirklich hattet oder ob ihr ihn ausgedacht habt? Wie weiß man, was real ist?

Joe: Diese Unterschiede in den Submodalitäten erscheinen mir wirklich sehr wichtig, um den Unterschied zu bestimmen. Mein kontextualisierter Film von der heißen Soße ist nicht so hell und nicht so fokussiert und...

Robert: (Zur Gruppe:) Er erzählt uns, welches die nächsten Schritte sind. Statt jetzt mit der Demonstration weiterzumachen, kann Joe dies lieber in der nun folgenden Übung explorieren, die wir gleich machen wollen.

Ich bitte euch, die folgende Übung zu machen, weil es oft sehr hilfreich ist, die Realitätsstrategien einer Person zu explorieren, wenn ihr mit Glaubenssätzen arbeitet. Joe verläßt sich auf einige Bilder, Geräusche und Gefühle, die für den Bruchteil einer Sekunde in seinem Kopf aufblitzen. Wann immer jemand von euch Entscheidungen darüber trifft, was er/sie glaubt, setzt ihr euch nicht hin und analysiert, was in eurem Hirn passiert. Sind die Submodalitäten in einer bestimmten Art und Weise? Ist da ein Film oder eine Stimme? usw. Der eine Film hat vielleicht Gefühle dazu, eine anderer vielleicht nicht. Ihr werdet keine Chance haben, bewußt diese flüchtigen Denkprozesse zu analysieren. Typischerweise fällt euch das erste Bild auf, oder eine Stimme kommt zu Bewußtsein, und das ist es, was real erscheint ... dasjenige, was in euch am stärksten eingeprägt ist. Deswegen halte ich es für wichtig, daß ihr einiges über eure eigenen Realitätsstrategien herausfindet.

Übung: Realitäts-Strategien

Ich möchte jetzt jeden von euch bitten, eine Übung nach dem folgenden Format zu machen.

Teil I:

(a) Sucht eine triviale Sache heraus, die ihr gemacht habt und etwas anderes, das ihr hättet machen können, es aber nicht getan habt. Stellt sicher, daß das, was ihr hättet getan haben können, völlig im Rahmen eures Verhaltensrepertoirs ist. Wenn ihr Schokoladensoße auf euer Eis hättet tun können, aber ihr mögt gar keine Schokoladensoße, dann hättet ihr das nicht wirklich getan. Sucht ein Beispiel, wie Joe es gemacht hat, wo ihr eine Sache einige Male gemacht habt und dennoch auch die andere Sache ein paar Mal. Der einzige Unterschied soll darin bestehen, daß ihr „in Wirklichkeit" gestern nur die eine der beiden gemacht habt.

(b) Bestimmt, woran ihr den Unterschied zwischen dem erkennt, was ihr (tatsächlich) gemacht habt und dem, was ihr hättet tun können. Der offensichtlichste Realitätstest wird typischerweise das sein, was euch als allererstes einfällt. Vielleicht habt ihr von dem einen ein Bild, von dem anderen aber nicht. Nachdem ihr euch ein Bild macht, nehmt ihr vielleicht weitere Dinge wahr. Joe hat einen Unterschied in den Submodalitäten durchlaufen. Er hat einen Film dazu gemacht und weitere Teile eingefügt. Er sagte, das Bild dessen, was er (wirklich) gemacht hatte, war heller.

Teil II:

(c) Sucht zwei Dinge, die in eurer Kindheit geschehen sind und bestimmt, wie ihr wißt, daß sie real waren. Ihr werdet finden, daß es ein bißchen schwieriger ist, zu bestimmen, was damals passierte. In Joes Fall nahmen wir etwas, das weniger als 24 *Stunden* her war, und es gelang uns, die Realitäten zu verschieben. Wenn ihr etwas betrachtet, das 24 *Jahre* her ist, ist es noch ein viel interessanterer Entscheidungsprozeß, weil eure Bilder nicht so klar sind und vielleicht sogar durcheinandergebracht sein können. Manchmal erkennen Leute, daß Dinge real stattgefunden haben daran, daß die Bilder verschwommener waren, als die, die sie sich ausgedacht hatten.

(d) Beginnt, eine Sache, die ihr nicht gemacht habt, derjenigen anzugleichen, die ihr wirklich getan habt. Wenn die Bilder von dem, was jemand gemacht haben könnte, so aussehen wie die der Erfahrung, die derjenige wirklich gemacht hat, wechselt die Repräsentationssysteme zu auditiven oder kinästhetischen. Zum Beispiel wechselte Joe zum gegenwärtigen Kontext. Er sagte: „Ich kann es testen, denn als du mich vor ein paar Minuten das erste Mal gefragt hast, welches denn real war, da habe ich dir gesagt, daß es Krokant war, und jetzt kann ich mich daran erinnern." Wir haben diese Erinnerung noch nicht verändert.

Seid vorsichtig, wenn ihr anfangt, die Sache, die ihr nicht gemacht habt, dahin zu verändern, daß es so repräsentiert ist, wie das, was ihr getan habt. Ich möchte, daß ihr zumindest bis zu einem Punkt kommt, wo ihr wirklich nachdenken müßt, welche Erfahrung denn wirklich real war, so wie in unserem Beispiel mit Joe.

Das Ziel hier ist nicht, eure Realitätsstrategien durcheinanderzubringen, sondern herauszufinden, welche Realitätstests für euch existieren. Erinnert euch daran: Wir wollen eine Strategie herausfinden (evozieren) und nicht zerstören.

Anmerkung: Derjenige, der befragt wird, kann jederzeit den Anleitenden stoppen, wenn er will. Wenn der Prozeß beginnt, beängstigend zu werden (was manchmal passieren kann), kann es sein, daß ihr ein Sausen im Ohr habt oder ein Taumeln spürt. (Es gibt viele verschiedene Signale, die eine Person bekommen kann.) Wenn jemand anders eure Realitätsstrategien evoziert und damit spielt, ist es angemessen, ihn zu stoppen, wenn es euch unangenehm wird.

Diskussion

Ich möchte einen Prozeß mit euch teilen, den John Grinder und Richard Bandler uns beigebracht haben, als wir zu Beginn NLP lernten. Wir sollten eine Reihe von Erfahrungen nehmen, die wir an einem bestimmten Tag gehabt hatten (entweder erfolgreiche oder weniger erfolgreiche) und den Punkt lokalisieren, wo eine Entscheidung getroffen wurde. Wir sollten uns dann drei alternative, ressourcevolle Verhaltensweisen aussuchen, die wir in jeder dieser Erfahrungen hätten zeigen können. Diese sollten wir durch unsere Realitätsstrategien laufen lassen, so daß wir jede gewählte Verhaltensweise so total, strahlend und bewegt (mit Hilfe der Submodalitäten) machten, wie unsere Realitätsstrategien.

Ob jedes (gewählte) Verhalten erfolgreich war oder nicht, auf diese Weise entwickelten wir in jedem Fall mehr Wahlmöglichkeiten. Wenn wir eine negative Erfahrung gemacht hatten, fanden wir oft heraus, daß wir eine simple Sache hätten anders machen können, um unser Ziel besser zu erreichen. Ich empfehle diesen Prozeß bei negativen Erfahrungen. Geht das gesamte negative Erlebnis durch und stellt sicher, daß alles in einer positiven Weise herauskommt. Das nächste Mal, wenn ihr auf eine Situation trefft, die der negativen Erfahrung ähnelt, habt ihr diesmal – anstatt zurückzugehen und unbewußt das zu assoziieren, was ihr das letzte Mal gemacht habt (und das Mal davor und das Mal davor) – einen Entscheidungspunkt mit neuen Wahlmöglichkeiten. Ihr werdet auf eine neue Art und Weise reagieren.

Eine meiner Behauptungen ist: *„Erfolg ist genauso eine Beschränkung der Kreativität wie Versagen."*

Denn bei der Erinnerung an einen Erfolg wird eure erinnerte Erfahrung oft sehr stark, und ihr bekommt ein gutes Gefühl dazu. Ihr werdet wahrscheinlich immer wieder das gleiche wiederholen, ohne andere Möglichkeiten zu explorieren. Dann kommt ihr an einen Punkt, wo ihr aufhört, kreativ zu sein und bleibt stecken, weil ihr in eine neue Situation hineingeraten seid, wo eure alten Verhaltensweisen nicht funktionieren *und* ihr keine neuen Wahlmöglichkeiten habt.

Die Automobilindustrie der U.S.A. ist ein gutes Beispiel dafür. Sie ist viele Jahre sehr erfolgreich gewesen, scheint aber jetzt unfähig zu sein, auf die sich verändernden Bedürfnisse und auf ausländische Konkurrenz schnell und effektiv zu reagieren. Ich habe jemand sagen hören, wenn die Automobilindustrie sich derartig verändert hätte und so weit gekommmen wäre, wie die Computerindustrie seit ihren Anfängen, würde ein Cadillac 2,75 Dollar kosten und eine Million Kilometer mit einer Tankfüllung fahren. Die Computerindustrie hat sich umgestellt, weiterentwickelt und verfeinert, um sich neuen Realitäten und Bedürfnissen anzupassen, aber die amerikanische Automobilinnovation *unterlag einem langsamen Prozeß, der sich* für lange Zeit *auf seinen eigenen Erfolg verlassen hat.*

Fragen

Mann: Als du mit Joe gearbeitet hast, ließest du ihn einige Male heiße Soße visualisieren. Würdest du bitte etwas mehr über diese Art der Wiederholung sagen?
Robert: Laß mich antworten, indem ich über eine Klientin erzähle.

Ich erinnere mich, wie ich mit einer Krankenschwester arbeitete, die so depressiv geworden war, daß sie sich vorgenommen hatte, sich selbst und ihre beiden Kinder zu vergiften. Sie erzählte mir, sie hätte alles getan, um sich besser zu fühlen. Ich sagte, „Erstens: Sie möchten Ihren Zustand verändern. Lassen Sie uns herausfinden, ob Sie irgendwelche guten Erinnerungen haben.“ Natürlich sagte sie, wie die meisten depressiven Leute: „Nein“. Bitte beachtet, ich fragte sie nicht wirklich nach einer Erinnerung, sondern ich fragte nach einer *Entscheidung.* Letztlich sagte ich: „Suchen Sie einmal Ihre Erinnerungen durch, finden Sie eine, bei der Sie *entscheiden* würden, daß es eine positive ist und erzählen Sie mir davon.“ Das ist eine komplexe Frage, und es hat wirklich nichts mit einem mangelhaften Gedächtnis zu tun. Es hat damit zu tun, Urteile zu fällen und Entscheidungen darüber zu treffen, was positiv ist. Weil ich den Zustand dieser Frau verändern wollte, sagte ich:

„Wie wäre es, wenn Sie jetzt anders atmen und sich aufrecht hinsetzen könnten, nach oben schauen und sich etwas Positives vorstellen."

Ihre Augen schauten nach oben, und sie begann, etwas Positives zu visualisieren. Ich sah einen Wechsel in ihrer Physiologie, der sehr positiv aussah. Dann plötzlich stoppte sie, schaute zurück nach unten und ging in ihren depressiven Zustand zurück. Ich fragte sie: „Was ist geschehen? Sind Sie auf eine schlimme Erinnerung gestoßen oder kam etwas hoch und dazwischen?" Sie antwortete: „Nein." Ich fragte sie, was sie dazu gebracht hatte, aufzuhören. Ihre Antwort war: „Es fühlt sich so komisch an, meine Augen dort oben hin zu richten. Es ist so ungewohnt." Denkt über diese Entgegnung nach. Hier ist eine Person, deren schlechte Gefühle sie so zur Verzweiflung trieben, daß sie ihre Kinder umbringen wollte. Trotzdem hörte sie auf, etwas zu tun, das ihr half, sich gut zu fühlen, weil es ungewohnt war. Also fragte ich sie, wie sie denn wissen würde, wenn etwas vertraut oder gewohnt wäre. Sie sagte: „Ich müßte es schon mal gemacht haben." Ich brachte sie dazu, einmal, zweimal, dreimal nach oben zu schauen, und schließlich, nach dem 10. Mal fühlte sich das nach-oben-Schauen für sie recht vertraut an. Es war ein wichtiger Durchbruch in ihrer Therapie. Etwas schon einmal getan zu haben, ist äußerst überzeugend, sowohl in bezug auf positive als auch in bezug auf negative Erfahrungen. Wiederholung ist ein Weg, um sich etwas real und vertraut zu machen.

Joe hat einen Teil, der bestimmen kann, welche seiner Erfahrungen jetzt real ist, denn während des fortlaufenden Evozierens seiner Strategie hat er uns gesagt, daß er häufiger Krokant hatte als heiße Soße (dies hat nichts mehr mit gestern zu tun). Deshalb ist Wiederholung sehr überzeugend.

Was bedeutet es, wenn jemand euch sagt, daß er seit 30 Jahren nicht fähig war, etwas zu tun wie z. B. nach Noten zu singen? Ist das ein Beweis dafür, daß er es nicht kann? *Nein. Es bedeutet einfach nur, daß er es für lange Zeit auf die falsche Art und Weise versucht hat.* Es bedeutet nicht, daß er es nicht tun kann. Ich unterstreiche dies als bedeutsam, denn die Wiederholung von Erfahrungen ist so wichtig. Es ist deshalb so wichtig, weil es einen Prozeß gibt, den wir alle durchlaufen, den man Schwellen-Prozeß (threshold) nennt. Der Schwellen-Prozeß kann bei Glaubenssätzen auftreten, bei Realitäts- oder bei Lern-Strategien. Wenn ihr einen kleinen Metallstreifen habt und ihn vor und zurückbiegt, wird er am Ende ziemlich genau in die gleiche Stellung zurückgehen, in der er am Anfang war. Er geht in dieselbe Form zurück, die er vorher hatte, obwohl er ein bißchen gebogen wurde. Wenn ich diesen Metallstreifen nehme und ihn wiederholt biege und verdrehe, wird er schließlich brechen. Wenn er erst einmal gebrochen ist, kann ich machen, was ich will, er wird nicht in seine ursprüngliche Position zurückgehen. Der Metallstreifen

ist über die Schwelle hinaus forciert worden. Nichts wird ihn wieder in seine Ausgangsform bringen, wenn ich ihn nicht einschmelze oder anschweiße. Durch Biegen und Drehen habe ich ihn plötzlich in eine radikale Veränderung gebracht. Das gleiche passiert, wenn ihr eine Person durch solch eine dramatische Veränderung bringt, die ihre Vergangenheit viel weniger real erscheinen läßt als vorher. Das ist eine Funktion der Wirkungsweise unseres Gehirns.
Frau: Welchen Bezug haben Realitätsstrategien und so etwas wie der New Behavior Generator (Verhaltens-Generator) zueinander?
Robert: Wenn man den New Behavior Generator macht, visualisiert man sich selbst, wie man etwas mit neuen Ressourcen macht, danach steigt man in die visuelle Vorstellung hinein. Wenn man die neue Erfahrung nicht durch die eigene Realitätsstrategie filtert, dann täuscht man nur etwas vor. Andererseits, was ist der Unterschied zwischen vortäuschen und sich wirklich verändern? Wenn man lange genug so tut, als ob, wird es so real erscheinen, wie alles andere.
Mann: Für mich war es sehr wichtig, an meiner „Realität" festzuhalten und sie nicht zu verändern.
Robert: Hattest du je ein Erlebnis, wo du die Realität angezweifelt hast?
Mann: Ja.
Robert: Das Ziel hier besteht *nicht* darin, konfus über deine Realitätsstrategie zu sein. Wenn du die Strategie verändern wolltest, würden wir zu der Zeit zurückgehen, wo du die Realität in Zweifel gezogen hast und sie dich mit den angemessenen Ressourcen wieder-erleben lassen. Viele unserer Glaubenssätze wurden in unserem Gehirn installiert, als wir ungefähr 5 Jahre alt waren; von unseren Eltern, bedeutsamen anderen Personen und möglicherweise durch die Medien. Das sind Leute, die oft nicht wissen, wie sie gute Realitätsstrategien installieren können. Viele eurer Glaubenssätze wurden in eurem Gehirn installiert, bevor ihr gut entwickelte Realitätsstrategien hattet. Diejenigen von euch, die sich gute Realitätsstrategien angeeignet hatten, hatten entweder Glück oder machten andernfalls schlechte Erfahrungen mit den Alternativen. Schließlich habt ihr herausgefunden, gute Realitätsstrategien zu installieren.

Obwohl die meisten von uns sich ihrer Realität sicher sind, würdet ihr sehr überrascht sein darüber, welchen großen Anteil eurer Realität ihr tatsächlich selbst aufgebaut habt. Jeder von euch hat wahrscheinlich einmal an den Weihnachtsmann geglaubt, aber ihr habt das verändert. Ihr werdet vielleicht von Zeit zu Zeit immer noch mit Glaubenssätzen und Realitäten umgehen, die zu einer Zeit einprogrammiert wurden, als ihr noch nicht die Ressourcen hattet, um zu bestimmen, was qualitativ hochwertige Information ist. Kinder bringen beispielsweise oft ihre Realität und ihre Träume durcheinander. Manche Menschen haben solche starken Realitätsstrategien, daß sie das davon abhält, ihre Phantasie und Vorstellungskraft ebenfalls als Ressource zu benutzen. Es ist eine Gratwanderung, selbst wenn man weiß, was man tut.

Gelegentlich „blenden" Leute schlechte Erfahrungen „aus", indem sie so tun, als wären diese in Wirklichkeit nicht passiert; sie spielen sie herunter. Zu anderen Zeiten übertreiben Leute ihre Erfahrungen weit über das hinaus, was wirklich geschehen ist.

Was passiert, wenn ihr ein Ereignis nehmt, von dem jemand denkt, daß es real war, ein Erlebnis, was diesem Menschen für 25 Jahre seines Lebens eine Richtung gegeben hat, und ihr geht hin und verändert es? Wenn ihr das tut, müßt ihr zuerst mit dem Glauben arbeiten: „Ich habe 25 Jahre meines Lebens verschwendet, weil ich solche Glaubenssätze hatte."

Zum Beispiel hatte eine Frau, mit der ich arbeitete, eine Menge physischer und emotionaler Probleme durchgemacht. Diese Probleme waren so ernst, daß es für sie eine Frage des Überlebens wurde. Ihr Problem stammte von einer inneren „Stimme", die ihr alle möglichen Schwierigkeiten bereitete. Wir gaben ihr Ressourcen für ein Erlebnis aus der Vergangenheit, um ihr Körperbild zu verändern und gaben auch dem Teil von ihr, der „die Stimme" hervorbrachte, neue Ressourcen. Als wir dabei waren, all diese Ressourcen zu integrieren, wurde sie sehr sehr traurig, als hätte sie etwas verloren. Als ich sie fragte, was passiere, sagte sie: „Mein ganzes Leben lang war es immer mein Ziel, zu überleben. Überleben war immer eine Herausforderung. Jetzt, wo ich all diese Ressourcen habe, kommt es mir vor, als wäre ein Teil von mir gegangen. Wofür werde ich jetzt leben?"

Dies ist kein schlechter Punkt, an dem man mit einem Klienten kommen kann, denn man kann fragen: „Wofür *wollen* Sie denn leben? Was wäre eine lohnende und lebenswerte Aufgabe (mission)? Was wäre schöner, als immer nur überleben zu müssen?"

Wenn ihr wirklich gute Arbeit macht und einer Person helft, eine dauerhafte Veränderung zu schaffen, kommt diese Frage nach der Aufgabe, der Mission im Leben wahrscheinlich auf. Das weiß man meist nicht im Voraus. Wenn ihr euch mit dieser Frage befaßt und neue Wahlmöglichkeiten in die Zukunft überbrückt (future pace), bevor ihr mit anderen Fragen umgeht, wird dies eure Arbeit sehr erleichtern.

Wie viele von euch kämpfen gegen ihre eigene Realitätsstrategie und bleiben stecken, wenn sie versuchen, ihr eigenes Verhalten zu verändern? Ich habe gehört, wie Leute sagten: „Ich würde alles dafür geben, anders zu sein, aber ich will mich selbst nicht zum Narren halten." Sie meinen: „Wenn ich diesen neuen Glauben in bezug auf mein Verhalten durch meine Realitätsstrategien filtere, so daß es für

mich so real wird wie andere Dinge, die ich tue, mache ich mir selbst etwas vor."
Man ist verdammt, wenn man's tut und verdammt, wenn man's nicht tut. Das ist ein Double-Bind. Selbst wenn ihr die Realität an etwas ganz Trivialem testet ... zum Beispiel, ob ihr heiße Soße hattet oder Krokant, trefft ihr oft knallhart auf ein paar wirklich wichtige Glaubenssätze oder Konflikte.

Realitätsstrategien zu erkennen und zu verstehen ist nicht deshalb wertvoll, weil man dann bestimmen kann, was wirklich im Leben passiert, sondern es ermöglicht einem, eine Reihe von Entscheidungs-Checks oder Verhaltens-Checks einzurichten, die man durchlaufen kann, bevor man glaubt, daß etwas Neues wahr ist, oder bevor man willens ist, tatsächlich etwas zu unternehmen. Man wird nichts in die Tat umsetzen, was einem nicht klar ist oder bevor etwas nicht in den großen Rahmen dessen hineinpaßt, wer man ist, usw.

Kapitel III

Glaubensstrategien

Glaubensstrategien sind die Mittel und Wege, mit denen wir unseren Glauben aufrechterhalten und bewahren. Ähnlich den Realitätsstrategien haben sie ein konsistentes Muster von Bildern, Geräuschen und Gefühlen, die weitestgehend unbewußt ablaufen. Glaubensstrategien sind ein ganzer Satz Evidenzprozeduren, die Sie benutzen, um zu entscheiden, ob etwas glaubhaft ist oder nicht. Diese Art von Evidenz hat normalerweise die Form von Submodalitäten – d. h. in Qualitäten Ihrer Bilder, Geräusche und Gefühle. Versuchen Sie einmal ein Experiment für sich selbst. Vergleichen Sie etwas, das Sie glauben, mit etwas anderem, das Sie nicht glauben. Nehmen Sie die Unterschiede in der Qualität der Bilder, Geräusche und kinästhetischen Gefühle wahr. Wie kodiert Ihr Hirn die Unterschiede? Ein häufiger Unterschied ist die Position im Gesichtsfeld, wo Sie die Bilder sehen (location), aber es wird genausogut auch andere Unterschiede geben.

Glaubensstrategien unterscheiden sich von unseren „Realitätsstrategien", weil wir sie nicht anhand von Realitätstests auf sensorischer Grundlage überprüfen können. Gerade weil sie so ein hoch differenziertes Muster haben, können sie ein Leben lang bestehen bleiben. Glücklicherweise – denn wie sollte ohne diese Strategien unser Verständnis von uns selbst und unserer Welt stabil bleiben?

Das Problem ist allerdings, daß Glaubensstrategien ebenso automatisch und so beständig bei einschränkenden Glaubenssätzen wirken, wie bei Glaubenssätzen, die uns in Richtung auf unser Entwicklungspotential vorwärts bringen. Zum Glück haben sie eine definierte Struktur, die man evozieren und herauskristallisieren kann, so daß man sie durch bewußte Intervention auf den grundlegendsten Ebenen des Denkens verändern kann.

„Judy, kommst du bitte nach vorn?"

Demonstration: Glaubensstrategien

Robert: Judy, denk mal an etwas, was du dir wünschst, über dich selbst oder von dir selbst glauben zu können, was du aber nicht glaubst. Hast du so etwas gefunden?
Judy: Also, ich habe mit meinem Gewicht gearbeitet, weil das ein großes Problem für mich ist ...
Robert: Ein richtig schweres, wette ich. Was glaubst du denn jetzt darüber?
Judy: Was ich jetzt glaube? Ich habe eine Menge Glaubenssätze, die im Konflikt miteinander sind. Ich benutze all die „solltest" und „kann's nicht" und wende sie auf mein Gewicht an. Ich habe eine Menge Konflikte.
Robert: Was ist denn eins von diesen einschränkenden „Kann's nicht"?
Judy: Daß ich nicht abnehmen kann.
Robert: Du kannst also nicht abnehmen. Laß uns dies mal ein bißchen ausfüllen ... sozusagen. Was ist etwas, von dem du weißt, du kannst es?
Judy: Ich kann mit NLP-Methoden mit Klienten arbeiten.
Robert: Laß uns zuerst einen grundlegenden Vergleich machen. Vielleicht finden wir alle Information durchs Vergleichen. Ich möchte, daß du für einen Moment über das Abnehmen nachdenkst. (Judy sackt in sich zusammen, seufzt und schaut, mit einer Muskelspannung um ihren Mund, von ihr aus nach links unten.) Jetzt denk mal daran, wie du mit einem bestimmten Klienten NLP machst, vielleicht an eine Zeit, in der ein Erfolg besonders deutlich wurde. (Judys Schultern heben sich, die Spannung verläßt ihr Gesicht, und sie schaut nach oben.) OK.
(Zur Gruppe:) Ihr könnt sehen, daß es einen ziemlich deutlichen und spannenden Unterschied in ihrer Physiologie gibt; sowohl bei den Zugangshinweisen (accessing cues) als auch bei der sonstigen Physiologie.

Ich habe sie aus zwei Gründen gebeten, dies zu tun. Erstens werden wir aufgrund unserer Beobachtung wissen, ob sie ihren Glauben über ihre Fähigkeit, abnehmen zu können, verändert hat oder nicht. Was werden wir sehen? Wir werden nicht die erste Physiologie sehen, sondern die zweite. Wir haben eine Möglichkeit, zu testen, ob sie ihren Glauben verändert hat oder nicht. Die Unterschiede in der Physiologie werden uns einen ganz präzisen, unbewußten Test für unsere Arbeit liefern. Die zweite Absicht ist es, den gegenwärtigen Zustand (present state) mit dem erwünschtem Zustand (desired state) zu kontrastieren.
(Zu Judy:) Nun möchte ich, daß du im Kopf einige Vergleiche machst. Wenn du über Abnehmen nachdenkt, wie denkst du darüber nach?
Judy: Es ist ein Kampf.

Robert: Es ist ein Kampf.
(Zur Gruppe:) Und sie wiederholt den Gegensatz, den wir in ihrer Physiologie gesehen haben ganz wunderbar. Eines der schönen Dinge bei der Arbeit mit Menschen ist, daß sie meist in ihren Mustern (patterns) sehr systematisch sind. Wir haben diese Physiologie nun schon einige Male gesehen. Es sieht aus wie ein Muster.
(Zu Judy:) Was macht dies zu einem Kampf? (Sie wiederholt die Physiologie, die mit ihrer Schwierigkeit, abzunehmen, zusammenhängt, indem sie nach links unten schaut – die Augenbewegung, die inneren Dialog anzeigt.)
Robert: Ich glaube dir. Es ist etwas, daß du dir selbst sagst, nicht wahr?
Judy: Ja, wahrscheinlich.
Robert: Was sagst du dir?
Judy: Daß ich da hart dran arbeiten muß. Der einzige Weg, wie ich abnehmen kann, ist Kalorien zu zählen und alles genau zu verfolgen, was ich mir in den Mund stecke. Aber dann weiß ich, daß ich hungrig sein und mich nicht wohl fühlen werde.
Robert: Also, wenn du entschieden hast, Kalorien zu zählen – obwohl es hart und ein Kampf ist – wo ist der Konflikt dabei?
Judy: Ja, also, ich halte das eine ganze Zeit durch und dann höre ich wieder auf.
Robert: Was bringt dich dazu, aufzuhören? Jetzt in diesem Augenblick, wenn du darüber nachdenkst, was ist der Konflikt? Ist es ein Konflikt, weil du denkst, daß es hart wird und du nicht willst, daß es hart wird? Glaubst du, daß es hart wird, aber dennoch nicht klappt?
Judy: Ich möchte das ganze Problem vergessen und meinen Körper für sich selbst sorgen lassen. Das ist es, was ich möchte.
Robert: Und du glaubst nicht, daß du das kannst?
Judy: Ja genau. Ich glaube, daß *andere Leute* das können, weil ich anderen auch schon dabei geholfen habe. Aber *ich* kann das nicht. (Sie gestikuliert mit ihrer rechten Hand während die linke Hand ruhig bleibt.)
Robert: Ich möchte dich bitten, auf ein paar weitere Dinge zu achten.
(Zur Gruppe:) Achtet einmal darauf: Während sie über ihren Konflikt spricht, ist in ihrer Gestik eine Asymmetrie. Sie sagt, „Ich wünschte, ich könnte das Ganze einfach sein lassen und es meinem Körper überlassen" und benutzt dabei beide Hände – eine symmetrische Geste. Danach benutzt sie eine asymmetrische Geste wenn sie sagt, daß sie das nicht tun kann. Diese Asymmetrien sind normalerweise sehr aussagekräftige Anzeichen für innere Konflikte. Wenn z. B. jemand zu mir sagt, „Ich möchte wirklich aggressiv sein", und seine rechte Hand hängt ganz schlaff herab, heißt das wahrscheinlich, daß ein Teil von ihm aggressiv sein will und ein anderer nicht. Es ist sehr hilfreich, sich auf die Körpersymmetrie zu kali-

brieren (eichen). Nicht, daß ich denke, daß jedesmal, wenn jemand keine symmetrische Gestik zeigt, ist er in einem Konflikt; vielmehr ist es eine Gegenkontrolle (cross-check), die ich anwende. Wenn ich keine Symmetrie sehe, werde ich weiterhin überprüfen, wann der- oder diejenige mit der einen Hand gestikuliert und wann mit der anderen, wenn er über sein/ihr Problem spricht. In Judys Fall überprüfen wir, was sie sagt und wie sie über ihren „Kampf" denkt, während sie gestikuliert.

(Zu Judy:) Wenn du sagst, du „mußt Kalorien zählen", sind das die Worte, die du in deinem Kopf hörst?

Judy: (Schaut nach oben links und zeigt damit eine visuelle Erinnerung an.) Naja, das war der Weg, wie ich in der Vergangenheit erfolgreich war.

Robert: Wenn du also übers Kalorienzählen nachdenkst, siehst du irgend etwas vor deinem inneren Auge? Sprichst du mit dir selbst darüber, oder was machst du?

Judy: Ja. Ich sehe das kleine Buch zum Kalorienzählen, und ich schaue Sachen nach und schreibe sie auf...(bewegt ihre Augen nach unten links, zeigt also inneren Dialog an; dann nach rechts, und zeigt damit Gefühle an.)

Robert: Und indem du diese Sachen siehst, kriegst du offensichtlich ein Gefühl oder etwas, was dazu gehört. Wenn du das so machst, bekommst du ein Gefühl?

Judy: Ja. Und ich spreche auch mit mir selbst.

Robert: Nun, wenn du nur das Buch siehst und das Kalorienzählen, bewirkt das, daß du das Gefühl kriegst? (Judy stellt sich das Buch vor, sackt in sich zusammen und bewegt ihre Augen nach rechts unten.) OK. Nur das Anschauen allein kann die Gefühle auslösen. Jetzt laß uns dieses einmal damit vergleichen, wie du NLP mit Klienten machst, das Verhalten, von dem Judy glaubt, daß sie das leicht und angenehm machen *kann.*

(Zu Judy:) Du hast NLP mit anderen Leuten gemacht ... ja? (Judy nimmt sofort die ressourcevollere Physiologie ein.) Wie weißt du, daß du das tun kannst und daß es nicht viel Arbeit ist?

Judy: Nun, das habe ich klar vor Augen.

Robert: Was kannst du dabei sehen?

Judy: Ich kann die Person sehen, mit der ich arbeite. Ich sehe die Reaktion, und ich höre auch die bestätigende Rückmeldung von meinem Klienten.

Robert: Das ist die interessante Sache. Es gibt ein Phänomen, das ich im Spaß als Therapeuten- oder Beratersyndrom bezeichne. Ihr habt all diese Fertigkeiten entwickelt, um andere Menschen zu beobachten und ihnen zuzuhören. Doch wenn es um euch selbst geht, könnt ihr euch selbst nicht sehen und hören – dann seid ihr aufgeschmissen. Ihr wißt nicht, was ihr tun sollt. Nicht, weil ihr irgend etwas falsch macht. Es ist einfach, daß ihr euch selbst nicht sehen oder hören könnt, um euch selbst Feedback zu geben. Es hat nichts mit irgendeiner Unzulänglichkeit von euch zu tun.

(Zu Judy:) Du siehst die andere Person und sammelst Informationen über ihr Problem. Wie weißt du, daß du etwas tun kannst, um ihr zu helfen? Wie weißt du, was du tun mußt?

Judy: Ich bekomme ein Gefühl dazu.

Robert: OK, du bekommst also ein Gefühl. In diesem inneren Bild, wo du mit jemandem erfolgreich arbeitest, siehst du denjenigen aus deinen eigenen Augen heraus? Bist du in dem Ereignis assoziiert? Oder beobachtest du dich selbst auch in dissoziierter Weise?

Judy: Aus meinen eigenen Augen heraus, so, als wenn ich mit ihm dort bin.

Robert: Wie unterscheidet sich dieses Bild von dem Bild mit dem Buch, wo du Kalorien gezählt hast?

Judy: Es ist ein weiteres Bild. Es ist ein größeres Bild in dem Sinn, daß es ein größeres Gesichtsfeld umfaßt.

(Zur Gruppe:) Seht ihr die Symmetrie? – Judy gestikuliert mit beiden Händen, wenn sie die Situation mit dem Klienten beschreibt.

Judy: Wenn ich über Kalorien nachdenke, sehe ich nur das Buch, und das ist alles.

Robert: Du siehst also nur das Buch. Irgendwas auf dem Buch?

Judy: Ich kann die Worte und den Umschlag und die Farben sehen... es ist wie ein Farbfoto.

Robert: Aber wenn du den Klienten siehst? (Sie verändert ihre Physiologie, und die Gruppe lacht.)

(Zur Gruppe:) Laßt mich zusammenfassen, was wir bis hierher erreicht haben. Wir haben Information über Judys Glaubenssatz gesammelt, daß sie nicht abnehmen kann. Wenn man sie über das Abnehmen befragt, macht sie ein kleines Standbild eines Kalorienzählbuchs und bekommt ein schlechtes Gefühl. Dann kommt eine Stimme hinein und sagt: „Andere Leute können abnehmen." Wir haben weiterhin eine Asymmetrie in ihrer Gestik bemerkt – wenn sie über Abnehmen, Kalorienzählen und harte Arbeit spricht, gestikuliert sie mit ihrer linken Hand. Wenn sie sagt, „Aber ich kann anderen Menschen helfen", gestikuliert sie mit ihrer rechten Hand. Da ist auch noch eine gleichbleibende Körperhaltung, die nicht-ressourcevoll aussieht, die sie immer dann annimmt, wenn sie über den Versuch, abzunehmen, nachdenkt.

Wir haben dies mit etwas anderem verglichen, von dem sie glaubt, sie kann es – Menschen mit NLP zu helfen. Hier finden wir, daß sie ein großes Panoramabild macht und den Klienten hört, so als wenn sie vollkommen dort ist. Sie nimmt auch eine ressourcevolle Körperhaltung ein und gestikuliert symmetrisch mit kongruenten Handgesten.

Wir haben also die *Muster* in ihrem Verhalten gefunden, die mit jedem Glaubenssatz präsent sind. Weil ich dabei bin, Information zu sammeln, möchte ich an dieser Stelle, daß meine Klientin einen weiteren Glaubenssatz über ihre Fähigkeiten identifiziert – noch einen anderen Glauben über etwas, das sie tun *kann.* Ähnlich wie eben werde ich Informationen sammeln über ihre Physiologie, ihre Augenbewegungen, ihre Körperhaltung und ihre inneren Bilder, Stimmen und Gefühle, so daß ich meine Information gegeneinander testen und validieren (cross validate) kann. Ich möchte herausfinden, welche Muster bezüglich der (oben besprochenen) Qualitäten *gleich* sind zwischen den beiden Glaubenssätzen: dem einen, daß sie jemandem mit NLP-Methoden helfen kann und desweiteren einem anderen nützlichen Glauben darüber, „was sie tun kann".

Judy: Mir ist einer eingefallen, als du gesprochen hast. Ich habe eine größere Veränderung in dem Gefühl meiner Mutter gegenüber geschafft ... das hat sich auf alles andere in meinem Leben übertragen.

Robert: Wie hast du das gemacht?

Judy: (Lachend) Ich bin zu einer NLP-Practitionerin gegangen.

Robert: Was hat diese Practitionerin gemacht? Was hat sich in deinem Denken über deine Mutter verändert? Ich meine, *du* hast die Veränderung gemacht; diese Person hat dir nur dabei geholfen.

Judy: Es war das, wie ich mich in der Beziehung mit meiner Mama gefühlt habe, was sich verändert hat.

Robert: Die NLP-Practitionerin hat nicht einfach gesagt, „verändere dein Gefühl", und es veränderte sich. Etwas, das du innerlich gemacht hast, hat das Gefühl verändert.

Judy: Wozu sie mich brachte, war eigentlich, einen Brief zu schreiben. Ich nehme an, das war wohl mit mir selbst zu sprechen.

Robert: Was hat sich in deiner Wahrnehmung verändert?

Judy: Es half mir, mit einem Gefühl in Berührung zu kommen, was da war, als ich...(Judy schaut nach links oben)

Robert: Siehst du irgendwas?

Judy: Ja, ich sehe diese ganze Szene als sie stattfand.

Robert: So, du siehst diese Person...

Judy: Nein, ich sehe mich selbst diesen Brief schreiben.

Robert: Du beobachtest dich also, wie du den Brief schreibst, disassoziiert, wie von der Position eines Dritten?

Judy: Ja.

Robert: Und du glaubst wirklich, daß du deine Einstellung gegenüber deiner Mutter verändert hast? Heißt das, daß du deine Einstellung zu Menschen im allgemeinen verändern kannst?
Judy: Ja, weil ich sehe, das ich es in vielen Bereichen meines Lebens kann.
Robert: Weil du diese Fähigkeit in vielen Lebensbereichen *sehen* kannst.
(Zur Gruppe:) Eines der Dinge, die ich sie ein paarmal habe sagen hören, ist, daß es da so etwas gibt wie ein „großes Bild" – das ist wie eine *Ähnlichkeit* zwischen diesen beiden Vergleichssituationen. Sie sagt, „Ich kann das *Ganze* sehen, statt nur Teile eines Bildes", wie in dem Bild, das sie von dem Kalorienzählbuch machte. Achtet auf den Unterschied zwischen einem myoptischen Fokussieren auf ein kleines Ding in Gegensatz zum Sehen der ganzen Szene. Sie bekommt viel weniger Information aus einem kleinen Standbild als von einer vollständigen Szene.
(Zu Judy:) Hast du das ganze Bild beim Abnehmen oder ist es nur dies kleine Buch, das du dann siehst? Du hast auch schon anderen Leuten dabei geholfen, abzunehmen. Was erlaubt dir, jemandem dabei zu helfen, abzunehmen? Wie machst du das?
Judy: Also, das hängt von der Situation mit der Person ab. Ich wende verschiedene NLP-Techniken an.
Robert: Unabhängig vom Inhalt gibt es da etwas, das dich wissen läßt, wie du vorzugehen hast. Was ist das?
Judy: Ich spüre einfach, was zu tun ist. Ich nehme das auf, was ich brauche, um den nächsten Schritt machen zu können. Das ist bei mir fast intuitiv, aber ich weiß, es ist nicht intuitiv ... (großes Gelächter).
(Zur Gruppe:) Übrigens, eines meiner Ziele mit beim Anwenden von NLP ist, die Leute dazu zu bringen, von ihrer intuitiven Ebene aus zu arbeiten. Denn wenn ihr herumsitzen und über alles nachdenken müßt, was ihr tut, kostet das eine Menge Zeit und Arbeit. NLP- Methoden bestätigen eure Intuitionen und helfen euch besser, das ist alles.

Meine Hypothese ist, daß Judy so lange dabei bleibt, Informationen von einer Person zu sammeln, bis sie plötzlich das vollständige Bild sieht, und dadurch weiß sie, was zu tun ist. Jetzt in diesem Moment möchte ich noch nicht unbedingt, daß sie eine Lösung findet; was ich will, ist sie dazu zu bringen, zu *glauben*, daß sie es tun kann. Offensichtlich nimmt sie nicht ab, wenn sie hier vorn vor uns sitzt. Wenn sie glaubt, daß sie es tun kann, hat sie, glaube ich, die nötigen Ressourcen, um ihre Ziele zu erreichen.
(Zu Judy:) Du würdest gern in der gleichen Weise glauben, daß du abnehmen kannst, wie du glaubst, daß du deine Gefühle gegenüber deiner Mutter verändern konntest, ist das korrekt?

Judy: Ja.
Robert: Was hält dich davon ab, das große Bild zu sehen?
Judy: Wenn ich an mein Gewicht denke, kriege ich ein schlechtes Gefühl. Wenn ich das ganze Bild sehen würde, würde ich vielleicht sehen, was zu tun ist.
Robert: Laß uns versuchen, deine einschränkende Glaubensstrategie den Strategien gleich zu machen, mit denen du glaubst, du kannst es. Schau dich einmal selbst vor deinem geistigen Auge an, so als wärst du eine Klientin, die zu dir käme. Schau dich selbst an und das, was du in deiner Vergangenheit gemacht hast, um abzunehmen. Hör dich tatsächlich beschreiben, was du versucht hast. Stell dir vor, daß du, „die Klientin", *dir* all die Sachen erzählt, die du *mir* erzählt hast.
Zuerst laß mal das Bild hier draußen vor dir sein. (Gestikuliert) Siehst du dich selbst?
Judy: Ich sehe einzelne Teile von dem Kalorienbuch, aber ich habe immer noch das Gefühl...
Robert: Du hast immer noch das Gefühl. Was machst du, wenn du eine Klientin hast und sie bekommt ein Gefühl, das sie nicht abschütteln kann?
Judy: Tja, ich mache kleine Tricks. Vielleicht lasse ich sie sich auf das Gefühl konzentrieren. Dann lasse ich sie daraus ein Pulsieren machen und es nach außen verlagern, und dann lasse ich sie ... (Ihre Physiologie wechselt in die, die anzeigt, daß sie genau weiß, was sie tun muß.)
Robert: Hört sich gut an. (Lachen)
(Zur Gruppe:) Ich denke, sie hat all die Ressourcen. Übrigens, sie wird mir sagen, wie man das macht.
(Zu Judy:) Kannst du mir sagen, wie du abnehmen kannst?
Judy: Mal sehen, ob ich das kann. (Ihre Augen bewegen sich nach links oben, dann nach rechts unten, um Zugang zu ihren Gefühlen zu bekommen.) Es ist solch ein großes Gefühl.
Robert: So, es ist ein großes Gefühl. Was machst du mit einer Klientin, die ein großes Gefühl hat? Was würdest du die Klientin tun lassen?
Judy: Das kommt wieder drauf an. Ich kann sie in die „Größe" des Gefühls gehen lassen und dann mit ihr spielen. Oder, wenn es angemessen ist, lasse ich sie vielleicht das Gefühl zusammenschrumpfen und es kleiner machen.
Robert: Welche dieser Möglichkeiten wäre die angemessenste für dich? Nutze jetzt deine Intuition.
Judy: Manchmal denke ich, wenn ich wirklich in dieses große Gefühl hinein könnte, hätte ich einen Zugriff auf mein Problem.
(Zur Gruppe:) Ich werde jetzt noch etwas weiteres tun. Wir können sehen, daß dies nicht einfach ein Gefühl ist; da oben ist auch noch ein Bild. (Zeigt hoch auf ihre

linke Seite.) Es wird nützlich sein herauszufinden, was es mit diesem Bild auf sich hat.
(Zu Judy:) Geh nun zurück in das Gefühl und schau nach oben. Ist dort irgend etwas, das du siehst? Es ist in Ordnung, bei dem Gefühl zu bleiben; es gibt vielleicht etwas, das du siehst.
Judy: Ich sehe eine riesige Frau ... Ich meine, sie ist *riesig*. (Judy spannt sich sichtbar an.)
Robert: Wer ist es?
Judy: Also, es beeinflußt mich.
Robert: Da ist etwas, das du siehst, und irgendwie ist dieses Bild mit dir verbunden? Dies Bild ist größer als du, es bewirkt dieses große Gefühl, das dich beeinflußt. Wie ist es mit dir verbunden?
Judy: Es ist sowas, was ich einen Einfluß *auf* mich nennen könnte.
Robert: Wie übt es diesen Einfluß aus?
Judy: Es fühlt sich an als wäre da draußen eine riesige Frau, die die ganze Zeit um mich herum ist.
Robert: Sie ist da draußen ... so als wenn sie um dich herum ist und dich umgibt.
Judy: Ja.
Robert: Nachdem wir nun dieses Stück Information haben, tritt einen Schritt zurück und beweg das Bild weg von dir. Sieh ein Bild von dir selbst, umgeben von ihr, da hinten.
Judy: (Entspannt sich) OK. Ja. Ich hab's lieber da hinten.
Robert: Wo du nun sehen kannst, was da draußen los ist, welche Ressource braucht die Judy dort, die von ihr umgeben ist, um die Wahlmöglichkeiten zu haben, die du haben willst?
Judy: Ah, das ist interessant. Ich habe versucht, mich um sie zu kümmern. Ich habe nie daran gedacht, mich um *mich zu kümmern*.
Robert: Tja, *du* bist es, die die Ressourcen braucht.
Judy: Es muß sichergestellt sein, daß sie nicht ich ist.
Robert: Was brauchst du, um das zu tun?
Judy: Ich muß die beiden visuell voneinander trennen.
Robert: Tu das. Wenn du irgendwelche Ressourcen brauchst, fügen wir sie ein.
Judy: Ja, OK. Das krieg ich hin.
Robert: Gibt es noch irgendwas anderes, was die Judy da oben braucht? (zeigt nach oben)
Judy: Ich gehe gerade diese ganze Geschichte mit dem Glauben noch einmal durch. Ich *kann* den Glaubenssatz verändern, den ich hatte, wenn ich mich selbst von dieser riesigen Frau trenne, die mich umgab. Ich kann sehen, daß mein Glau-

ben über das Abnehmen sicherlich nicht logisch war, weil es auf diesem Gefühl basierte, und darauf, was immer diese Personifizierung der riesigen Frau ist.

Robert: (Zur Gruppe:) Während wir Judy beobachten und uns auf sie kalibrieren, können wir schon sehen, daß ein kleines bißchen dieser anderen Physiologie hineinkommt, der Physiologie, die damit zusammenhängt, was Judy glaubt, daß sie tun *kann.*

(Zu Judy:) Ich glaube, du hast die Ressourcen, die du brauchst. Was dem Glauben im Weg war, war wahrscheinlich, daß du nicht wußtest, was du da draußen angeguckt hast. Weil dieser einschränkende Glaubenssatz sich visuell manifestiert hat, ist es schwer für dich zu sehen, was du tun mußt (gestikuliert zum dissoziierten Bild hin), wenn du hier innen davon umgeben bist (zeigt nach innen). Es reicht nicht, da draußen alles in kleinere Einheiten zu unterteilen (chunk down); du mußt das ganze Bild sehen. Ich glaube, das war ein großer Teil dessen, was da vor sich ging.

Wenn du es hier vorn vor dir betrachtest, kannst du das Bild weiter machen? Wie könntest du den Einfluß von dir trennen oder mit ihm umgehen?

Judy: Ich habe eine kleine mentale Übung, die ich durchlaufen kann. Es ist eine der Techniken, die ich bei jemand anders anwenden würde. Ich kann sie einfach auseinander bewegen, dann sehen, was ich tun muß, um abzunehmen. (Während sie diesen Prozeß im Geist macht, verändert sich ihre Physiologie beeindruckend in Richtung auf die ressourcevolle Physiologie, die anzeigt, „was sie glaubt, daß sie es kann".)

Robert: Ich glaube, du hast die Ressourcen, die du brauchst. Glaubst du, daß du abnehmen kannst? Wir können uns später um eine spezifische Technik kümmern, *wie* man abnehmen kann. Erinnere dich, als du am Anfang an das Abnehmen dachtest, gab es einen Konflikt.

(Zur Gruppe:) Ich mache nicht mit dem nächsten Schritt weiter, bevor ich bei der Person, mit der ich arbeite, eine ziemlich klare Veränderung in der Physiologie sehe – so wie wir es hier sehen. Ich erkenne, daß ich einen Fortschritt gemacht habe, als ich sie bat, noch einmal daran zu denken und sie nicht in die erste, nicht-ressourcevolle Physiologie zurückfiel. Ich konnte klar erkennen, daß jetzt eine ganz andere Strategie und Physiologie mit dem Abnehmen verbunden ist als beim ersten Mal, als ich sie über ihren Glauben befragte.

Übung: Identifizieren von Glaubensstrategien

Laßt uns jetzt eine Übung machen. Denkt an etwas, von dem ihr glaubt, daß ihr es tun könnt und vergleicht es mit etwas, das euch einschränkt. Bestimmt den Unterschied. Dann nehmt den einschränkenden Glaubenssatz und macht ihn dem ähnlich, von dem ihr glaubt, daß ihr es tun könnnt. Wenn euch etwas davon abhält, findet heraus, was genau es ist.

Es geht darum, die Einschränkung dem ressourcevolleren Glauben anzugleichen. Benutzt jeden Veränderungsprozeß, der möglich ist. Was ihr letztendlich macht, mag vielleicht keineswegs so aussehen, wie das, was ich gemacht habe, um die Störung zu identifizieren und die geeigneten Ressourcen hinzuzufügen. Das grundlegende Ziel ist jedoch, den Glauben, den ihr nicht glaubt, dem Glauben, den ihr glaubt, so ähnlich wie möglich zu machen.

Diskussion

Viele von euch fanden, daß sie die Unterschiede leicht identifizieren und die gewünschte Veränderung schnell bewirken konnten. Einige fanden gute Beispiele bedeutungsvoller Erlebnisse aus der Vergangenheit (Imprints/Prägungen), die euch zurückhalten. Eine vollständige Diskussion von Prägungen und Re-imprinting-Techniken ist in Kapitel IV nachzulesen.

Andere unter euch fanden einige ziemlich gute Beispiele für den Glauben, perfekt sein zu müssen. Solch ein Glauben kann einen Menschen wirklich beeinträchtigen. Leute, die diesen Glauben haben, sagen: „Ich habe es (zwar) geschafft, aber ich habe es nicht perfekt gemacht.“ Sie könnten etwas tausend Mal perfekt machen und wenn Sie es dann ein einziges Mal falsch machen, bedeutet das, daß es nicht perfekt ist, und alle anderen vorherigen Erfolge sind abgewertet (discounted). Und natürlich, obwohl man einen Erfolg hatte, weiß man, daß er vielleicht nicht „echt“ ist, denn wenn Sie es beim nächsten Mal falsch machen, dann zählt der Rest auch nicht mehr. Wenn Sie sich selbst mit Gott vergleichen, werden Sie am Ende immer schäbig aussehen. Ein Problem mit dieser Art von Glauben ist, daß Ihr Kriterium, um Erfolg zu definieren, unangemessen ist.

Viele von euch haben wahrscheinlich herausgefunden, daß die Glaubenssätze, die ihr identifiziert habt, einen Vergleich enthielten. Um dies zu illustrieren will ich euch ein Beispiel erzählen: Ich arbeitete einmal mit einer Frau, die eine klare Idee davon hatte, was sie erreichen wollte. Je näher sie kam, ihr Ziel perfekt zu erreichen, desto schlechter fühlte sie sich bei dem Gedanken, daß sie ihr Ziel noch nicht ganz erreicht hatte. Ihr könnt euch vorstellen, was für ein Anspruch (bind) das war. Je besser sie wurde, desto schlechter fühlte sie sich, denn je näher sie der Perfektion kam, desto schlechter fühlte sie sich wegen des letzten kleinen Stückchens, das sie noch nicht erreicht hatte. Diese Person hatte ein Lebensmuster, etwas anzufangen, es wirklich gut zu machen, zu einem Punkt zu kommen, wo sie fast erfolgreich war und dann so viel Streß zu erleben, daß sie aussteigen mußte. Sie erreichte nie einen vollen Erfolg.

Dieser Prozeß, den wir gerade vollständig zuende geführt haben, ist nützlich, um Information zu sammeln. Indem ihr diesen kontrastierenden Analyseprozeß benutzt, könnt ihr absolut präzise den Punkt festlegen, wo die Veränderungsarbeit ansetzen muß. Dies kann euch viel Zeit und Frustration ersparen, wenn ihr mit anderen Menschen arbeitet.

Kapitel IV

Re-Imprinting

Tim und Suzi haben einmal mit einem Mann gearbeitet, der Flugangst hatte. Er hatte viel versucht, um seine Angst loszuwerden, aber nichts hatte gewirkt. Sie brachten ihn dazu, Zugang zu den Gefühlen zu bekommen, die mit dem Fliegen verbunden waren und etablierten einen kinästhetischen Anker, indem sie seine Schulter berührten. (Anker sind Stimulus-Response-Prozesse, wobei einige externe Stimuli mit einem internen Zustand oder einem Satz von Repräsentationen gepaart werden. Beispiel für einen natürlich auftretenden Anker ist z. B. ein spezielles Lied, das bei Ihnen die Erinnerung an einige frühere Erlebnisse auslöst, die sie hatten, als Sie es damals hörten. Bandler und Grinder entdeckten, daß man Anker auch bewußt und geplant setzen kann. Interne Zustände können mit einer externen Berührung, einem Geräusch oder mit etwas gepaart werden, das die Person sehen kann. Sobald diese Assoziation einmal aufgebaut ist, kann man die interne Erfahrung willentlich auslösen. Wenn Sie einen kinästhetischen Anker etablieren, können Sie einen Zustand durch fortwährende Berührung stabil halten.)

Dann suggerierten sie (Tim und Suzi), daß das geankerte Gefühl „ihn in der Zeit zurückführt“, zu anderen Ereignissen, wo er dasselbe Gefühl erlebt hatte. Fast unmittelbar darauf klagte er, er hätte eine „Leere im Kopf“ (draw a blank). Sie hielten, sehr geduldig, den Anker und begleiteten ihn (paced him), indem sie ihm sagten, daß die „Leere“ eigentlich ziemlich wichtig sei und empfahlen ihm, sich zu entspannen und sich auf die „Leere“ zu konzentrieren. Als er sich entspannte, erzählten sie ihm eine Geschichte, eine therapeutische Geschichte, davon, wie sie einmal nachts in der Nachbarschaft im Nebel spazierengingen und nach einen Hund suchten. Der Nebel war so dick, daß sie nicht einmal drei Meter weit sehen konnten, und obwohl sie nicht durch den Nebel hindurchsehen konnten, wußten sie intuitiv genau, wo sich bestimmte Dinge befanden, und sie waren in der Lage zu finden, was sie gesucht hatten.

Nach ungefähr zehn Minuten begann der Mann, mit dem Tim und Suzi arbeiteten, unbewegte Einzelbilder zu sehen, welche seiner Ansicht nach unmöglich etwas mit seiner Phobie zu tun haben könnten. Das erste Bild zeigte einen alten Herrn, der ein paar Blumen in der Hand hielt. Der Mann hatte nebenan gewohnt, als er ein kleiner Junge war. Dann sah er weitere Bilder, die sie zu einem Film über ein frühes Kindheitserlebnis zusammensetzen konnten.

In diesem Fall handelte es sich um ein Erlebnis, an das er auf der bewußten Ebene keine Erinnerung mehr hatte und doch war es, als sie die Verbindungen explorierten, bedeutend für die Phobie. Er hatte mit anderen kleinen Kindern auf einem freien Gelände hinter dem Haus des älteren Herrn gespielt, als sie einen weggeworfenen Kühlschrank entdeckten, der auf dem Rücken lag. Irgendwie war einer der anderen kleinen Jungen in den Kühlschrank eingeschlossen worden und konnte nicht herauskommen. Der Mann, mit dem Tim und Suzi arbeiteten, hatte in gewisser Weise innerlich mit dem eingeschlossenen kleinen Jungen in seiner Phantasie die Position getauscht und erlebte dessen Panik. Die Kinder konnten dann aber Hilfe holen, und der gefangene kleine Junge wurde gerettet, bevor ihm irgend etwas Ernstes passierte.

Als der Vater des Mannes in der Szene auftauchte, sagte er: „Laß dir das eine Lehre sein. Begib dich *niemals* an einen Ort, wo du nicht herauskommen kannst." So bekam dieser Mann als Erwachsener immer das Gefühl von Panik, wenn er in einem Flugzeug „gefangen" war.

Als sie erst einmal über die „Leere" oder die Sackgasse hinaus waren, konnten sie den Prozeß des Re-Imprinting, der in diesem Kapitel beschrieben ist, nutzen, um ihm neue Wahlmöglichkeiten in bezug auf seine Gefühle zum Fliegen zu geben. Er berichtet heute, daß er drei oder viermal pro Monat im Rahmen seiner Arbeit im Flugzeug fliegt und sich dabei so wohlfühlt, daß er sogar oft während des Fluges schläft.

Wie Prägungen (imprints) auftreten und was sie sind

Eine Prägung ist ein bedeutsames Ereignis aus der Vergangenheit, in der Sie einen Glaubenssatz oder ein Cluster von Glaubenssätzen gebildet haben. Jede Form von Heilung, die mir bekannt ist, sei es medizinisch-körperliche oder psychische, geht von der Tatsache aus, daß gegenwärtige Verhaltensweisen oft durch vergangene Verhaltensweisen oder Ereignisse geschaffen oder geformt werden. Was für uns als

NLP-Praktiker in bezug auf diese Vergangenheitserlebnisse wichtig ist, ist *nicht* der Inhalt dessen, was passierte, sondern den Eindruck oder der Glauben, den die Person aufgrund dieser Erfahrung gebildet hat.

Die Bezeichnung Prägung stammt von Konrad Lorenz, der das Verhalten von Entenküken studierte, die er aufzog. Er entdeckte, daß Entenküken sich eine Mutterfigur etwa am ersten Lebenstag einprägten. Sie taten das, indem sie nach Bewegung suchten. Wenn sich also etwas bewegte, nachdem sie gerade aus dem Ei geschlüpft waren, folgten sie diesem, sich bewegenden Etwas, und es „wurde" zu ihrer Mutter. Lorenz bewegte sich, und die Entchen folgten ihm. Er fand heraus, daß sie später, wenn er sie ihrer richtigen Mutter „vorstellte", diese ignorierten und weiterhin ihm nachfolgten. Morgens, wenn er aufstand, pflegte er nach draußen zu gehen und fand dann die Küken um seine Stiefel herum gekuschelt, statt in ihrem eigenen Nest.

Einmal berichtete er, daß ein Tischtennisball an einem der schlüpfenden Küken vorbeirollte und das ausschlüpfende Entchen sich auf den Tischtennisball prägte, ihn zu seiner „Mutter" machte. Später mied die Ente zur Brutzeit ihre eigenen Artgenossen und versuchte, verschiedene Arten von runden Gegenständen zu besteigen.

Konrad Lorenz und seine Kollegen glaubten, daß Prägungen zu bestimmten, neurologisch kritischen Perioden stattfinden würden. Wenn die kritische Phase erst einmal vorüber wäre, würde all das, was währenddessen „eingeprägt" wurde, fortbestehen und keiner Veränderung unterliegen.

Timothy Leary untersuchte das Phänomen der Prägung beim Menschen. Er entgegnete, daß das menschliche Nervensystem viel verfeinerter und weiter ausgebildet sei als das von Entenküken und anderen Tieren. Er stellte fest, daß unter den geeigneten Bedingungen, Inhalte, die zu früheren kritischen Phasen eingeprägt worden waren, wieder zugänglich gemacht und umprogrammiert oder umgeprägt (re-imprinted) werden könnten.

Leary identifizierte ebenfalls entscheidende kritische Entwicklungsphasen beim Menschen. Durch Prägungen, die während dieser Perioden auftraten, werden zentrale Glaubensannahmen (core beliefs) etabliert, die die Persönlichkeit und Intelligenz eines Individuums formen. In den primären kritischen Perioden werden unter anderem Prägungen etabliert, die Glaubenssätze über das biologische Überleben, emotionale Bindungen und das Wohlergehen eines Menschen bestimmen sowie über intellektuelle Flexibilität und Geschicklichkeit, soziale Rolle, ästhetisches Verständnis und „Meta-Kognition" oder die Bewußtheit der eigenen Denkprozesse. Daher könnten z. B. Gesundheitsprobleme aus zentralen Glaubenssätzen erwachsen sein, ebenso wie die entsprechenden Verhaltensweisen, die diese Probleme aufrecht erhalten könnten, während der kritischen Phase für biologisches Überleben aufgebaut worden sein, während z. B. Phobien ihre Wurzeln in der Phase des emotionalen Wohlergehens haben könnten. Lernbehinderungen könnten aus Prägungen entstanden sein, die während der kritischen Periode für intellektuelle Geschicklichkeit geformt wurden und so weiter.

Meine Entwicklung der NLP-Re-Imprinting-Technik erwuchs aus einer Serie von Seminaren, die ich mit Leary zusammen abhielt. Ein Ergebnis meiner Arbeit mit ihm war, daß ich erkannte, daß einige der traumatischen Episoden, die Klienten erlebt hatten, mehr als einfach nur schlechte Erinnerungen waren, denen man durch Anwendung einfacher Integrationstechniken beikommen konnte. Es waren oft glaubens- und identitätsformende Prägungen, die als Ecksteine die Persönlichkeit eines Menschen formten, und daher erfordeten sie eine andere Herangehensweise, um die Person in einer angemessenen und dauerhaften Weise zu beeinflussen.

Prägungen können signifikante „positive" Erfahrungen sein, die zu nützlichen Glaubenssätzen führen, oder sie können traumatische oder problematische Erfahrungen sein, die einschränkende Glaubenssätze zur Folge haben. Typischerweise, jedoch nicht immer, ziehen sie die unbewußte Rollenübernahme (role modeling) bedeutsamer anderer Personen nach sich.

Vergleichen Sie das Verhalten der Enten mit menschlichem Verhalten am Beispiel der Kindesmißhandlung. Die Forschung bestätigt, daß Menschen, die als Kinder mißbraucht wurden, als Erwachsene oft unbewußt Beziehungen eingehen, die ihre Kindheitserfahrungen wiederholen. Zum Beispiel heiraten Frauen, die als Kind mißbraucht wurden, oft Männer, die sie als Erwachsene mißbrauchen. Genau so mißhandeln Männer, die als Kinder geschlagen wurden, vielleicht auch ihre eigenen Kinder. Wenn sie von ihrer Mutter geschlagen wurden, gehen sie vielleicht Beziehungen ein, wo sie irgendwie unterlegen sind. Forschungsergebnisse zeigen, daß Frauen, die von ihrer Mutter geschlagen wurden, eher bereit sind, mit ihren eigenen Kindern gewalttätig umzugehen als die, die nicht geschlagen wurden. Prägungen sind eine Erklärung für diese Phänomene. Menschen, die als Kinder mißbraucht wurden, können die Verbindung herstellen, daß dies das typische Verhalten ist, das zu Vätern, Müttern, Ehemännern oder -frauen gehört.

Zu der Zeit, als die Entenküken aus dem Ei schlüpften, sagten sie sich nicht: „Meine Güte, die Mutter sieht aber merkwürdig aus; ich überprüfe das besser noch mal." Ihr Gehirn hat wahrscheinlich gesagt: „So sind Mütter wohl." – Menschen tun das *Gleiche.*

Modellbildung und die Übernahme der Perspektive des anderen

Ich habe einmal mit einer Frau gearbeitet, die Halskrebs hatte. Sie fühlte sich wie ihr Hals, und, in der Tat, der Rest ihres Körpers gehörte nicht zu ihr. Sie hatte das Gefühl, daß irgend jemand ihn ihr weggenommen hatte. Ich ankerte das Gefühl und half ihr, ein Erlebnis aus der Vergangenheit zu erinnern. Es war ein sehr frühes Kindheitserlebnis. Sie sagte: „Meine Mutter packt mich am Hals und schüttelt mich durch." Während sie dies jedoch sagte, machte sie die Schüttelbewegung mit ihren eigenen Händen. Ihre Stimme war voller Wut, wie die ihrer Mutter gewesen sein mußte, nicht die eines verängstigten kleinen Kindes. Sie hatte mit ihrer Mutter die Position, die Rolle getauscht. Sie zeigte nicht das Verhalten des kleinen Kindes, sondern das ihrer Mutter, der Angreiferin.

Als Kind befindet man sich in einer intensiven fortlaufenden Beziehung mit seinen Eltern. Man wird (sich)* einige ihrer Glaubenssätze und Verhaltensweisen einprägen (introjizieren) und sie zu einem Teil des Selbst machen. Wie eine Frau es darstellte: „Als ich klein war, und meine Mutter mich schlug, fühlte ich mich verletzt und verwirrt. Jetzt wo ich älter bin, finde ich es einfacher, mich mit den Gefühlen meiner Mutter zu identifizieren." Eine andere Frau erzählte mir: „Manchmal fühle ich mich von meiner Mutter besessen." Wenn man älter wird und unser Körper sich verändert, findet man es typischerweise einfacher, sich dem Verhalten der erwachsenen Person anzugleichen.

Eine Prägung (imprint) ist nicht notwendigerweise logisch. Es ist etwas, das intuitiv geschieht, und typischerweise ereignet es sich in kritischen Entwicklungsperioden.

In der Kindheit haben die meisten von uns noch nicht wirklich einen Sinn für Selbst-Identität, daher tun wir so, als seien wir jemand anders, und wir übernehmen oft das Rollenmodell – Schirm, Charme und Melone. Wir können so enden wie die Entchen, die nicht sehr unterschieden, was sie als Mutter akzeptieren würden.

Wer Sie als Erwachsener sind, ist auf unterschiedlichste Weisen eine Verkörperung der Erwachsenen-Modelle, mit denen Sie aufgewachsen sind. Ihr Modell, ein Erwachsener zu sein, hat die charakteristischen Züge der wichtigen anderen von früher; Charakteristika, die früh eingepflanzt wurden, Arten, etwas zu glauben und sich zu verhalten, die Sie in frühem Alter zu einem Teil von sich selbst gemacht

* Anm. d. Übersetzerin: Imprint wird im Gegensatz zu dt. „einprägen" nicht transitiv gebraucht. Damit wird der nicht völlig passive Charakter des Prozesses deutlich.

haben. Diese Glaubenssätze und Verhaltensweisen tauchen auf, wenn Sie ein gewisses Alter erreicht haben und kein Kind mehr sind. Deswegen ist es genauso wichtig, sich beim Re-Imprinting-Prozeß um die anderen beteiligten Personen zu kümmern, wie um das jüngere Selbst.

Ich arbeitete mit einer Frau, die mehr Sport treiben und ihren Körper wirklich gut in Form bringen wollte. Als wir der Veränderung nahe kamen, die sie wollte, hatte sie eine *wirklich* starke Reaktion. Ich fragte sie, „Was hält Sie davon ab?" und sie sagte, „Wenn ich diese Veränderung machen würde, würde ich mich selbst *wirklich gern mögen*". Da sich das für mich gar nicht so fürchterlich anhörte, fragte ich sie, in welcher Weise das denn ein Problem sei. Sie antwortete: „Weil, wenn ich mich selbst mag, verliere ich Menschen, die ich auch mag und die mir wichtig sind." Ich fragte sie, *wo das* denn herkomme, weil das ein Glaubenssatz ist: „Wenn ich mich selbst mag und mich um mich selbst kümmere, verliere ich andere Menschen."

Es kam heraus, daß es in ihrer Familiengeschichte Vorbilder und Präzedenzfälle dafür gab. Immer, wenn wichtige andere in ihrer Familie wirklich etwas Gutes für sich selbst getan hatten, fühlten sich deren Partner bedroht und konnten damit nicht umgehen. Dann brach die Beziehung auseinander. Wenn meine Klientin in ihre Zukunft schaute, bekam sie ein schlechtes Gefühl dabei, sich selbst etwas Gutes zu tun. Das Gefühl bezog sich auf etwas in der Vergangenheit anderer Leute. Es wurde von jemand anderem im Prozeß des Modellernens übernommen (modelliert). Man kann also starke, einschränkende Gefühle bekommen, wenn man sich vorstellt, wie es wäre, in der Haut von jemand anders zu stecken.

Identifikation und Arbeit mit Prägungen

Der schwierigste Teil bei der Veränderung eines Glaubenssystems ist die Tatsache, daß die Prägung (imprint) mit einiger Wahrscheinlichkeit außerhalb des Bewußtseins ist. Die wichtigsten Verhaltensweisen sind normalerweise diejenigen, die einem am gewohntesten und automatisiert sind. Das sind die Verhaltensweisen, derer Sie sich am wenigsten bewußt sind. Wenn man ein geankertes Gefühl als eine „Führungsschiene" zu Erinnerungen aus der Vergangenheit nutzt, mögen die ersten Erfahrungen nicht so wichtig sein. Wichtig ist es, zu dem Punkt weiterzugehen, in dem Sie sich verwirrt fühlen und sagen „ich habe keine Ahnung", „ich weiß nicht, warum ich das mache". An dem Punkt wissen Sie, Sie sind wirklich nah an etwas sehr Bedeutsamen – ich nenne das oft eine Sackgasse (impasse). Das ist eine ziemlich interessante Orientierung, und ist vielleicht ein anderer Ansatz als der, den Sie in der Vergangenheit möglicherweise angewendet haben. Bezogen auf das Identifizieren der Umstände und Bedingungen, unter denen Sie den einschränkenden Glauben entwickelt haben, wissen Sie dann genau: Sie sind „an der richtigen Adresse".

Leere im Kopf – Sackgassen

Wenn Sie kein Glück dabei haben, eine Prägung zu finden, die mit einer Sackgasse in Verbindung steht, lassen Sie die Person etwas erfinden, das damit assoziiert sein könnte. Sie können sagen: „Schätzen Sie mal, was das Gefühl wohl zu bedeuten hat." Das wird Sie auf den Weg bringen. Wenn die Episode, die sie sich ausdenkt, die gleiche Intensität in ihrer Physiologie mitbringt, wie der Problemzustand, wissen Sie, daß es da eine Verbindung gibt.

Manchmal wird die Person, bei der Sie ein Gefühl geankert haben, um ihr beim Erinnern eines vergangenen Erlebnisses zu helfen, auf eine Leere stoßen, selbst wenn das Gefühl sehr intensiv war, wie bei dem Mann mit der Flugphobie. Plötzlich ist da nichts, womit man arbeiten kann. Es wird dabei deutlich, daß manche Leute gelernt haben, sich von dem Schmerz zu dissoziieren, um das zu vermeiden, was danach kommen könnte. Man kann diese Leere oder diesen dissoziierten Zustand ankern und die Person damit in der Zeit zurückführen, auf der Suche nach einer bedeutsamen Vergangenheits-Prägung. Sie müssen dabei geduldig sein, und oft wird sich Ihre Geduld auszahlen. Die Person beginnt meist kleine Einzelbilder zu sehen, die man zusammensetzen kann, um die Details einer Prägungssituation zu finden.

Wenn eine Person in einer Sackgasse angekommen ist, ist eine weitere nützliche Technik zur Identifikation von Prägungen, den Klienten augenblicklich zu unterbrechen und einen starken Ressoucezustand zu ankern. Sie wollen als Ressource hier vielleicht so etwas wie Mut oder Kraft; eine allgemein anwendbare (generic) Ressource, die in vielen unterschiedlichen Situationen nützlich sein kann. Dann nehmen Sie den Ressourceanker mit zurück in die Sackgasse, um der Person hindurchzuhelfen.

Ich finde therapeutische Metaphern* oft nützlich, wenn ich auf eine Integration hinarbeite. Wenn Sie auf eine Sackgasse treffen, wo das Bewußtsein eine Sache macht und das Unbewußte eine andere, ist es nützlich, eine Metapher zu erzählen, besonders wenn die Person sagt: „Es ergibt einfach keinen Sinn." Ich habe ein Zitat von Albert Einstein an meiner Wand, das so lautet: „Alles sollte so einfach wie möglich gemacht werden, aber nicht einfacher." Ich sage das oft zu Leuten, die feststecken und weise darauf hin, daß sie möglicherweise auf einen Widerstand treffen, wenn sie versuchen, etwas schneller oder einfacher zu machen, als es möglich ist. Eine der schönen Seiten bei Metaphern ist, daß sie von beiden Hirnhälften verarbeitet werden, so daß sie Gedankenlücken gut überbrücken. Auch wenn die Metapher nichts anderes tut, als das, was Sie schon vorher gesagt haben, in einer Analogie zu wiederholen, sie kann auf einer anderen Ebene verstanden werden.

Veränderung der Vergangenheit (Change History) ohne Rollen-Modelle

Gelegentlich finden Sie vielleicht Prägungs-Erfahrungen, in denen es keine offensichtliche Introjektion einer wichtigen anderen Person gibt. Ich würde Ihnen gern ein paar Beispiele geben, in denen kein klarer Positionstausch mit einem Rollenmodell zu erkennen ist. Ich arbeitete mit einem 35jährigen Mann, der ein erfolgreicher Verwaltungsbeamter war, aber er konnte nicht buchstabieren. Wir versuchten, ihm die Buchstabierstrategie beizubringen, aber er verpatzte es immer wieder. Wir fanden heraus, daß er jedesmal, wenn er nach links oben schaute, um das zu buchstabierende Wort zu visualisieren, anfing, sich in ein Erlebnis hineinzuversetzen, in dem er das Gesicht seiner Lehrerin sah, die ihn anguckte und ihm sagte, wie schlecht er war. Dann fühlte er sich schlecht. Das Bild „verstopfte" die Kanäle, so daß er keine Wörter, sondern nur noch das Gesicht der Lehrerin sehen konnte. Er sagte, wenn er versuchte, die Wörter zu visualisieren, würden sie nicht oben in der visuellen Erinnerung bleiben, sondern immer wieder verschwinden. Sein Problem stammte aus der Beziehung mit einer wichtigen anderen Person, auch wenn er nicht in ihre Position gegangen war.

Wir explorierten die positive Absicht hinter dem Verhalten seiner Grundschullehrerin, indem wir ihn mit ihr die Position tauschen ließen. Er entdeckte, daß sie versuchte, ihn zu motivieren, buchstabieren zu lernen. Das Herausfinden der positiven Intention veränderte das Verhältnis in seiner Erinnerung, und das Gesicht der Lehrerin brauchte nicht länger dort oben zu hängen. Danach brauchte er sich

* Siehe dazu ausführlich: David Gordon, Therapeutische Metaphern (Paderborn: Junfermann 1986.)

nicht einmal mehr das Wort anzuschauen; die Buchstaben hüpften geradezu aus seiner Erinnerung hoch. Er kannte die Buchstabenfolge und wußte, wie man buchstabiert, nur konnte er aufgrund dieser Interferenz einfach keinen Zugang zu den Wörtern in seinem Kopf bekommen. Als wir diese Interferenz (das Bild vom Gesicht der Lehrerin) beseitigt hatten, waren die Wörter plötzlich da. Dies ist ein Beispiel einer Prägungs-Erfahrung, die eine Person davon abhielt, einen einfachen Prozeß durchführen zu können. Sie resultierte in diesem Fall aus dem Glauben des Mannes, nicht buchstabieren zu können.

Vor nicht langer Zeit wurde ich angerufen, um mit einem Berufstaucher zu arbeiten, der Angst hatte, in trübem Wasser zu tauchen. Er hatte keine Idee, warum er Angst hatte. Als er mir über seinen gegenwärtigen Zustand erzählte, fiel mir auf, daß er nach oben links schaute. Es war offensichtlich ein Bild, das er sich machte, das sich außerhalb seiner bewußten Wahrnehmung befand. Obwohl er visuellen Zugang hatte, sagte er, das Wasser *fühle* sich „wie Marmelade" („squishy") an. Als ich ihn fragte, was ihm visuell bewußt sei, sagte er: „Ich weiß nicht, ich sehe überhaupt nichts." (Wenn man versucht, Glaubenssätze genauer zu fassen, sind sich die meisten Menschen nur teilweise ihrer eigenen Denkprozesse bewußt.) Ich bat ihn, nach oben zu schauen und das Gefühl zu übertreiben, es stärker zu machen, zu sehen, ob ihm irgendwelche Bilder zu Bewußtsein kämen. Plötzlich, als er begann, das Gefühl zu verstärken, tauchte ein erinnertes Bild davon auf, wie er im Alter von 12 Jahren an einem schlammigen Fluß gespielt hatte. Im Fluß wurde nach einem Leichnam gesucht, und es passierte, daß er selbst darauf trat. Das war es, das ihn bei trübem Wasser ängstigte. Das Wissen über diese Vergangenheitsprägung allein veränderte allerdings noch nicht die Furcht. Wir mußten überlegen, welche Fähigkeiten, Information oder andere Ressourcen diesem frühen Erlebnis hinzugefügt werden müßten, um es zu verändern.

Weil kein offensichtlicher Positionstausch mit anderen beteiligt war, brauchte ich statt eines vollen Re-Imprinting nur ein einfaches Ankern durchzuführen. Ich ließ ihn zu der Erfahrung zurückgehen und benutzte einfache Ankertechniken, fügte mehr Wahlmöglichkeiten hinzu, um ihm zu seinem erwünschten Ziel zu verhelfen. Es war ein einfacher Schritt, aber er machte den totalen Unterschied – der Mann konnte danach in trübem Wasser tauchen und dabei *angemessene* Vorsicht üben.

Imprint-Erfahrung mit Rollen-Modellen

Eine Prägungs-Erfahrung beinhaltet im allgemeinen die unbewußte Rollenübernahme (role modeling) von wichtigen anderen. Der Zweck des Re-Imprinting ist, Ihnen neue Wahlmöglichkeiten in bezug auf die Art und Weise zu geben, wie Sie über das alte Prägungserlebnis denken. Die Wahlmöglichkeiten helfen Ihnen, Glaubenssätze zu verändern, die Sie über sich selbst, die Welt und Rollenvorbilder aufgebaut haben.

Um das Re-Imprinting zu vollenden, muß man die Ressourcen hinzufügen, die Sie zu der Zeit der Erfahrung gebraucht hätten, damit Sie für Ihr eigenes Verhalten damals mehr Wahlmöglichkeiten gehabt hätten. Wahrscheinlich werden Sie auch den Personen, die in diesen frühen Erfahrungen beteiligt waren, Ressourcen geben müssen. (Siehe „Zusammenfassung: Re-Imprinting-Prozeß")

Anmerkung der Herausgeber: *Was nun folgt ist ein vollständiges Transkript einer Re-Imprinting-Sitzung mit einem Klienten, die zeigt, wie Ressourcen sowohl dem Rollen-Modell als auch dem Klienten gegeben werden.*

Beachten Sie Roberts konsequentes Mit- und Zurückgehen, womit er Rapport und Verständnis zeigt. Seine Kommentare zur Gruppe sind ebenfalls Metaphern und Erklärungen für Bill.

Demonstration: Re-Imprinting

Robert: Bill, warum stellst du dich nicht vor und sagst uns, was dein Ziel ist, mit dem du heute hierhergekommen bist?
(Zur Gruppe:) Bill sagt, es macht ihm nichts aus, Inhalte mitzuteilen, wenn es nötig oder angemessen ist. Ich benutze Inhalte auf verschiedene Weisen. Manchmal ist es nützlich, etwas Inhalt aus bedeutsamen Erfahrungen (Prägungen) einer Person zu bekommen, so daß man sehen kann, wie Dinge zusammenpassen. Ich brauche auch genug Inhalt, um mich auf die Stimmlage, Zugangshinweise, Physiologie, usw. zu kalibrieren, die mit Bills Erfahrung verbunden sind. Wenn ich jemanden bitte, mir über Erfahrung „x" zu berichten, geht es mir nicht um die verbale, bewußte Antwort, die er gibt. Vielmehr überprüfe ich die Körperhaltung, Zugangshinweise, Tonlage und Geschwindigkeit der Stimme, Gesten und Sprachmuster,

die er annimmt. Im Verlauf unserer Arbeit hier werdet ihr erfahren, welche Information ich von diesen Hinweisen bekomme.
Bill: Mein Name ist Bill, und ich bin aus San Francisco. Letzten Herbst wurde diagnostiziert, daß ich etwas habe, was man AIDS Related Condition nennt, was ein Vorbote von AIDS ist. Im Augenblick sind meine Symptome trivial, aber alle Symptome zusammengenommen sagen meinem Arzt, daß mein Immunsystem in Gefahr ist. Ich hatte auch einen positiven Test für den AIDS-Virus.
Robert: Ich würde gern mit dir über deine Vorstellung sprechen, was für dich ein erwünschter Zielzustand wäre.
Bill: Am Leben zu bleiben.
Robert: OK. Also, am Leben zu bleiben. Nun laß uns etwas für dein Gehirn finden, damit es sich darauf ansetzen kann. Am Leben zu bleiben ist eine große wertvolle Einheit (chunk).
(Zur Gruppe:) Ich halte mich manchmal an dieser Stelle in der Arbeit für einen „Reisevermittler" für Verhaltensmöglichkeiten. Sie sind Reiseanbieter und wenn jemand kommt, fragen Sie: „Wo möchten Sie denn hin?" Wenn er sagt, „Ich möchte nach Hause", brauchen Sie eine Menge mehr Information, bevor Sie ihm helfen können.
(Zu Bill:) Mir ist aufgefallen, als du darüber nachdachtest, sind deine Augen nach oben gewandert. Hast du ein Bild?
Bill: Sicher. Ich kann mich in der Zukunft sehen, wie ich mich gut fühle und keine Symptome habe.
Robert: Du hast ein dissoziiertes Bild. Die „keine Symptom" -Aussage ist eine negative Aussage darüber, was du nicht haben würdest. Wenn du keine Symptome hast, wie wirst du dann sein?
Bill: Ich sehe gesund aus.
Robert: Welche Dinge wirst du in der gesunden Zukunft tun, die du jetzt nicht tust?
Bill: Ich würde mich körperlich besser fühlen.
Robert: Bekommst du das „bessere Gefühl", wenn du das Bild anschaust?
Bill: Wenn ich es lange genug ansehe.
Robert: Lange genug?
Bill: Ich betrachte mich selbst, wie ich mich draußen bei der Sporthalle austobe und fühle mich besser.
Robert: Gut. Wie würdest du das auch auf andere Kontexte ausdehnen? Würdest du irgend etwas anders machen, in deinen Beziehungen oder bei der Arbeit?
Bill: Ich würde viel mehr Zeit mit Leuten verbringen. In letzter Zeit habe ich mich nicht gut genug gefühlt, um viele Beziehungen zu haben.

Robert: Du würdest also viel mehr Zeit mit Leuten verbringen.
Bill: Mit ihnen Spaß haben und es genießen.
Robert: Gibt es irgendwelche bestimmten Leute? Ich brauche keine bestimmten Namen.
Bill: Ja. Freunde und Leute bei der Arbeit.
(Zur Gruppe:) Bemerkt, daß wir jetzt ein erweitertes Bild haben. Er begann einfach mit einem Bild vom Gesund-Aussehen in einer Sporthalle. Wir wollen, daß er das weitere Leben drumherum anschaut. So können wir anfangen zu fragen, wenn du in *dem* Setting gesund bist, was bedeutet das für den Rest deines Lebens?

Wir müssen überprüfen, ob es in irgendwelchen anderen Lebensbereichen Ökologieprobleme gibt, die behandelt werden müssen. Manchmal bedeutet Gesundheit für die Person, daß sie in der Weise leben würde, wie sie wirklich will. Wenn Sie mit Menschen arbeiten, die etwas aufgeben wollen, sagen diese Leute vielleicht: „Wenn ich das Rauchen aufgebe, werde ich endlich in der Lage sein, alles zu tun, was ich immer in meinem Leben tun wollte." Natürlich bedeutet das, daß es mehr Aspekte gibt, als einfach das Rauchen aufzugeben, weil eine große Implikation hinter dem Aufgeben steht. Gesundheit bedeutet für Bill viel mehr, als sich in einer Sporthalle auszutoben.
(Zu Bill:) Was muß sich innerhalb deines Körpers verändern, um dir die gesunde Zukunft zu geben, die du haben möchtest? Mach dir jetzt mal ein Bild von deinem Körperinneren, und mach dir auch ein Bild davon, wie du als Person anders wärest, wenn du dieser Gesunde wärst. Vergleiche die Bilder.
Bill: Mein Immunsystem wäre stärker.
Robert: Wie genau? Wie würde das aussehen?
Bill: Ich weiß nicht. Ich gehe zum Simonton-Modell – kleiner Pac Men.*
Robert: Das Pac Man-Modell des Immunsystems.
(Zur Gruppe:) Das erste, was Bill sagt, ist, daß er sich das niemals vorher vorgestellt hat. Er sagt: „Ich weiß nicht, wie das aussehen würde." Er springt zu einem Modell, daß seine Pac Men (Immunsystem) stärker sein würden als der Virus oder so ähnlich.

Was ist AIDS, und was tut es? Es ist ein Virus, der ein Paradox darstellt. Es greift eigentlich bestimmte Zellen Ihres Immunsystems an. Wenn Sie versuchen, diese

* Carl Simonton und Stephanie Matthews-Simonton, Getting Well Again. (NY, NY: Bantam Books, 1982); dt.: Wieder gesund werden. Eine Anleitung zur Aktivierung der Selbstheilungskräfte für Krebspatienten und ihre Angehörigen. (Reinbek: Rowohlt, 1982). Am Simonton-Krebsberatungs-Zentrum praktizieren die Patienten eine Art Meditation, die „Imagery" (Bild- oder Symbolmeditation) genannt wird und mit den traditionellen Krebsbehandlungen verbunden ist. Sie visualisieren, wie die Krebszellen durch ihre Behandlung überwältigt und aus dem Körper herausgespült werden.

Zellen anzugreifen, indem Sie Visualisierung benutzen, haben Sie es im Grunde auf Ihren eigenen inneren Abwehrmechanismus abgesehen. Der AIDS-Virus infiziert die Markierungszellen Ihres eigenen Immunsystems – die Zellen, die identifizieren, was in Ihrem Körper gut ist oder was die anderen Immunzellen eliminieren müssen. Deswegen ist man empfänglicher für Infektionen, wenn man den AIDS-Virus hat. Es ist nicht, weil Sie weniger Pac Men haben. Die Pac Men sind nicht infiziert. Die Zellen, die den Joystick betätigen, sind es. Was problematisch ist, ist daß man einige seiner eigenen Immunzellen loswerden muß, um sein Immunsystem wieder aufzubauen.

Also, es geht nicht darum, mehr Pac Men zu haben. Es geht darum, sie dazu zu kriegen, daß sie das Richtige tun. Es geht nicht darum, daß die Pac Men etwas auffressen, es geht darum, die Integrität Ihrer körperlichen Identität zu wahren. Es gibt viele Beispiele, daß Menschen den AIDS-Virus haben, aber keinerlei Symptome. Sie bekommen vielleicht nie Symptome, oder es kann Jahre dauern, bis Symptome sich entwickeln.

(Zu Bill:) Um die gesunde Zukunft zu bekommen, die du dir wünschst, müssen auch einige Dinge innerhalb deines Immunsystems bewerkstelligt werden. Deswegen frage ich, was dein Bild ist und habe diese Erklärung gegeben.

Bill: Ich verstehe.

Robert: Dein Immunsystem bestimmt, was *Selbst ist* und was *nicht Selbst ist.* Es geht um Identität. Manchmal korrespondieren Probleme des Immunsystems auch mit anderen Identitätsfragen. Das ist ein weiterer Grund, weshalb ich frage: „Wer wirst du sein in deiner gesunden Zukunft?"

Laß mich dir schnell ein Beispiel geben. Menschen, die multiple Persönlichkeiten haben, haben oft unterschiedliche Immunreaktionen in jeder dieser Persönlichkeiten. Zum Beispiel können sie in einer Persönlichkeit eine Allergie haben, in der anderen aber nicht. Ich habe von einer Frau gelesen, die sogar in einer Persönlichkeit Diabetes hatte, nicht aber in der anderen. Ein Typus von Diabetes hängt mit einer Funktionsstörung zusammen, wobei das Immunsystem die Zellen in der Bauchspeicheldrüse angreift, die Insulin produzieren. Durch die Veränderung der eigenen Identität verändert man über alle Ebenen oft eine ganze Menge anderer Dinge (wie das Immunsystem).

(Zu Bill:) Was für eine Art von Bild hast du jetzt im Augenblick? Ich habe dir einige Informationen gegeben, die dir helfen können, ein Bild des gegenwärtigen Zustands zu formen.

Bill: Ich sehe ein Bild meines Immunsystems, aber es sieht mehr wie mein Kreislaufsystem aus, mit kollabierten und verengten Blutgefäßen. Die offensichtliche

Lösung für sie ist, sich auszudehnen. Dies hier erscheint mir viel realistischer als die Pac Man-Vorstellung, die ich vorher hatte.

Robert: OK. Also möchtest du sehen, wie sich etwas öffnet und ausdehnt. Was bringt es denn dazu, zu kollabieren und sich zu verengen?

Bill: Ich.

Robert: Wie machst du das?

Bill: Ich weiß nicht, aber irgendwie in meinem Kopf bin ich es.

Robert: Wofür würdest du das deinem Immunsystem antun?

Bill: Ich habe verschiedene Vermutungen. Ich habe in der Vergangenheit Krankheiten benutzt, um Liebe zu bekommen. Das war, als ich ein Kind war und Asthma hatte. Ich konnte Aufmerksamkeit bekommen, wenn ich krank war. Ich bekomme auch im Moment in meinem Leben Aufmerksamkeit.

Robert: Du sagst: „Mir fällt auf, daß ich jetzt einen positiven Gewinn davon habe. Aufmerksamkeit."

(Zur Gruppe:) Er sagt ebenfalls: „Asthma und Verengung." Da gibt es eine Korrelation. Wir könnten uns mit Strategien beschäftigen, um Aufmerksamkeit zu bekommen, aber ich möchte mich mit den zugrundeliegenden Glaubenssätzen beschäftigen. Das wird wirklich den Unterschied ausmachen.

(Zu Bill:) Glaubst du, daß du tun kannst, was nötig ist, um die gesunde Zukunft zu erreichen, die du dir wünschst?

Bill: Ich versuche es. Meine gesamte Erfahrung von NLP über die letzten zwei Jahre ist, daß NLP bei mir nicht wirkt. Ich habe immer und immer wieder gesehen, wie es bei anderen wirkt. Ich habe es selbst sogar mit anderen Menschen erfolgreich angewandt – aber nichts scheint bei mir zu wirken.

(Zur Gruppe:) Dies ist ein guter Indikator, daß eine Einschränkung durch einen Glaubenssatz vorliegt. Wenn NLP-Praktitioner fragen, „Wie identifiziert man einen Glaubenssatz?", schlage ich ihnen oft vor, etwas zu finden, was eine Person für eine lange Zeit versucht hat, zu verändern, aber nie schafft, es zu erreichen. Wenn Bill darüber spricht, was er will, schaut er nach oben rechts. Wenn er darüber spricht, was ihn davon abhält, macht er eine solche Geste (drückt seine Hand nach unten und links hinter sich). Wir wollen danach Ausschau halten, was er tut, wenn er „ja" sagt versus „nein". Wir wollen es jetzt noch nicht interpretieren, sondern einfach nur wahrnehmen.

(Zu Bill:) Anstatt zu sagen, du glaubst nicht, daß du dich verändern kannst, bist du immer noch hier vorn vor der Gruppe. Auf einer bestimmten Ebene glaubst du immer noch, daß es möglich ist, die Veränderungen zu erlangen, die du willst.

Bill: Ich glaube, daß es für mich möglich ist, mich zu verändern, ich habe nur noch nicht herausgekriegt, wie. Das ist das „kann nicht".

Robert: Wenn du über dich selbst nachdenkst, wo du jetzt bist im Vergleich zu dem, wo du sein möchtest, was ist im Weg?
Bill: Im Moment bekomme ich keine Ergebnisse in der Veränderungsarbeit, die ich bei mir selbst versuche.
Robert: Also, es ist *einfach nur* die Tatsache, daß du keine Ergebnisse bekommen hast?
Bill: Es ist ein scheußlicher „Catch 22".
Robert: Laß uns das mal ein bißchen explorieren. Denk an ein paar Dinge, die du gemacht hast. Gab es da eine Zeit, als du geglaubt hast, du würdest Ergebnisse bekommen?
Bill: Ich habe immer wieder gedacht, ich werde welche bekommen, aber ich bekomme keine.
Robert: So, du *denkst,* du wirst Ergebnisse bekommen.
Bill: Hoffe. Ich hoffe, ich bekomme Ergebnisse, aber *denken* tue ich nicht, daß ich welche kriege. Das ist anders.
Robert: Du sagst: „Ich hoffe, ich bekomme Ergebnisse." Das ist anders als zu denken, zu wirst, und es ist anders, als zu *glauben,* du wirst. Du denkst du wirst, aber ...
Bill: Ich weiß *nicht.*
(Zur Gruppe:) Er hat gesagt: „Ich *habe keine* Ahnung." Er hat nicht gesagt: „Ich habe keine *Ahnung.*" Das sollten wir bedenken. Wenn Sie ein Ziel angehen, nehmen Sie nicht einfach irgend eine Information, die Sie zuerst bekommen und rennen dann hinter ihr her. Wo wir allerdings hinterher sind, ist, ein *Muster* zu entdecken. Darum nur gehts beim NLP – Muster im Verhalten zu finden. Ich kann ein Muster daran erkennen, daß ich in drei verschiedenen Fällen denselben nonverbalen Hinweis bekomme. Wenn ich die gleiche Reaktion sehe oder höre, beginne ich zu erkennen, daß es dort ein Muster gibt. Wenn ich bei jemand die Physiologie drei Mal kontrastiere, in Situationen, wo er versagt hat und in drei Fällen, wo er erfolgreich war, und ich sehe oder höre die gleichen Dinge, weiß ich, daß ich ein Muster gefunden habe.

Ein anderer Weg wie ich weiß, ich habe ein Muster entdeckt, ist, wenn ich bei der gleichen Kategorie innerer Erlebnisse Verhaltens-Konsistenzen sehe. Auf diesem Weg können Sie doch eine Antwort erhalten, wenn jemand sagt, „Ich weiß nicht, was mich abhält", während Sie mit Hilfe der Bedingungen für wohlgeformte Zieldefinitionen (well-formedness conditions for outcomes) Informationen sammeln.
(Zu Bill:) Als du zu Beginn mit dem NLP anfingst, hattest du den Glauben, daß es bei dir leicht wirken würde oder hast du geglaubt, daß es nicht wirken würde?

Bill: Als ich anfangs begann, hatte ich einige wundervolle Dinge darüber gehört. Ich denke, ich hatte den Glauben, daß es wirken würde.
Robert: Laß uns ganz zurückgehen bis zum ersten Mal. Womit hast du es das erste Mal versucht?
Bill: Bei der Linderung von Kreuzschmerzen. Ich arbeitete mit einem NLP-Trainer. Die Arbeit, die er machte, erleichterte die Schmerzen für ungefähr eine Stunde.
Robert: So, es passierte etwas, und es fing wieder an weh zu tun. Was ließ es wieder beginnen weh zu tun?
Bill: (Senkt seine Stimme zur auditiven Tonalität) Ich weiß nicht, was es wieder zum Schmerzen brachte.
Robert: Gerade eben hast du nur nach unten links geschaut, was normalerweise bedeutet, daß man in Worten denkt. Hast du gerade die Frage wiederholt oder ...
Bill: Nein, mir war nur bewußt, daß ich meinem Rücken fühlte.
Robert: Als du deinen unteren Rücken spürtest, gingen deine Augen nach unten links. Beweg nochmal deine Augen nach unten links. Was machte der NLP-Trainer?
Bill: (Schaut wieder nach unten links) Einen Behavior Generator, wo du dir selbst zusiehst, wie du in einer Situation ein neues Verhalten zeigst und dann einsteigst und es erlebst; aber es funktionierte nicht. Ich habe meinen eigenen internen Terroristen.
Robert: Du hast gesagt, du hättest einen internen Terroristen. Wann hast du ihn zum ersten Mal bemerkt?
Bill: Ich bin mir nicht sicher, wann ich ihn das erste Mal bemerkt habe. Es ist immer sehr schwierig für mich gewesen, zu bekommen, was ich will.
Robert: Er sagt, *„Es ist immer schwierig gewesen zu bekommen, was ich will.“* Das ist ein Beispiel für eine Glaubensaussage.
Bill: Ja, und es hat eine furchtbare Auswirkung auf mein Leben gehabt.
Robert: Wo kommt dieser Glaube her? Willst du diesen Glauben haben?
Bill: Nein.
Robert: Wie kommt es, daß du ihn dann immer noch hast?
Bill: (Frustriert) Weil die Arbeit, die ich gemacht habe, um den Glauben zu verändern, nicht gewirkt hat.
Robert: So, gerade eben hast du nach links oben geschaut. (Gestikuliert dort hin) Was passiert? Diesmal gingen deine Augen weit nach da oben. (Zeigt nach oben und zu Bills linker Seite.)
Bill: Ich begann, wütend zu werden.
Robert: Auf was? Richte deine Augen noch einmal nach da oben.

Bill: Ich bin wütend darüber, wie schwer mein Leben gewesen ist.
Robert: So, was siehst du vor deinem inneren Auge?
Bill: Alle möglichen Beispiele dafür, wie schwer mein Leben gewesen ist.
Robert: Wie weit reichen sie zurück?
Bill: Pubertät.
Robert: Bleib für einen Augenblick dort oben. Du sagtest, du hast angefangen, dich wütend zu fühlen.
Bill: Ja – wütend und frustriert.
Robert: Wütend über dein Leben. Wenn du diese Beispiele siehst, macht dich das wütend.
Bill: Nein. Frustriert über mein Leben und das macht mich wütend.
Robert: Du sagst erst Frustration und dann Wut. Normalerweise tritt Frustration auf, wenn man das Ziel kennt, aber nicht weiß, wie man dort hinkommen kann. Also gab es dort Dinge, die du wolltest, aber nicht konntest. (Bill nickt) Warst du über dich selbst frustriert oder über die Welt?
Bill: Über mich selbst zuerst.
Robert: Über dich selbst zuerst. Ich möchte, daß du dieses Bild noch einmal machst, und das Gefühl von Frustration nimmst ...
(Zur Gruppe:) Beachtet: Hier ist ein Mensch, der einen Glauben braucht, der ihn vorwärts treibt, gesund zu werden. All die Dinge zu tun, die erforderlich sind, um gesünder zu werden, mag schwierig sein, manchmal mühsam und manchmal komplex. Was Bill sagt, ist, daß er viele, viele Beispiele hat, wo es ihm mißlungen ist, zu bekommen, was er will. Sobald er anfängt und versucht, eine Veränderung zu machen, wird er frustriert. Alle diese alten Erinnerungen und Verhaltensweisen kommen ins Bewußtsein und stören seinen Versuch, zu bekommen, was er will. Erinnert euch: Um ein Ziel zu erreichen, egal, was für eins, braucht ihr drei Dinge. Ihr müßt es *wollen, wissen, wie* es zu bekommen ist, und *euch selbst eine Chance geben*, es zu bekommen. Wenn ihr den Glauben habt, daß es für euch hart ist, Dinge zu bekommen, wird es schwierig sein, euch selbst die Chance dazu zu geben – durch alles zu gehen, was ihr tun müßt und euch lange genug reinzuknien, um zu kriegen, was ihr wollt. Manchmal ist es das „Sich-Reinknien“, was man tun muß, selbst im Angesicht einer Frustration.
(Zu Bill:) Laß uns mit der Frustration und der Wut beginnen, weil das die Emotionen sind, die zuerst zu kommen scheinen. Du hast erwähnt, daß es in der Pubertät anfing. Nimm dir einen Moment Zeit und denk daran, wie frustrierend alles gewesen ist. (Ankert das Gefühl) Nimm das Gefühl mit zurück in der Zeit – vielleicht gibt es da auch Worte. (Lange Pause während Bill sich erinnert.)
Robert: Was siehst du?

Bill: Ich möchte den Inhalt lieber nicht offenlegen.
Robert: Das ist OK. Betrifft es auch jemand anders?
Bill: Ja.
Robert: Eine Person, vorwiegend?
Bill: Ja, mhm.
Robert: Siehst du, wie dich die Person direkt anschaut?
Bill: Nein, ich sehe mich und die andere Person.
Robert: Versetz dich selbst hinein in „das Du-von-damals" – nur für einen Moment. Welche Generalisierungen machst du über das, was vor sich geht?
Bill: Wie schlecht ich bin. (Lange Pause) Daß ich nicht bekommen kann, was ich will. Daß ich nicht verdiene, was ich will.
Robert: Daß du nicht verdienst, was du willst.
Bill: Auch: Wenn ich kriege, was ich möchte, bringt mich das in eine Menge Schwierigkeiten. (Mit zitternder Stimme, Tränen und Schneuzen.)
Robert: Hast du irgendwelche Glaubenssätze, die du über die andere Person oder die Welt um dich herum bildest?
Bill: Die Welt um mich herum wäre hinter mir her, wenn sie wüßten, was ich wollte. Es hat damit zu tun, kulturelle Akzeptanz zu gewinnen und so etwas.
Robert: Es hat mit kultureller Akzeptanz zu tun – was ist die Intention? Die Absicht hinter dem Gedanken, daß die Welt dich kriegt, selbst wenn sie nur *eine Ahnung davon hätte,* was du willst?
Bill: Ich weiß nicht. (Stimme vibrierend und emotional.)
(Zur Gruppe:) Ich habe versucht, herauszufinden, ob es irgendwelche Generalisationen oder Glaubenssätze über die Absicht gab.
(Zu Bill:) (verändert die Stimme) Nun ist es Zeit, dort herauszukommen. Zurück in diesen Raum. Robert hier (zeigt auf sich selbst) und Bill hier (zeigt auf Bill – lacht).

OK. Hier ist das Nächste, was ich dich bitten möchte, zu tun. Schau zurück auf das Erlebnis, das du während der Pubertät hattest. Sieh es weit da draußen, so daß es vollständig abgelöst und entfernt ist – und du nicht im geringsten drin bist (zeigt hinaus vor Bill). Das ist richtig ... beobachte den Jungen, und wer auch immer dort noch beteiligt ist, da draußen, du sitzt hier ganz bequem.
Bill: (lange Pause) Ich kann es sehen. (Flache Stimme, was mit dem Beobachten von sich selbst zusammenhängt.)
Robert: Wie hat sich das Erlebnis seit der Zeit auf dich ausgewirkt?
Bill: Es hat mir eine Menge Schuld(gefühle) gegeben. (Schaut nach links oben.)
Robert: Du kannst also sehen, daß es dir eine Menge Schuldgefühle gebracht hat. Was für einen Glauben hast du darüber geformt?

Bill: Daß es falsch ist, was ich will – schlecht.

(Zur Gruppe:) Das ist ein bißchen anders als was er vorhin gesagt hat. Bevor er sagte, ich *kann nicht* bekommen, was ich will. Ich verdiene es nicht, zu bekommen, was ich will und wenn ich *doch* bekomme, was ich will, werde ich von der Welt bestraft. Wenn die Welt *weiß*, was ich will, wird sie mich sowieso bestrafen. Und jetzt sagt er: „Was ich *will*, ist schlecht." Das wird zu dem zugrundeliegenden Glauben. Das ist ein schönes System von Glaubenssätzen, das erklärt, warum er Schwierigkeiten gehabt haben könnte, die Dinge zu bekommen, die er wollte.

Ich möchte etwas aufzeigen: Glaubenssätze tendieren dazu, sich selbst zu erfüllen. Wenn ihr versucht, über einen Glaubenssatz in der Gegenwart zu streiten, steht die betreffende Person all den Fakten gegenüber, die sie über die Zeit gesammelt hat, die ihren ursprünglichen Glauben unterstützen oder „beweisen". Wenn ihr zurückgeht, wo es begann, sind die Probleme meist viel einfacher und klarer. Sie sind sicherlich nicht mit späteren Bestätigungen überhäuft. Mich interessiert nicht so sehr, was in dem ursprünglichen Erlebnis in der Pubertät passierte, als daß ich mich darum kümmere, wie sich das auf das Glaubenssystem ausgewirkt hat. Besonders in der Pubertät bildet man eine Menge Glaubenssätze über sich selber, die eigene Identität und die eigene Sexualität.

Erinnert euch, wir ließen Bill zurückschauen, um zu sehen, ob es irgendwelche anderen Glaubenssätze oder andere Arten gab, wie dieses Erlebnis auf ihn gewirkt hat. Wir ließen ihn zuerst zurück in die Prägung gehen und sie noch einmal erleben, um ein bißchen von der Physiologie zu sehen und zu hören. Ich fragte, „Was für Glaubenssätze bildest du da?", so daß ich ein Muster in seiner Stimme identifizieren konnte. Manchmal, wenn ihr die Person den Glauben in Worte fassen laßt, ist es das erste Mal, daß sie ihn verbalisiert. Indem wir dies tun, fangen wir damit an, ein bißchen mehr vom Gehirn in den ganzen Prozeß einzubeziehen, was uns dann helfen kann, eine Lösung zu finden.

Der Grund, warum ich eine Person hinterher auf die Referenzerfahrung zurückblicken lasse ist, daß manchmal die Erfahrung verwirrend oder eigentlich positiv war zu der Zeit, als sie stattfand. Laßt uns ein Beispiel davon nehmen, daß jemand von einem Elternteil sexuell belästigt wurde, was Verwirrung stiften kann. Oft war der oder die Betroffene klein und wußte vielleicht nicht, was er/sie von der Situation denken sollte. Diese Menschen haben vielleicht zu der Zeit (noch) keinen Glaubenssatz geformt – sie taten einfach, was Mammi oder Pappi oder Onkel Ernie wollte. Es ist erst *später*, daß sie einen Glauben bilden, wie: „Ich bin für mein Leben beschmutzt." Der Punkt ist, daß es Glaubenssätze geben kann, die man sowohl während, als auch nach einer Prägungs-Erfahrung bildet.

(Zu Bill:) Es war auch eine bedeutsame andere Person beteiligt.
Bill: Es gab auch mehr als eine spezifische Erfahrung. Es gab eine Serie von Erlebnissen innerhalb einer Zeitspanne. (Gestikuliert nach links außen.)
Robert: (Wiederholt die Geste) Eine Zeitspanne. Gut, wir wollen wissen, wo das ist. Bill, was ich jetzt machen möchte ist ein Prozeß, den man Re-Imprinting nennt. *(Zur Gruppe:)* Laßt mich zurückschauen, auf das, was wir schon gemacht haben. Es gab eine bestimmte Frustration verbunden mit Bills Glauben, daß er sich verändern könnte, und wir gingen damit in der Zeit zurück. Uns geht es nicht um den Inhalt der Erfahrung; uns geht es um die Generalisierungen – die Glaubenssätze –, die geformt wurden.

Prägungen können einzelne Erfahrungen sein oder eine Serie von Erfahrungen, die wieder und wieder passieren. Dann glaubt eine Person schließlich, daß die Realität derartig ist. Ich habe eine Frage, die ich Bill in bezug auf die Serie von Erfahrungen stellen möchte.
(Zu Bill:) Kam der Glaube, daß du schlecht warst, nur von deinen Erfahrungen und dem, was du gespürt hast, was da ablief? Oder wurde es durch Beurteilungen geformt, die durch die wichtige andere Person abgegeben wurden?
Bill: Beurteilungen von der anderen Person und auch von mir selbst, zu späteren Zeitpunkten.
Robert: Und von dir selbst auch, zu späteren Zeitpunkten. Eine der Sachen, die man bei Prägungen findet, ist, daß die Glaubenssätze von wichtigen anderen Leuten beim Aufbau der eigenen Glaubenssätze *genauso wichtig* sind wie die eigene Erfahrung. Wenn man in der Pubertät ist, ist es nicht schwer, zeitweise die Ansichten der wichtigen anderen Personen zurückzuweisen. Aber wenn man älter wird und das Glaubenssystem eines Erwachsenen erwirbt, kann es sein, daß die Glaubenssätze der bedeutsamen anderen mehr Macht bekommen.

Ich möchte, daß du den Film deines Erlebnisses aus der Pubertät noch einmal Revue passieren läßt und dabei euch beide, dich und die bedeutsame andere Person beobachtest. Meine Vermutung ist, Bill, wenn du über einen unbewußten internen Terroristen sprichst, sprichst du über die Tatsache, daß dein Gehirn einen gewissen Aspekt von dem Verhalten der bedeutsamen anderen Person immer wieder durchläuft. Aber diesmal erlebst du es als *du*, nicht als den bedeutsamen anderen. Ich frage mich, welche Ressource die andere Person brauchte. Ich nehme an, daß dieser andere Mensch zu den Bewertungen, die du über dich selbst hast, ihren Teil beigetragen hat.
Bill: Der andere ist es, woher ich die Bewertungen, die ich über mich selbst habe, *bekam.*

Robert: Versucht dieser Mensch, in dir den Glauben aufzubauen, daß du nicht verdienst, was du willst? Ist das seine Absicht?
Bill: Nein, er versucht, andere Glaubenssätze in mir zu installieren. Er versucht, in mir den Glauben aufzubauen, daß eine bestimmte Kategorie von Verhalten schlecht ist. Alle anderen Glaubenssätze kommen von da.
Robert: Was ist seine Absicht, in der er das tut? Ist seine *Absicht*, dich für's Leben zu ruinieren?
Bill: Nein, er will sich um mich kümmern.
Robert: Sich um dich kümmern. Wenn er wüßte, was zur Zeit mit dir los ist, wäre er damit zufrieden?
Bill: Nein, er würde nicht wollen, daß ich mich mit mir selbst schlecht fühle.
Robert: Was müßtest du dieser Person geben, damit sie anders reagieren kann?
Bill: (sucht im Geist) Mehr Akzeptanz.
Robert: Er muß also realisieren, daß unterschiedliche Menschen unterschiedliche Modelle der Welt haben. Mehr akzeptierend gegenüber anderen sein. Bill, hast *du* jemals diese Art von Gefühl gehabt, von der du sprichst – akzeptierender zu sein? Irgend jemand oder irgend etwas gegenüber?
Bill: Ja.
(Zur Gruppe:) Ich frage *Bill*, ob er jemals die Ressource hatte, die diese wichtige andere Person brauchte.
(Zu Bill:) Ich möchte, daß du dich ganz lebhaft an eine Zeit erinnerst, wo du dieses akzeptierende Gefühl voll und ganz hattest. Finde ein spezifisches Erlebnis.
Bill: (Lange Pause) Nickt. Ich habe dieses bestimmte Gefühl von Akzeptanz gehabt.
Robert: (Ankert den Ressourcezustand) Nimm dieses Gefühl und gib es der anderen Person. Diese andere Person ist gerade jetzt in diesem Moment in deinem Kopf – das Bild, die Erinnerung kommt aus deinem Gehirn. Nimm dies (drückt den Anker) und gib es ihm. Was macht er anders?
Bill: Daß... Es macht nichts, was ich tue. Er liebt mich trotzdem.
Robert: Wie schaut er dich an, wenn der das sagt? Wie sagt er es? Wie reagiert der Junge?
Bill: Er fühlt sich wunderbar.
Robert: Welche Glaubenssätze baut er da auf?
Bill: Mhm ... daß ich OK bin. Ich brauche mich nicht schuldig zu fühlen wegen der Dinge, die ich will. Daß es OK ist, ich selbst zu sein.
Robert: (mit fester Stimme) *Daß es OK ist, ich selbst zu sein.* Laß dieses selbe Gefühl durch diesen ganzen Zeitabschnitt laufen. Wenn dasselbe Gefühl dort die ganze Zeit gewesen wäre...hätten sich die Dinge anders entwickelt. Du brauchst nichts

laut zu sagen. Mach es innen, und erlaube deinem Unbewußten, jede Erfahrung mit diesem Glauben und Gefühl noch einmal anzuschauen (drückt den Anker). Wir wissen, daß die Person zu der Zeit nicht die Ressource von Akzeptanz hatte, obwohl es eine Ressource ist, die *du* hast. Du *kannst* so mit dir selbst umgehen. Du kannst das Modell jetzt auf den neusten Stand bringen, so daß du weißt, mit dieser neuen Ressource brauchst du nicht die Frustration wieder und wieder ablaufen zu lassen.

Nun, Bill, damals in dieser Erfahrung, da ist ein jüngeres Selbst, der auch Ressourcen braucht, die er damals nicht gehabt hat. Wenn du jetzt zu ihm zurückschaust, ist das der Glaube, den du aus dieser Erfahrung aufbauen willst? Schau auf all diese Glaubenssätze – Ich verdiene es nicht, ich bin schlecht, usw. Ich bin mir nicht sicher, ob das die Glaubenssätze sind, die du als Ergebnis dieser Erfahrung bilden wolltest. Was hätte das jüngere Du gebraucht? Welche Ressourcen hast du *jetzt*, die dir damals in der Pubertät erlaubt hätten, andere Glaubenssätze zu bilden als diese?

Schau nun zurück auf die Erfahrung. Welche Art von Glaubenssätzen hättest du lieber gebildet?

Bill: Mhm ... Daß ich mich selbst akzeptieren kann, egal was für eine Art Feedback ich bekomme.

Robert: OK. So daß du dich akzeptieren kannst, egal was für eine Art Feedback du von der Außenwelt bekommst. Es scheint mir, daß, wenn du gewußt hättest, daß die Bewertungen der anderen *ihre* Modelle von der Welt sind und nicht deine, hätte die Erfahrung etwas anderes bedeutet. Wenn du dir die Ansichten der anderen Person noch einmal anschaust, hatte er *Recht*? Übrigens, er hat nicht einmal erreicht, was er wollte. Er wollte auch nicht, daß du einschränkende Glaubenssätze bildest. Er verhielt sich aufgrund seiner eigenen Glaubenssätze und seines Glaubenssystems so. Es ist nützlich, zu erkennen, daß andere ihre eigenen Modelle haben. Ihre Modelle müssen dich nicht unbedingt beeinflussen.

Bill: Die andere Person hatte gute Absichten, war aber „etwas vom Kurs ab".

Robert: Ich glaube nicht, daß du das als Kind wußtest und dieses Erlebnis hattest.

Bill: Ich wußte es nicht. Ich habe gedacht, er hätte recht.

Robert: Du dachtest, er hat recht. Es macht viel mehr Sinn zu sagen: „Er hat gute Absichten, aber er ist ‚etwas vom Kurs ab'". Das ist etwas, das du jetzt weißt. Du hast gesagt, du wolltest wissen, daß du OK bist, egal, was für ein Feedback du erhieltest. Hast du diese Erfahrung seitdem gemacht? Selbst wenn es nur für einen kurzen Augenblick war?

Bill: Oh, sicher.

Robert: Denk an eine Zeit, als du OK warst. Du fühltest dich OK, egal, was für ein Feedback du bekamst.
Bill: Ich habe gelogen. Nein, ich erinnere keine Zeit.
Robert: Was ist eine Erfahrung, die der am nächsten kommt, wo du diese Ressource hast? Das Gute an Ankern und Submodalitäten ist, daß wir die Ressourcen aufbauen können, die du brauchst.
Bill: (Erinnert eine Zeit)
Robert: (Ankert Bill, als seine Physiologie sich verändert) Was passiert da?
Bill: Jemand war wütend am Telefon, war unverschämt mir gegenüber, aber ich wußte, daß das, was er sagte, nicht das war, was wirklich passierte.
Robert: OK. Wie wußtest du das? Was ließ dich das Innen wissen? (berührt den Anker)
Bill: Ein Gefühl was ich hatte, genau hier (zeigt auf seine Herzgegend).
Robert: (berührt den Anker) Kannst du *das* Gefühl verstärken? Es ist gut, auch ein solches Gefühl zu haben. Wenn du ein Bild davon machen würdest, wie würde es aussehen? Wie würde es sich anhören?
Bill: Es würde aussehen wie ein kreisförmiges Licht.
Robert: Was, wenn du das Licht heller machen würdest?
Bill: Es fühlt sich besser an.
Robert: Was, wenn du es größer machst, so daß es dich mehr umgibt?
Bill: Ich fange an zu lächeln.
Robert: Ja ... Nun, was ich möchte, das du tust, ist, das Licht zu nehmen (berührt den Anker) und es in deine Lebensgeschichte zurückzustrahlen. Laß es auf das jüngere Du scheinen. (Roberts Sprechgeschwindigkeit ist auf Bills Atem abgestimmt.) Mach, daß das Licht von dem Ort in dir (wo Bill sein Herz berührt hatte) zu dem selben Ort in ihm scheint ... so daß, obwohl die andere Person die Dinge sagt, die er gesagt hat, das jüngere Du in Kontakt mit diesem Licht ist, und laß es größer und größer werden in ihm.
...

Ich frage mich, in welcher Weise er anders auf die andere Person reagiert hätte. Hätte er mit ihm in einer anderen Weise gesprochen? Hätte das jüngere Du gesagt, „Ich glaube, du hast gute Absichten, aber du bist ‚vom Kurs ab'"?
Bill: Nein. Das jüngere Ich hätte ihn einfach sagen lassen, was er sagen wollte, aber es hätte ihn nicht getroffen.
Robert: Wie hätte das auf die andere Person gewirkt?
Bill: Er hat sowieso nicht besonders darauf geachtet, was in mir vorging. Ich bin nicht sicher, ob es überhaupt irgendwie auf ihn gewirkt hätte.
Robert: Vielleicht hättest du Aufmerksamkeit von ihm bekommen mögen?

Bill: Sicher hätte ich das.
Robert: Wenn du *das* (drückt den Anker) gehabt hättest, hättest du die Aufmerksamkeit bekommen, die du brauchtest, oder hättest du noch etwas weiteres nötig gehabt?
Bill: Es war sehr schwierig, positive Aufmerksamkeit von ihm zu bekommen.
Robert: Dann werde ich dich bitten, folgendes zu tun. Es scheint mir, als wenn hier noch eine weitere Ressource gebraucht wird. In bezug auf beides, deine Prägungs-Erfahrung und in bezug auf das, was mit deiner Krankheit vor sich geht. Du hast vorhin gesagt, daß du keine positive Aufmerksamkeit bekommen konntest, wenn du nicht krank warst. Ich frage mich, ob es eine Zeit gegeben hat seit diesem Erlebnis, als du in der Lage warst, positive Aufmerksamkeit von jemandem zu bekommen?
Bill: Ja.
Robert: Welche Ressourcen sind das? Denk an eine spezielle Zeit.
Bill: Wenn ich einfach entspannt und ich selbst bin. Es ist ein Gefühl, unbekümmert zu sein mit Menschen. (Bills Physiologie verändert sich in einen Zustand von „unbekümmert“ sein, Robert ankert den Ressource-Zustand auf Bills Schulter.)
Robert: Wir nehmen auch dies (berührt den Ressource-Anker, der an Bills Oberarm ist), und nehmen dieses beides mit zurück zu dem jüngeren Du....Das ist ein bißchen anders, nicht wahr?
Bill: Tja, das macht es zu einem herausfordernden Spiel, Aufmerksamkeit von ihm zu bekommen.
Robert: Mhm. Und was macht er? (Bill lächelt) Laß uns diese beiden Ressourcen nehmen (berührt beide Anker) und das Licht über diese ganzen Erfahrungen von damals strahlen lassen und sie aufhellen. Nimm diese Ressource (berührt den Anker) von Akzeptanz auch mit zurück. Stell sicher, daß diese Ressourcen für all jene Erlebnisse angemessen sind. Laß das Licht hindurch scheinen wie einen Strahl, der alle diese Erfahrungen verbindet...
(Roberts Stimme verändert sich zu einem weichen hypnotischen Ton und Tempo.) Du kannst entspannt und sicher sein, ruhig und dir selbst zugewandt. Mach es zu einer erfreulichen Herausforderung, zu bekommen, was du willst.
Bill: Ja!
Robert: Wir müssen noch eine weitere wichtige Sache tun. Du hast dies in einer dissoziierten Weise Revue passieren lassen, indem du dich selbst *beobachtet* hast. Ich möchte, daß du zurückgehst und dich selbst in das Erlebnis hineinversetzt. Erinnere dich, ich habe dich veranlaßt, der wichtigen Person die nötigen Ressourcen zu geben. Nun möchte ich, daß du *zurückgehst hinter die Augen der anderen Person.* Du wirst dich in seinen Schuhen befinden, mit dieser Ressource (berührt den An-

ker als Bill seine Augen schließt) in jenen Situationen. Sag, was du sagen würdest und sieh, was du durch seine Augen sehen würdest. Sieh den Jungen vor dir, der ein Modell von der Welt aufbaut, in dem Wissen, daß du ihm wirklich die Aufmerksamkeit schenken kannst und die Unterstützung, die er braucht, sich selbst und andere zu akzeptieren. Und wenn du das getan hast, komm den ganzen Weg zurück hierher ... und nimm dir alle Zeit, die du brauchst, um das zu Ende zu führen.
Bill: (seufzt, öffnet die Augen und schaut Robert an)
Robert: Es gab einen Jungen, der in seinem Herzen wissen mußte, daß er OK war. Daß er entspannt und zuversichtlich sein konnte und die Aufmerksamkeit bekommen konnte, die er brauchte. Du hast gesehen, wie anders das gewesen wäre, wenn er die Ressource gehabt hätte, die mit dem Licht verbunden ist, und ebenfalls die Fähigkeit, Aufmerksamkeit zu bekommen.

Steig ein in die Erfahrung, sei er, und nimm diese Ressourcen mit dir (hält alle drei Ressourceanker), schau durch seine Augen. Laß ihn die andere Person ansehen, die jetzt die Ressourcen hat, die sie braucht ... und durchlaufe alle Situationen. Laß ihn den ganzen Weg aufwachsen und erwachsen werden zu dem Du, der du hier sitzt. Nimm die neuen Glaubenssätze mit, dieses neue Verständnis, und bring sie in all diese Erfahrungen hinein, die in der Vergangenheit nur Beweise für Versagen waren. Sie sind jetzt Beweise für den neuen Glauben. (Robert paßt sein Sprechtempo Bills Atem an.)
Bill: Hier hinten ist ein Loch (zeigt in die Luft neben sein linkes Ohr). Die „Du bist schlecht"-Sätze kommen mir nicht entgegen, aber ich habe ein merkwürdiges leeres Gefühl.
Robert: Was würdest du gern in das Loch hineintun?
Bill: Ähm ... daß ich ein liebender, sanfter Mann bin, einfach so, wie ich bin, und das ist gut. Wenn andere Personen Beurteilungen über mich anstellen wollen, ist das ihr Problem.
Robert: Bring das dort hinein. Ich möchte, daß du *das hörst.* Füll das Loch mit dieser Stimme, so daß es Resonanz bekommt und innen schwingt. Sag es in so vielen Weisen, wie du kannst, mit so vielen Gefühlen, wie du hast. So daß, wenn du frustriert bist oder glücklich oder wütend oder was auch immer, du weißt, du bist einfach ein liebender, sanfter Mann, und das ist einfach gut. Wenn andere Bewertungen machen wollen, dann ist das ihr Problem. Du hast immer die Wahl, positive Aufmerksamkeit von ihnen zu bekommen. Sag es lauter, mach die Stimme größer und füll das Loch mit diesem Klang.

OK, nun, was war das, was du wolltest, als du dich zu Anfang hier hingesetzt hast? Irgendwas mit gesund sein. Hat sich das Bild verändert?
Bill: Ich sehe voller aus, solider in diesem Bild.

Robert: Verdienst du das?
Bill: Ja!
Robert: Wirst du für dich sorgen, auf die Weisen, die wir besprochen haben?
*Bill: Absolut.**

Fragen

Frau: Du ließest Bill die ganze Erinnerung anschauen, sich selbst und die wichtige andere Person. Dann ließest du ihn in beide hineinschlüpfen, sowohl in sich selbst als auch in die andere Person und sich ressourcevoller verhalten. Würdest du bitte den Prozeß zusammenfassen?
Robert: Was du gerade beschrieben hast, ist die Essenz des Re-Imprinting. Sobald du die Prägungserfahrung gefunden hast, gibst du beiden Personen Ressourcen, der Person, mit der du arbeitest und jeder bedeutsamen anderen Person, die in dem Imprint-Erlebnis gegenwärtig war. Erinnere dich, du veränderst nicht die bedeutsamen anderen Leute; der Klient verändert seine eigene Perspektive – den Glauben, den er als Ergebnis des prägenden Erlebnisses als seinen eigenen verinnerlichte. Wenn du aus vielen unterschiedlichen Perspektiven auf eine Situation schaust, selbst ohne Ressourcen hinzuzufügen, wird es eine unterschiedliche Erfahrung sein.

Versuche folgendes – denk an ein unangenehmes Erlebnis, das du mit jemand anders gehabt hast, vielleicht einen Streit oder als jemand etwas gesagt hat, das deine Gefühle verletzte. Erinnere dich daran, so, als wenn es jetzt stattfinden würde ... nun schwebe nach oben und schau auf die Situation nach unten, so daß du dich selbst und die andere Person siehst. Beobachte die andere Person und achte auf ihre Körperhaltung, ihre Stimmlage, die Art, wie sie sich bewegt und gestikuliert und bedenke alles, was du über ihre Erfahrung weißt, sowohl in jüngerer Zeit, als auch in der Vergangenheit... Nun schwebe nach unten in sie hinein, übernimm ihre Physiologie so vollständig wie möglich. Erlebe noch einmal das Ereignis voll, indem du aus ihren Augen zu dir hinüber schaust ... Wenn du die Begebenheit voll aus ihrer Perspektive erlebt hast, schwebe heraus zur Seite und betrachte es dir

* Anmerkung des amerikanischen Herausgebers: Als Roberts Intervention begann, war Bills Hautfarbe blaß und grau und seine Körperhaltung zusammengefallen. Am Ende des Re-Imprinting-Prozesses hatte sich seine Hautfarbe zu einem gesünderen „Glühen" (glow) verändert und er saß viel aufrechter.

noch einmal, sieh dich selbst... und die andere Person. Nun geh in dich selbst zurück, als wenn es ganz von vorn geschehen würde. Beachte, wie die Erfahrung verändert (different) ist.

Es wird eine Veränderung deiner eigenen Sichtweise sein, wenn du mehr Information aus unterschiedlichen Perspektiven hast. Es ist eine sehr starke Kombination von Schritten. Multiple Perspektiven zu haben ist die Basis für Weisheit in Entscheidungen, Konflikten, Verhandlungen und im Aufräumen in der eigenen persönlichen Geschichte.

Mann: Würdest du Verbrechern wie Vergewaltigern, Leuten, die andere mißbrauchen, usw. in der gleichen Weise Ressourcen geben, wie du das mit Bills „signifikantem anderen" gemacht hast?

Robert: Einer der Gründe, ein Re-Imprinting zu machen, ist, den Klienten erkennen zu lassen, was für eine Art von Ressourcen Menschen – eingeschlossen Menschen, die andere mißbrauchen oder vergewaltigen – nötig haben, um die Situation vollkommen aufzulösen oder zu vermeiden. Oft, wenn jemand das Opfer eines Verbrechens wie z. B. einer Vergewaltigung oder einer anderen Form von Gewalt war, will sie dem „Hundesohn" keine Ressourcen geben, weil sie damit scheinbar das Verhalten für in Ordnung erklären würde. Die Leute, denen das passiert ist, sind wirklich wütend darüber, und sie haben gute Gründe, es zu sein. Es wäre, wie den Missetätern zu vergeben oder das Verhalten zu entschuldigen, und sie wollten ihm das nicht durchgehen lassen, oder das Verhalten irgendwie entschuldigen.

Eigentlich ist das Ziel, dem Verbrecher Ressourcen zu geben, nicht, sein Verhalten zu entschuldigen oder die Erinnerung zu vertreiben. Statt dessen ist es wichtig für das Opfer, zu verstehen, welche anderen Ressourcen die andere Person gebraucht hätte, um die Art von Person zu sein, die sich anders verhalten hätte. Wenn eine Person das Opfer eines Verbrechens gewesen ist, erhalten sich ihre einschränkenden Glaubenssätze durch Wut oder Angst oft selbst. Dem Verbrecher Ressourcen zu geben ist eine Hilfestellung, das zu überwinden. Es ist undenkbar, daß von euch erwartet wird, die abscheuliche Tat okay erscheinen zu lassen.

Es ist eine gute Idee, in den meisten Fällen, dem Verbrecher die Ressourcen, die er braucht, *vor* dem Zwischenfall zu geben, bevor die prägende Erfahrung sich ereignete. Ich möchte euch ein Beispiel geben.

Ich habe mit einer Frau gearbeitet, deren Mutter einmal so in Rage geriet, daß sie sie aus dem Fenster hielt, das fünf Stockwerke hoch war. Sie war so wütend, sie war dabei, ihre Tochter auf die Straße fallen zu lassen und sie umzubringen. Diese Frau zu fragen, welche Ressourcen ihre Mutter gebraucht hätte, als sie sie aus dem Fenster gehalten hat, wäre lächerlich gewesen. Statt dessen bat ich die Frau, den Film rückwärts ablaufen zu lassen – zurück bis in eine Zeit, bevor sich der Zwischenfall ereignet hatte und installierte die Ressourcen dort. Mit den angemessenen Ressourcen hätte die Mutter „nie die Kontrolle verloren" und ihre Tochter in der Art und Weise bedroht. Es ist ähnlich, als wenn man mit einer Phobie arbeitet. Man läßt die Person, mit der man arbeitet, die Erinnerung des phobischen Erlebnisses beginnen, *bevor* das Ereignis passierte, als sie noch in Sicherheit war. Dann veranlaßt man die Leute, einen dissoziierten Film ablaufen zu lassen, in dem sie ihr jüngeres Selbst beobachten, den ganzen Weg durch den Vorfall hindurch, bis sie wieder in Sicherheit angekommen sind.

Man kann eine Phobie als eine spezialisierte Art einer Prägungserfahrung betrachten. Wenn man mit einer Phobie arbeitet, sollte man eine Angst zwischen mehreren Situationen von Sicherheit einpacken („Sandwich-Technik")*. Betrachtet *dieses* als allgemeines Prinzip bei der Arbeit mit jeglicher traumatischer Prägung. Geht vom Ressourcezustand (einem zumindest neutralen Zustand) zum Trauma und weiter zum Ressourcezustand. Diese Weise des Arbeitens hilft dem Betroffenen, die Begebenheit zu isolieren und gibt der Situation ein „Ende".

Mann: Manche Prägungen sind ziemlich traumatisch. Wird die Arbeit unvollständig, wenn man, wie bei der schnellen Phobietechnik (fast phobia method), den Klienten dissoziiert läßt?

Robert: Oft ist die schnelle Phobietechnik das einzige, was man tun muß. Erinnerst du dich? Wenn du jemanden im letzten Schritt des Vorgangs das Trauma rückwärts wiedererleben läßt, bringst du ihn wieder in die assoziierte Position. Manchmal jedoch gibt es dabei ein Prägungserlebnis, um das man sich ebenfalls kümmern muß. Freud hatte den Glauben, daß eine Phobie ein Beispiel für verschobene Angst wäre. Er meinte, eine Person hatte zu einem gewissen Zeitpunkt wirklich Angst oder ein anderes Gefühl, das sich auf eine bedeutsame andere Person richtete. Um eine Phobie aufzulösen, müßte die „reale" Angst der Person zuerst aufgedeckt und behandelt werden. Natürlich ist das Problem dabei, daß die Leute erst durch eine Menge Schmerz hindurch müssen, bis die Beziehungsprobleme gelöst sind. Mit NLP können wir die Gefühle ganz direkt auflösen, so daß Menschen Angst und Panik nicht immer wieder erleben müssen. Manchmal liegt jedoch noch ein anderes Beziehungsproblem oder irgendeine andere Prägung dahinter, die dann immer noch durchgearbeitet werden muß.

In vielen der traumatischen Prägungen, mit denen ich gearbeitet habe, die in Phobien endeten, *war* in der Tat eine andere Person beteiligt. Ich erinnere mich,

---

* Die NLP-Phobie-Technik ist ausführlich beschrieben in: Richard Bandler, *Using Your Brain – For a change* (Moab: Real People Press); dt.: *Veränderung des subjektiven Erlebens* (Paderborn: Junfermann, 1987).

wie ich mit einer Frau arbeitete, die eine Mottenphobie hatte. Sie war eine Frau, die eine lebende Tarantel ganz bequem in ihrer Hand halten konnte, aber wenn eine kleine Motte vorbeiflog, flippte sie aus. Der ursprüngliche Grund ihrer Phobie war, daß in der Kindheit ein Freund hinter ihr mit einem Glas herjagte, in der er eine große Lunamotte hatte. Sie fühlte sich vor ihren anderen Freunden erniedrigt, aber anstatt die Angst und Wut an ihrem Freund festzumachen, übertrug sie ihre Angst auf die Motte. Ich machte mit ihr die NLP-Phobie-Kur und nahm ihr ihre Angst, aber das allein löste noch nicht alle Probleme, die sie mit der Situation hatte.

Es kann passieren, daß ihr auch an andere Arten von Phobien geratet, die mehr erfordern, als einfach nur, die panischen Gefühle zu erleichtern. Dies kommt manchmal vor, wenn Kinder von ihren Eltern alleingelassen wurden und dann etwas Schlimmes passierte. Eine Dame, mit der ich gearbeitet habe, hatte Angst vor Wasser, weil sie einmal fast ertrunken war. Sie war deswegen fast ertrunken, weil sie versucht hatte, ihrer Mutter davonzuschwimmen, die dabei war, sie windelweich zu schlagen. Die Phobietechnik erlöste sie von der Angst, die sie vor Wasser hatte, aber offensichtlich gab es andere Probleme, um die wir uns ebenfalls kümmern mußten.

Frau: Wenn du ein Vergangenheitstrauma umgeprägt (re-imprinted) hast oder in Konflikt stehende Identitätsstrukturen gelöst hast, woher weißt du, ob die Person adäquate Strategien hat, die Veränderung in einer positiven Art und Weise fortzusetzen? Wie weißt du, ob die Person immer noch Wege hat, das zu bekommen, was sie will?

Robert: Laß mich darauf mit einer Geschichte antworten. David Gordon (NLP-Trainer und Autor) und ich haben einmal mit einer Frau gearbeitet, die einen Händewaschzwang hatte. Sie glaubte, daß diese Dinge, die sie „reale imaginäre Flöhe" nannte, auf sie draufkommen würden. Die „Flöhe" waren „real" in dem Sinn, daß sie „fühlte", wenn sie auf sie drauf kamen, aber sie waren „imaginär", weil sie wußte, daß niemand anders die Flöhe sah oder spürte. Sie war seit fünfzehn Jahren mit diesen Flöhen „verflucht" und hatte sich ihr Leben um sie herum eingerichtet.

Diese Flöhe dirigierten ihr Leben auf unterschiedlichste Arten. Die Klientin hatte 72 Paar Handschuhe, die sie in unterschiedlichen Situationen anzog. Sie mußte bestimmte Leute stärker meiden als andere, um deren Flöhe nicht zu bekommen. Ihre Eltern waren besonders davon heimgesucht. So mußte sie, obwohl sie ihre Eltern „über alles liebte", die Kontakte mit ihnen einschränken. Weil die Flöhe imaginär waren, konnten sie bestimmte Dinge tun, die normale Flöhe nicht konnten, z. B. durch das Telefon kriechen. Deswegen konnte sie nicht sehr lange mit ihnen telefonieren.

In unserer Therapie schlug ich ihr vor, ihre „reale imaginäre Allergie“ ihren realen imaginären Flöhen gegenüber zu behandeln. Ich sagte ihr, daß es offensichtlich eine allergische Reaktion war, denn obwohl die Flöhe auch auf allen anderen Leuten waren, wurden diese davon nicht so berührt wie sie. Es war einfach so, daß sie eine Allergie auf die Flöhe hatte, wie andere Leute auf Pollen. Dies unterbrach wirklich ihr Denkmuster über die Flöhe. Sie hatte über eine reale imaginäre Allergie keinerlei automatische Glaubenssätze. So gab ich ihr einige Zuckerpillen und blieb sorgfältig in den Strukturen ihres Denkprozesses (pacing), indem ich ihr erzählte, daß diese realen imaginären Pillen ihre Allergie kurieren würden.

In der darauf folgenden Woche kam sie zurück und war echt beängstigt, weil die Pillen gewirkt hatten. Sie wußte nicht mehr, welche Kleidung sie sich kaufen sollte, weil sie immer Sachen hatte, die ein paar Nummern zu groß waren, so daß die Ärmel ihre Hände bedeckten und sie vor den Flöhen schützten. Sie wußte nicht mehr, wie sie mit ihren Eltern umgehen sollte, ihr Essen zubereiten oder irgendwelche ihrer anderen täglichen Aktivitäten durchführen sollte, weil ihre Beunruhigung über die Flöhe – das Prinzip, das ihr Leben organisierte – nicht mehr da war.

Sie brauchte Strategien für alle nur denkbaren Sachen. Wir arbeiteten mit ihr an einer neuen Entscheidungsstrategie und ließen sie andere Leute modellieren, um neues Verhalten zu gewinnen und so weiter. Der Punkt dieser Geschichte ist, wenn man jemandem hilft, einen einschränkenden Glauben zu verändern, passen oft die alten Handlungsweisen nicht länger, und man muß neue Strategien anbieten. Sehr interessant und höchst verwunderlich ist einer der Widerstände hinsichtlich der Ökologie, auf den man bei Leuten trifft. Man kommt an einen bestimmten Punkt in dem Vorgehen und sie sagen: „Wenn ich das tue, wozu du mich aufforderst, *werde* ich mich verändern.“ Sie scheuen davor zurück, ein inneres Bild zu bewegen oder eine visuelle Verschmelzung (squash) zu Ende zu führen oder was immer ihr sie bittet, zu tun. Sie sind nicht sicher, daß sie bereit sind, ihre Identität zu verändern.

Frau: Wie wichtig ist es, daß die Person glaubt, daß die Prägung eine reale und nicht eine imaginäre Erfahrung ist?

Robert: Zu mir kam einmal eine Frau, die einem religiösen Orden beigetreten war, in dem Meditation und Zölibat gehalten wurden. Sie beklagte sich darüber, daß sie bei jedem Versuch, zu meditieren, einen großen Penis vor ihrem inneren Auge hatte, und sie konnte ihn nicht wegbekommen. Es war ihr ein wirkliches Anliegen. Jeder sagte ihr, was für eine Heilige sie war, aber sie dachte, sie sei wirklich schlecht.

Erfahrungen, wie die von dieser Frau sind typischerweise Kommunikationen über etwas von ihrem Unbewußten. Ich schlug vor, herauszufinden, worum es bei dieser Kommunikation ging. Ganz offensichtlich gab es eine Prägung über irgend etwas Schlimmes, was passiert war, als sie wirklich jung war. Sie wußte nicht, was es war und hatte Angst davor, daher vermied sie es, daran zu denken. Ich machte den Vorschlag, daß sie das verschwommene Bild nehmen und es weit bis an die Wand hinaus schieben sollte, auf die Größe einer Briefmarke. Es war weit genug, so daß sie sich davon dissoziierte. Sie begann es anzuschauen und konnte erkennen, daß es ein Mann und eine Frau waren, in irgendeiner sexuellen Aktivität – sie wußte nicht, was es war. Als sie das Bild näher heranbrachte, kam das Thema.

Sie dachte, daß sie vielleicht von ihrem Vater belästigt worden war, als sie ein Kind war, aber sie war sich nicht sicher. Sie konnte sich nicht erinnern, was passiert war und fühlte sich verwirrt. Es hätte eine Geschichte sein können, die ihr ihre Mutter (mit einer überzeugenden Stimme) über ihren eigenen Vater (den Opa) erzählt hatte, den sie sich in dieser Weise bildlich vorstellte und solche Gefühle dazu entwickelt hatte, als wenn es *ihr selbst* passiert wäre. Es war egal, ob es ihr oder ihrer Mutter passiert war, weil es in ihrer Erfahrung *real* war.

Sie hatte sich mit diesem Thema nie konfrontiert. Es war einfach etwas Großes und Dunkles und Schlechtes. Sie dachte sich eine Reihe von Möglichkeiten aus, was passiert gewesen sein könnte. Schließlich sagte ich ihr, es sei egal. Das wichtige dabei sei, daß sie dort Ressourcen brauchte, die sie (damals) nicht hatte. Ich ließ sie jede Möglichkeit durchspielen und so tun, als ob es die „reale" sei und für jede eine Lösung finden.

Hier ist eine Person, die für 25 Jahre ihren Lebensstil nach einem Erlebnis eingerichtet hatte, von dem sie nicht einmal wußte, ob es objektiv real war oder nicht. Deswegen ist es im großen und ganzen manchmal irrelevant, was „wirklich passierte".

Mann: Wenn du ein Re-Imprinting gemacht hast, woher weißt du hinterher, was wirklich passierte?

Robert: Du gibst im Grunde genommen den Leuten eine Gelegenheit, das, was sie innerhalb ihres Kopfes mit sich herumtragen, auf einen neuen Stand zu bringen. Wir versuchen nicht, sie über ihre Realität in Verwirrung zu bringen; wir erlauben ihnen, die gleichen Sachen wiederzuerleben, ohne die Verletzung und die negative Einwirkung. Wir bekommen am Ende veränderte Glaubenssätze, andere Ressourcen, und die Prägung bedeutet etwas vollkommen anderes.

Wir versuchen nicht, das, was tatsächlich passierte, auszuradieren, weil es sowieso nicht der Inhalt der Prägung ist, der den Unterschied macht. Es ist das, was du daraus *gelernt* hast, was wichtig ist. Wichtig ist die Erinnerung an die Ressourcen, die du brauchst, und die du jetzt *hast.*

Zusammenfassung: Der Re-Imprinting-Prozeß

I. Identifizieren Sie die spezifischen Gefühle (es können auch Worte oder ein Bild sein), die mit der „Sackgasse" (impasse) assoziiert sind. (Ankeren Sie sie.) Viele Menschen wollen diese Gefühle vermeiden, weil sie unangenehm sind. Aber es ist wichtig, sich daran zu erinnern, daß ihre Vermeidung die Einschränkung nicht auflösen wird. Lassen Sie die Person am Gefühl bleiben (halten Sie ihren Anker) und lassen Sie sie zurückerinnern bis zu dem frühesten Erlebnis mit diesem Gefühl, das mit der Sackgasse verbunden ist.

A. Während die Person noch in dem assoziierten, regredierten Zustand ist, veranlassen Sie ihn/sie, die Generalisierungen oder Glaubenssätze auszusprechen, die aus dieser Erfahrung gebildet wurden.

II. Dissoziieren Sie die Person von der Erfahrung. Ermöglichen Sie ihm/ihr, das Erlebnis zu beobachten, als wenn er/sie einen Film von sich selbst anschaut.

B. Bitten Sie die Person, alle weiteren Verallgemeinerungen oder Glaubenssätze zu verbalisieren, die als Ergebnis der Prägungserfahrung geformt wurden. (Glaubenssätze werden oft nach dem Fall gebildet.)

III. Finden Sie die positive Absicht oder den sekundären Gewinn des „Sackgassengefühls". Weiterhin – wenn bedeutsame andere in der Erinnerung beteiligt waren – finden Sie auch die positive Absicht seiner/ihrer Verhaltensweisen. Dies kann dadurch geschehen, daß man die Leute, die man in dem Bild sieht, direkt fragt.

IV. Identifizieren und ankern Sie die Ressourcen oder Wahlmöglichkeiten, die die Person und jeder der signifikanten anderen individuell brauchten und damals nicht hatten, die aber der Klient heute zur Verfügung hat. Machen Sie sich bewußt: Sie brauchen sich durch die Fähigkeiten, die die Person oder die signifikanten anderen zu der Zeit damals hatten, nicht einschränken lassen. Solange der Betreffende, mit dem Sie arbeiten (nicht die signifikanten anderen), diese Ressourcen jetzt zur Verfügung hat, können Sie sie benutzen, um zu helfen, die Erfahrung zu verändern.

V. Veranlassen Sie ihren Klienten, für jeden der signifikanten anderen in dem Prägungserlebnis den Film wieder abzuspielen und zu sehen, wie die Erfahrung anders gewesen wäre, wenn die nötigen Ressourcen der Person verfügbar gewesen wären.

Führen Sie das nacheinander für jede einzelne Person durch, und stellen Sie sicher, daß die identifizierten Ressourcen ausgereicht hätten, um die Erfahrung zu verändern. Wenn nicht, gehen Sie zurück zu Schritt 3 und 4 und identifizieren Sie andere positive Absichten oder Ressourcen, die vielleicht übersehen worden sind.

A. Nachdem die Ressourcen hinzugefügt worden sind, bitten Sie die Person, zu verbalisieren, welche neuen Generalisierungen oder Glaubenssätze er/sie als Ergebnis des Hinzufügens von Ressourcen jetzt wählen würde.

VI. Unter Benutzung der Ressourceanker, die Sie in Schritt 4 gesetzt haben, lassen Sie die Person die Prägungserfahrung aus der Perspektive jedes einzelnen wichtigen Menschen, der daran beteiligt war, wiedererleben (jeweils eine Person). Lassen Sie ihn/sie tatsächlich in den Körper der anderen Person einsteigen und das Erlebnis aus den Augen dieses Menschen sehen. Lassen Sie die Person das Re-Imprinting damit beenden, daß er/sie in ihr eigenes jüngeres Selbst einsteigt, so daß er/sie es erlebt, während er/sie in das jüngere Selbst assoziiert ist. Während dieses gesamten Prozesses halten Sie die Ressourceanker. Gehen Sie durch die neue Erfahrung oft genug hindurch, so daß sie genauso stark ist wie die ursprüngliche Prägung.

A. Bitten Sie die Person, die Generalisierungen (Glaubenssätze), die er/sie aus dieser Erfahrung macht, auf den neuesten Stand zu bringen oder zu modifizieren.

VII. Indem Sie die Ressourceanker, die durch den ganzen Prozeß benutzt worden sind, halten, lassen Sie die Person durch die Zeit zurückkommen, von dem Punkt der ursprünglichen Prägung bis in die Gegenwart. Deuten Sie darauf hin, daß er/sie während er/sie zurückkommt, an andere Begebenheiten in seinem/ihrem Leben denken mag, bei denen die Ressourcen, die jetzt verankert sind, auch in der Veränderung von anderen Erfahrungen eine nützliche Ergänzung gewesen wären.

Kapitel V

Inkongruenz und konfligierende Glaubenssätze

Jeder von uns hatte Zeiten, in denen wir zwei unterschiedliche Ansichten über eine Sache hatten. Haben Sie jemals beschlossen, daß Sie früh aufstehen und Sport machen würden, aber wenn der Morgen naht, merken Sie, wie bequem sich doch das Bett anfühlt und wie müde Sie noch sind? Sie schlafen sich aus, und während des ganzen Tages sagt Ihnen eine Stimme in Ihrem Kopf, wie dumm das von Ihnen war? Oder haben Sie einmal ohne Begeisterung einen Auftrag für einen Freund übernommen, wenn Sie eigentlich etwas für sich selbst tun wollten? Dies sind Beispiele für Inkongruenz.

Inkongruenz wird im allgemeinen als ein innerer Konflikt mit sich selbst erlebt. Es scheint oft, als gäbe es zwei Seiten Ihres Selbst. Es ist, als gäbe es zwei „Sie's". Ein Teil von Ihnen will etwas Bestimmtes tun, und ein anderer Teil erhebt Einspruch. Es kann sich dabei um zwei Verhaltensweisen handeln, zwei Glaubenssätze oder Glaubenssysteme, oder sogar zwei Aspekte Ihrer Identität.

Manchmal, wenn man sich mit Glaubens- oder Identitätskonflikten herumschlägt, ist sich ein „Teil" nicht einmal des anderen Teils bewußt. Das Ergebnis ist Konfusion, Verwirrung über sich selbst. Ich erinnere mich an eine Frau, die mir sagte, sie könne nicht verstehen, warum ihr Ehemann immer sagte, sie sei eine kritische, schwierige Person. Sie selbst glaubte das nicht von sich und hatte seit sechs Monaten immer wieder Beteuerungen darüber abgegeben, daß sie eine liebende und gebende Person sei. Der bewußte Teil von ihr, der anderen Menschen die Hand reichen wollte, war nicht in Berührung mit dem Teil, der wußte, daß sie ihre eigenen Bedürfnisse erfüllen mußte. So fühlte sie sich in einer Abwehrhaltung und nahm es anderen übel, wenn ihre eigenen Bedürfnisse vernachlässigt wurden. Bis diese beiden Aspekte von ihr integriert waren, so daß sie sowohl ihre eigenen Gefühle als auch die Gefühle anderer Menschen berücksichtigen konnte, war sie unglücklich und unberechenbar in ihrem Verhalten.

Ursachen von Inkongruenz

Inkongruenz kann die Folge einer Prägungserfahrung sein, einer Rollenübernahme von bedeutsamen anderen, eine Folge von Konflikten in der Kriterienhierarchie (hierarchy of criteria) und von Lebensübergängen und Transformation.

Prägungen (imprints)

Prägungen können innere Konflikte hervorbringen, was oft geschieht, wie wir bei Bill im vorangegangenen Kapitel gesehen haben. Selbst nachdem Sie erfolgreich einen Teil Ihrer persönlichen Geschichte „umgeprägt" haben, mag immer noch eine Inkongruenz zu lösen sein, bei der es darum geht, welche Glaubenssätze von jetzt an das „Neue Selbst" in der Zukunft charakterisieren (und leiten) werden. Ihr Problem hat nicht direkt mit der Vergangenheit nach einem Re-Imprinting zu tun, sondern vielmehr mit der Gegenwart und der Zukunft.

Modellieren / Rollenübernahme

Vielleicht wurden Sie an einem bestimmten Punkt Ihres Lebens von einem Menschen erzogen, der einen bestimmten Glauben hatte, den Sie modelliert (von der Modellperson abgeschaut oder übernommen) haben (wie z. B. „Man muß immer erst für die anderen sorgen."), und dann geschah es, daß Sie von jemand anders erzogen wurden, der andere Glaubenssätze hatte (z. B. „Meine Bedürfnisse stehen an erster Stelle."), die Sie ebenfalls übernahmen. Die Glaubenssätze, die Sie modelliert und zu einem Teil Ihres Selbst gemacht haben, sind innerlich miteinander unvereinbar.

Wenn Sie diese gegensätzlichen Glaubenssätze übernommen haben, fühlen Sie sich möglicherweise immer dann im Unrecht, wenn Sie sich um sich selbst kümmern oder aber auch dann, wenn Sie andere an die erste Stelle setzen. Sie können es in keiner Art richtig machen, und Sie befinden sich in einem Double-Bind (Doppelbindung).

Vielleicht haben Sie auch unterschiedliche Mitglieder Ihrer Familie modelliert, die konfligierende Glaubenssätze hatten. Es könnte sein, daß Ihr Vater geraucht hat, und Ihre Mutter fand das schlecht. Wenn Sie als Erwachsener rauchen, spielen

Sie möglicherweise diesen Konflikt in der Beziehung zwischen Ihren Eltern wieder und wieder im Kopf durch, angenommen, Sie haben den Konflikt als große Einheit (large chunk) introjiziert. Man nimmt die unterschiedlichen Kriterien, Werte und Strategien des Denkens über bestimmte Dinge von wichtigen anderen Menschen, die man modelliert hat, auf.

Kriterienhierarchie

Konflikte in uns sind oft Konflikte von Kriterien. Sie sagen vielleicht: „Ich möchte das neue Haus mit der schönen Aussicht kaufen, aber ich muß mein Geld für die Zeit im Alter sparen." Sie kaufen letztendlich das neue Haus, machen sich aber dann Sorgen um Ihre Zukunft. Im Gegensatz zu Konflikten von Glaubenssätzen und -systemen oder Aspekten Ihrer Identität, die voneinander dissoziiert sind, sind Kriterien in einer Hierarchie angeordnet. Wir werden uns im Kapitel VI umfassender mit Kriterien beschäftigen.

Lebensübergänge und Transformationen

Lebensübergänge und Transformationen können ebenfalls Konflikte hervorbringen. Zum Beispiel arbeitete ein Mann, nennen wir ihn George, mit seinem Vater und seinen Onkels für die Firma „X". Sie waren standhafte Anhänger der Arbeitergewerkschaft, die dem Management mißtrauten und traditionelle „Blue Collar-Werte" vertraten.*

Georges Identität hatte sich zu einem großen Teil durch Hören und Beobachten der Werte und Verhaltensweisen in der eigenen Familie gebildet. Als er plötzlich in eine hochbezahlte „white collar"- Aufsichtsposition befördert wurde, war er mit einer überwältigenden Menge von unvorhergesehenen Konflikten konfrontiert. Er fragte sich: „Bedeutet das, daß ich anders bin als mein Vater oder besser?" „Werde ich jetzt zum ‚Yuppie' und nehme neue Werte an und werfe die alten Glaubenssätze und Werte über Bord?" „Werde ich jetzt zu einem von den Leuten, die meine Familie und ich immer kritisiert und gehaßt haben, (nur) weil ich Erfolg habe?"

---

* „Blue collar workers", die Arbeiter im „Blaumann", im Gegensatz zu „white collar workers" im weißen Kragen.

Obwohl in unserer Kultur dieser Aufstieg als „Erfolg“ für George gelten würde, brachte diese Art der Veränderung für ihn selbst einige Glaubenskonflikte mit sich.

Bei Lebensübergängen (life transitions) geht es nicht einfach um die Details von Veränderung; es geht darum, *wer Sie sind* und *was Sie sind.* Als ich 1982 mit meiner Mutter an ihrem Gesundheitsproblem arbeitete, zu der Zeit, wo sich so viele Dinge in ihrem Leben veränderten, entdeckten wir, daß sie sich in einem großen Konflikt befand zwischen Mutter-Sein einerseits und andererseits ein unabhängiger Mensch sein, der für sich selbst sorgt. Sie sagte damals: „Es ist sehr wichtig, daß ich mich um andere Menschen kümmere, aber jetzt muß ich endlich einmal einfach was für mich tun. Ich brauche Erholung von all diesem Streß.“ Dann wechselte sie und sagte: „Vielleicht bin ich zu egoistisch, wenn ich an all diese Dinge denke, die ich für mich selbst brauche.“ Sie sprang zwischen diesen beiden Glaubenssystemen hin und her in praktisch demselben Satz ohne sich bewußt darüber zu sein, daß sie zwei im Konflikt stehende Botschaften gab. Ich veranlaßte sie, jeden dieser beiden Aspekte ihres Selbst zu visualisieren.

Der eine Teil, die „Mutter-Identität“, sah aus wie ein häßliches altes Weib, als sie sie visualisierte. Es war irgendwie müde, wollte sich ausruhen, aber wollte auch immer für andere Menschen sorgen. Es repräsentierte eine ihrer Lebensaufgaben bzw. Bestimmungen (missions).

Der andere Teil war viel weniger entwickelt. Er sah aus, wie ein „Jetsetter“, der strahlende Kleidung trug und ihr überhaupt nicht ähnlich sah. Dieser „Jetsetter“-Teil sagte: „Steig aus aus diesem ganzen Mutterkram, wo sich die anderen Leute so stark auf dich verlassen, daß du nicht einmal weggehen und für dich selbst sorgen kannst.“

Diese beiden Teile repräsentierten definitiv unterschiedliche Arten zu leben, und sie mochten einander überhaupt nicht. Diese Unterschiede zeigten sich als eine Asymmetrie im Körper meiner Mutter, als sie über ihre Ziele sprach. Mit „Asymmetrie“ meine ich, daß sie mit der rechten Hand gestikulierte, wenn sie über ihren „Mutter-Teil“ sprach und mit ihrer linken, wenn sie über den Teil sprach, der wollte, daß sie sich um sich selbst kümmerte. Ihre Hände kamen in der Bewegung nicht zusammen.

Diese Konflikte umfaßten alle Bereiche ihres Lebens, bis hin zu ihrem Lebenswillen. Der Konflikt wurde so bedrängend und so anhaltend, daß der Gedanke, tot zu sein, ihr friedvoll erschien.

Sowohl ihre Mutter als auch ihre Schwester waren an Brustkrebs gestorben. Als wir über die Möglichkeit sprachen, daß sie gesund werden könnte, fühlte sie sich schuldig. Sie schaute zurück und sagte: „Dies waren meine Rollenmodelle; wer bin ich denn, daß ich besser sein sollte als sie." Ich bat sie, nicht nur ihre eigenen Rollenmodelle in Betracht zu ziehen, sondern in die Zukunft zu blicken und ihre Tochter (meine Schwester) zu sehen, wie diese sie betrachtet, um zu sehen, wie sie in ihrem Leben sein sollte. Dies hatte einen immens starken Einfluß auf sie. Als sie an ihre Tocher dachte, wollte sie nicht, daß *sie* (ihre Tochter) Brustkrebs bekommen sollte, nur weil sie es bei der Rollenübernahme so erfahren hatte. Dies half, einige alte Glaubenssätze meiner Mutter in bezug auf Rollenmodellierung in dieser Situation umzuprägen.

Um zusammenzufassen: Selbst wenn Sie erfolgreich einen Teil Ihrer persönlichen Geschichte re-imprinted haben, kann es sein, daß Sie weiterhin noch Inkongruenzen auflösen müssen. Oft steht man nach einem Re-Imprinting mit „zwei Seiten" da. Das können entweder zwei Glaubenssätze sein oder zwei Aspekte Ihrer Identität, die miteinander nicht vereinbar sind. Das hat nicht länger etwas mit der Vergangenheit zu tun; es geht dann darum, eine neue Gegenwarts- und Zukunfts-Identität zu schaffen.

Identifizieren von Konflikten

Wenn Sie mit jemand arbeiten, der Glaubenssätze hat, die im Konflikt miteinander sind, werden Sie oft eine Asymmetrie in der Körperhaltung beobachten. Sie ist nicht so subtil wie Veränderungen der Hautfärbung oder andere minimale Hinweise (cues), und man kann sie normalerweise recht einfach beobachten. Sie wissen, daß Sie es mit zwei dissoziierten Teilen zu tun haben, wenn die Person mit der linken Hand gestikuliert, während sie über den einen Aspekt des Problems redet und mit der rechten Hand, wenn es um den konfligierenden Anteil geht. Es ist interessant zu bemerken, daß die rechte Hand (die bei den meisten Rechtshändern, deren Augen-Zugangshinweise normal organisiert sind, in Verbindung mit der linken Hirnhemisphäre steht) Intentionen hat, bei denen es um Beziehungen geht und darum, in Zusammenhängen mit anderen Menschen als Person wertvoll zu sein. Die linke Hand (die in Verbindung mit den Funktionen des rechten Hirns steht) bezieht sich tendenziell eher darauf, daß ein Mensch eine eigenständige Person ist und ein reiches, erfülltes Leben führt. Diese Art des Konflikts könnte als Unterschied zwischen dem zu „anderen-orientierten" und dem zum „selbst-orientierten" Teil definiert werden.

Es ist auch möglich, daß Sie einen „exzitatorischen“ und „inhibitorischen“ Konflikt finden, wo ein Teil großartige Ideen hat und vorwärts drängt, während der andere Teil Sie zurückhalten will. Dies hält Sie davon ab, sich vorwärts zu bewegen. Ein Mann, mit dem ich arbeitete, hatte z. B. großartige Ideen, wie er sein eigenes Unternehmen gründen würde, aber ein anderer Teil wollte, daß er in seinem gegenwärtigen Beruf als Beamter blieb, weil dies „Sicherheit“ garantierte. Schließlich hatte er zwei separate Identitäten, die sich miteinander im Krieg befanden. Wenn er daran dachte, seinen Job aufzugeben und ein freies Unternehmen zu gründen, bekam er Angst. Wenn er in seinem damaligen Beruf bliebe, würde er depressiv.

Wenn Sie mit dieser Art von Konflikten arbeiten, bekommen Sie unterschiedliche Physiologien, die mit jedem Teil oder Glaubenssatz assoziiert sind. Der Mann, der sein eigenes Unternehmen aufbauen wollte, beschrieb seine Pläne mit einer hohen, schnellen Stimme, schaute nach oben rechts (visuell konstruierend) und gestikulierte mit seiner linken Hand. Wenn er über Sicherheit sprach, hatte er eine langsame, gleichförmige Stimme und seine linke Hand lag still in seinem Schoß. Daher besteht ein Weg, herauszufinden, ob es einen Konflikt gibt, darin, jemanden genau zu beobachten, wenn er ein Ziel beschreibt. Wenn Sie keine Symmetrie im gesamten Körper in bezug auf die Gestik sehen (beide Hände bewegen sich zur selben Zeit in der gleichen Art und Weise), ist das eine rote Flagge, die Sie auf mögliche konfligierende Glaubenssätze aufmerksam macht.

Arbeiten mit konfligierenden Glaubenssätzen

Der Prozeß, den viele im NLP trainierte Leute zum Umgehen mit zwei konfligierende Teilen benutzen würden, ist der „visual squash“ (visuelle Verschmelzung; zusammenquetschen).* Der typische visuelle Squash, wobei Sie zwei Verhaltensweisen integrieren oder zwei Anker kollabieren, wird nicht funktionieren, wenn Sie zwei Teile haben, die sich dramatisch unterscheiden. Es funktioniert nicht gut, wenn Sie in einen der beiden Teile assoziiert sind und den anderen Teil negativ beurteilen. Lassen Sie mich ein typisches Beispiel dafür geben.

Einer meiner Klienten machte einen sehr schmerzhaften Trauerprozeß durch, nachdem er unerwarteter Weise einen nahen Verwandten verloren hatte. Er be-

---

* Siehe John Grinder & Richard Bandler, *The Structure of Magic II* (Palo Alto, CA: Science and Behavior Books, 1975), pp. 63-96; dt.: *Kommunikation und Veränderung* (Paderborn: Junfermann, 1982).

gann, ständig zu viel zu essen und nahm eine Menge zu. Er hatte einen Kernkonflikt zwischen zwei Aspekten seiner Identität.

Früher war er ein ziemlich pausbäckiges Kind gewesen und hatte sich in seiner Haut nicht wohlgefühlt. Er war die meiste Zeit verängstigt, und die Welt erschien ihm wie ein überwältigender Ort. Als er jedoch in die Pubertät kam, machte er einen Schuß in die Länge, wurde schlank und muskulös, und er dachte, er könne alles.

Als ich mit ihm arbeitete und wir begannen, jeden Teil zu sortieren und zu identifizieren, wurde es klar, daß er einen Teil hatte, der voller Sorgen war, der jede Menge regressiver Gedanken hatte und der sogar in bezug auf einen (möglichen) Atomkrieg paranoid wurde. Auf der anderen Seite hatte er einen Teil, der sehr zuversichtlich war und glaubte, er könne in allem, was er tun wollte, erfolgreich sein. Jeder Teil war mit einer anderen Zeit in seinem Leben verbunden. Die „paranoide" Seite war fast das komplette Gegenteil der „zuversichtlichen" Seite. Jede Seite hatte all das, was die andere nicht hatte.

Ich veranlaßte ihn, sich von den Teilen dadurch zu dissoziieren, daß er sie vollständig imaginierte – wie sie aussahen, sich anhörten und sich bewegten – in seinen Händen. Als er die Teile beschrieb, wurde klar, daß jeder der beiden nur in Relation zum anderen definiert war, wie Materie und Anti-Materie (These und Antithese) oder wie ein Kommunist oder Anti-Kommunist (einer existiert nicht ohne den anderen). Als er sich mit dem Aspekt seiner Identität identifizierte, der „alles tun könnte", betrachtete er den anderen Teil sowohl als schwach als auch als nutzlos. Als er sich mit dem Teil identifizierte, der ihn sich paranoid fühlen ließ, sagte er, der andere Teil sei nicht „real", er sei einfach etwas, das er sich ausgedacht habe. Die Identität des einen war alles, was die andere nicht war.

Ich erkannte wegen der Glaubenssätze, die involviert waren, daß ich nicht einfach zwei Anker kollabieren oder hypnotische Sprache benutzen konnte, um zwei Bilder zusammenbringen (squash), um damit eine Integration zu bewirken. Wenn ich es versucht hätte und erfolgreich gewesen wäre, bin ich mir sicher, daß wir eine Desintegration seines Denkprozesses hervorgerufen hätten. Ich mußte ihn sehr vorsichtig die Teile aussortieren lassen, indem ich ihn von jedem dissoziierte, als er sie in seinen Händen imaginierte.

Als wir jeden Teil mehr und mehr vollständig definierten, wurde klar, daß wir ein neues Glaubenssystem brauchten, das beide konfligierenden Co-Identitäten einschließen würde. Wir erreichten dies dadurch, daß wir die Absicht jedes Teils „aus dem Rahmen herausstellten" („out frame") (durch die Frage „Das zu haben, was bringt dir das?"), bis wir *gemeinsame* Intentionen für jeden Teil fanden. Mein Klient war dann in der Lage, diese Teile in eine neue Identität zu integrieren, in ein neues Selbstbild, das auf einer höheren logischen Denkebene existierte. Ein Wort zur Warnung: Es ist wirklich wichtig, *gemeinsame Intentionen* für jeden Aspekt der Identität zu finden, bevor man versucht, sie zu integrieren. Andernfalls, wie schon gesagt, könnte man eine Desintegration des Denkprozesses der Person hervorrufen.

Das Ziel bei der Integration von dissoziierten Aspekten der Identität eines Menschen ist es, ein neues Selbstbild zu erschaffen. Bezogen auf den Konflikt meiner Mutter war es folgendermaßen: Als sie die beiden Teile ihres Selbst zusammenbrachte (die „Mutter" und die „Jetsetter"-Person), tauchte ein sehr interessantes Bild auf. Die Vorstellung, die spontan in ihr erschien, war ein schimmernder, scheinender Merkur mit gigantischen Schwingen auf seinem Kopf, der dabei aber auch große, breite Füße hatte, die gut geerdet waren.

Demonstration: Glaubenskonflikte

Anmerkung der Herausgeber

Dee hat die meiste Zeit ihres Lebens an Asthma und Allergien gelitten. Besonders auf Katzen hatte sie sehr ernste Reaktionen. Robert ließ Dee ihren gegenwärtigen Zustand (Asthma und allergische Reaktionen auf Katzen) mit ihrem erwünschten Zielzustand vergleichen – sich gesund fühlen und verhalten, und sich so fühlen, wie wenn sie Katzen ausgesetzt ist. Als Robert sie fragte, was sie davon abhielte, ihr Ziel, gesund zu sein, zu erreichen, hatte sie ein Gefühl, das sie als „hilflos und wertlos" beschrieb, zugleich aber auch Wut, die damit verbunden war. Er ankerte dies Gefühl und bat sie, sich von diesem Gefühl in der Zeit zurückführen zu lassen, um seinen Ursprung zu entdecken. Sie entdeckte eine Serie von Erfahrungen, wo ihre Eltern sich stritten und miteinander kämpften und sie ignorierten, als sie ein Kleinkind war. Es ist immer erstaunlich, wie man ein bekanntes Gefühl bei einem Erwachsenen ankern und dies Gefühl nutzen kann, um den Klienten zu prä-verbalen Erfahrungen zurückzuführen. Es ist normalerweise der einfachste und schnellste Weg, eine Altersregression zu erreichen, um den Ursprung von problematischen Prägungen zu finden.

Die Erfahrungen, die Dee zurückrufen konnte, hatten damit zu tun, daß sie in ihrem Kinderbettchen lag und weinte und Zuwendung bzw. Aufmerksamkeit brauchte, aber diese Aufmerksamkeit nicht bekam, weil ihre Eltern miteinander stritten. An diesem Punkt in der Arbeit mit Dee nutzte Robert das Verfahren des Re-Imprinting, wie in Kapitel IV beschrieben, zugeschnitten auf Dees spezifischen Fall.

Wenn man einer Person geholfen hat, die angemessenen Ressourcen zu gewinnen, die nötig waren, um die Probleme aus der persönlichen Vergangenheit zu lösen, die zu dem einschränkenden Glaubenssatz geführt hatten, kommt es oft vor, daß diese Person immer noch nicht all ihre Ressourcen in solcher Weise organisiert hat, daß sie ihr erwünschtes Ziel erreicht. Wie schon erwähnt, sind diese Ressourcen oft in getrennten „Teilen" organisiert oder in Aspekten der persönlichen Identität und stehen nicht in einer integrierten Weise zur Verfügung.

Die nun folgende Demonstration beginnt an der Stelle, wo Robert die Ergebnisse des Re-Imprinting mit Dee testet und einen größeren Konflikt entdeckt.

Robert: Geh zurück zu diesem Teil hier unten. (Führt ihre Augen zu der Position, in der sie waren, als sie das Gefühl von Hilflosigkeit während des Re-Imprinting hatte.)

Dee: Ich fühle mich neugierig und verängstigt.

Robert: Über...?

Dee: Ich spüre einen Anflug von Gefahr, als ob dort draußen etwas ist, das irgendwie erschreckend ist.

Robert: Was ist es, das immer noch da draußen ist? Was ist es, das du noch brauchst?

Dee: Was mir als erstes einfällt, ist, daß ich eine Garantie brauche, daß ich nicht verletzt werde, aber ich glaube, das wird nicht passieren. Ich habe das Gefühl, als wenn dort eine Art Zerstörung ist.

Robert: Ist es, daß „etwas" dich zerstören würde?

Dee: Ja. Es würde mich zerstören.

Robert: Weißt du, was es ist?

Dee: Es fühlt sich an wie ein schwarzes Loch.

(Zur Gruppe:) Hier ist ein Bild, das „sich anfühlt wie ein schwarzes Loch". Beachtet, daß Dee nach hier unten schaut, ein bißchen zu ihrer rechten Seite. Ihre Pupillen sind erweitert und sie beschreibt eine *Farbe.* Ihre Augenposition zeigt Gefühl an, und sie beschreibt zudem auch eine Farbe. Dies ist eine Synästhesie. Synästhesie ist, wenn man mehr als ein Repräsentationssystem zur selben Zeit erlebt. Das macht es für die Person oft schwieriger, innerlich einen Sinn in unangenehmen Erlebnissen zu finden – es ist, als wenn die Erfahrung in ihrem Geist weniger gut sortiert ist. Statt ein vollständiges Bild oder ein Geräusch zu bekommen, scheint es eher bruchstückhaft zu sein, und von innen heraus schwer zu entziffern. Es ist, als

wenn es ein Bild gibt, Geräusche gibt, aber sie strömen nur gerade eben unterhalb der bewußten Ebene. Meist ist sich die Person nur eines unangenehmen Gefühls bewußt. Ich sollte noch darauf aufmerksam machen, daß eine Synästhesie nicht immer dysfunktional ist, sondern oft assoziiert damit, ressourcevoll zu sein. Zum Beispiel benutzte Mozart Synästhesien in seinen kreativen Strategien. Bei einschränkenden Glaubenssätzen ist es allerdings so, als wenn die Gedanken in einer einzigen verwirrenden Repräsentation zusammengeklebt sind, wo man nicht klar sehen oder hören kann, was drinnen vorgeht.

(Zu Dee:) Du hast Angst, daß du irgendwie in dieses „schwarze Loch" hineingesaugt wirst und vielleicht nie wieder herauskommst?

Dee: Ja.

Robert: Und du möchtest so etwas wie eine Garantie dafür, daß du hinein- und hinausgehen kannst, was immer auch dieses schwarze Loch repräsentiert?

Dee: Ja.

Robert: Dieser hier sagt, keine Garantien (zeigt auf den Teil), aber ich würde dir nicht helfen, es zu tun, wenn wir nicht wenigstens garantieren könnten, daß du nicht zerstört würdest. Wie könntest du das explorieren und garantieren, daß du hineingehen könntest ohne zerstört zu werden? Was ist die Ressource, die du brauchst? In anderen Worten –

Dee: Ich fühle, daß es außerhalb von mir ist... als wenn dort draußen etwas Reales wäre, das mich zerstören könnte.

Robert: Wo draußen?

Dee: Da draußen in der Ferne (zeigt).

Robert: Ist es innerhalb deiner Erinnerungen, diese Ferne?

Dee: Nein, es ist in der Ferne da draußen (zeigt).

(Zur Gruppe:) Dies ist eine interessante Sache. Ist es da draußen (zeigt weg von Dee) oder ist es hier drinnen (zeigt auf ihren Körper).

(Zu Dee:) Ist es ein Teil von dir? Wir wollen nicht, daß du zerstört wirst, und wir wollen nicht sagen, daß etwas nicht real ist, wenn es real ist. Du hast ein Gefühl von Neugier jetzt ...

Dee: Ja. Ich bin wirklich neugierig.

Robert: Wie kann man dabei vorgehen, etwas zu erforschen, was weit draußen in der Ferne ist, ohne daß es das eigene Leben gefährdet? Dafür hat man übrigens Augen. Wenn ich sehe, daß dort drüben etwas passiert (zeigt weg von Dee), weiß ich allein dadurch, daß ich es sehe, daß es da ist. Ich habe dann mehr Schutz für mein Leben, als wenn ich nie soweit gegangen wäre.

Dee: Das Problem ist, daß es dunkel ist. (Lacht)

Robert: Es scheint, als gibt es eine Ressource, die du brauchst, so daß du nicht hingehen mußt, sondern es dir zuerst anschauen kannst. Was wäre, wenn du Licht hättest? Wenn du einige deiner Ressourcen, zu visualisieren, mit zu der Situation nimmst, würde das helfen?
Dee: Ja.
Robert: Mach folgendes. Richte deine Augen nach hier unten (deutet dorthin, wo Dee die Stelle des schwarzen Lochs gezeigt hatte), so daß du ein Gefühl dafür bekommst, was es ist – und es ist weit draußen in der Ferne. Es ist nicht nah genug, um gefährlich zu sein. Und indem du es in der gleichen Entfernung hältst, schau nach oben und sieh es draußen in der Ferne. Laß es nicht näher an dich herankommen, so daß es dich gefährden könnte.
Dee: Ja. Es fühlt sich an wie ein Strudel.
Robert: Was siehst du? Fühle es nicht, sieh es.
Dee: Es ist schwer, Licht darauf zu bringen. Ich fühle Licht überall um es herum, aber ich fühle kein Licht *darauf*, und es fühlt sich an wie ein Strudel, der mich einsaugen und mich zerstören könnte.
Robert: Es ist eine andere Art der „Nebelwand". Du kannst also kein Licht darauf bringen. Was ist es? Vielleicht ist es ein anderer Teil von dir.
Dee: OK. Ich sehe es jetzt. Es ist ein Teil, der sehr impulsiv und verrückt ist.
(Zur Gruppe:) Wir sind bei einem Identitätsthema gelandet. Sie sagt: „Es ist ein Teil, der Ich sein könnte. Ich könnte in das hineinfallen und sehr impulsiv und verrückt sein." Das ist sehr real. Ich kenne Leute, die dieser Art von Impulsen nachgegeben haben. Diejenigen von euch, die mit anderen Menschen arbeiten, haben wahrscheinlich Leute gesehen, die in dieser Art Strudel agieren. Ich habe vorhin schon erwähnt, daß einige Leute versuchen, einen Teil wie diesen in ihrem eigenen Irrenhaus einzusperren, oder ihn in einem Käfig halten, so daß sie ihn meiden. Wenn man das tut, wird man nie fähig sein, den Konflikt zu lösen und er wird immer da sein, warten, um dich in den Strudel zu saugen.
(Zu Dee:) Was versucht der Teil dort draußen für dich zu tun? Will er dich aufsaugen und dich zerstören?
Dee: Es ist, als wenn die Neugier mich dazu bringt, hineingehen zu wollen. Es ist, als wenn die Neugier auch gefährlich ist.
Robert: „Die Neugier brachte die Katze um" (Dee hat eine ernste Allergie auf Katzen), aber mach dir nichts draus, „Katzen haben neun Leben". (Gelächter) In gewisser Weise geschehen hier zwei Dinge. Der Teil selbst ist impulsiv, nicht unbedingt neugierig.
Dee: Nein, er ist *sehr* gefährlich. Es ist wie der reine Impuls. Er denkt überhaupt nicht.

Robert: Ist das seine Absicht? Frag den Teil, ob er die Absicht hat, dich zu zerstören und dich aufzusaugen und völlig impulsiv zu sein.
Dee: Nein. Er will Spaß, Aufregung und Abenteuer.
Robert: Er möchte also Spaß, Aufregung und Abenteuer. Er will keine Lebensbedrohung und strudelmäßig-einsaugende Zerstörung.
Dee: Stimmt.
Robert: Du hast jetzt die Katze aus dem Sack gelassen und entdeckt, daß ihre Zähne und Krallen nicht so scharf sind, wie du gedacht hast. Hattest du jemals eine Katze als du klein warst?
Dee: Nein.
Robert: Hast du überhaupt jemals ein Tier gehabt?
Dee: Nein.
Robert: Jemals, soweit du dich erinnern kannst?
Dee: Ja.
Robert: Dieser Teil möchte Spaß und Aufregung, und du hast diesen anderen Teil mit der Neugier. Es ist die Kombination von Neugierig-Sein mit Spaß und Aufregung, die dich darin festhalten könnte. Mit anderen Worten enthält der Strudel zwei Dinge, die sich aufeinander beziehen. Der Strudel ist weder der eine Teil noch der andere. Welche Ressource würdest *du* brauchen, um in der Lage zu sein, Spaß und Aufregung und alles, was der Teil möchte, zu haben, aber nicht darin gefangen zu sein und zerstört zu werden? Mit anderen Worten, damit du nicht deine Identität verlierst und in das Chaos aufgesaugt wirst?
Dee: Mein erster Gedanke war, es zu analysieren, aber wenn ich es analysiere, geht alle Neugier weg.
Robert: Wenn du es also analysierst, geht all die Neugier weg, und wenn du neugierig wirst, gibt's keine Analyse.
Dee: Genau.
(Zur Gruppe:) Was wir wiederum hören, sind dissoziierte Prozesse. Wie kriegen wir Analyse und Neugier zusammen? Hier sind zwei Ressourcen, die keine Möglichkeit haben, zusammenzuarbeiten. Ist es eine Strategie? Wie kannst du neugierig und analytisch gleichzeitig sein?
(Zu Dee:) Laß uns uns mit dem neugierigen Teil beschäftigen. Wo ist dein neugieriger Teil?
Dee: Ich bin jetzt neugierig.
Robert: Oh! So, du bist also neugierig. Wo ist der analytische Teil von dir?
Dee: Er schaut gewissermaßen zu.
Robert: OK. Diese beiden haben keine große Überlappung miteinander. Laß uns jeden in eine Hand setzen.

Dee: Dies würde die Analyse sein (zeigt mit der rechten Hand). Sie hat einen Geschäftsanzug an.
Robert: Wahrscheinlich angemessen. Sie hat einen Geschäftsanzug an. Laß uns zu diesem Teil gehen (zeigt auf die linke Hand). Wie sieht dein neugieriger Teil aus?
Dee: Das ist die Künstlerin.
Robert: Sie ist also Künstlerin.
Dee: Mhm.
Robert: Wie sieht der andere Teil von dir da draußen aus? (Zeigt) Der „Spaß-Aufregungs-Teil"?
Dee: Eine Menge Schwierigkeiten (lacht).
Robert: Wie sieht sie aus da draußen?
Dee: Das möchte ich dir nicht erzählen. Das muß ich zensieren (lachend).
Robert: Das ist in Ordnung. Wir können es an deiner Physiologie und der Veränderung deiner Hautfarbe erkennen. Wiederum haben wir dissoziierte Erfahrungen. Was denkt die analytische von der anderen Seite, wenn sie hinüberschaut zu der kreativen Seite?
Dee: Sie denkt nicht viel über sie. Sie ist frivol.
Robert: Sie denkt, sie ist frivol. Ist es ihre Absicht (zeigt zur linken Hand), frivol zu sein?
Dee: Mhm.
Robert: Sie will frivol sein? Das ist ihr Lebensziel?
Dee: Ja. Sie will neugierig sein und Bilder malen und kreativ sein, und nicht Geld verdienen.
Robert: Und *nicht* Geld verdienen oder kümmert sie sich nur nicht darum?
Dee: Sie kümmert sich nicht darum, was dazu führt, das sie kein Geld verdient.
Robert: Bewegt sie sich weg vom Geld? So hast du es zuerst gesagt.
Dee: Nein, sie geht nicht weg davon, sie wird einfach nur in „Dinge" involviert, die nichts mit Geldverdienen zu tun haben. Sie ist in keinster Weise verantwortlich für irgend etwas. Sie bezahlt keine Rechnungen und macht das Waschbecken im Badezimmer nicht sauber und ...
Robert: Aber sie ist dennoch auch notwendig.
Dee: (Zögern)
Robert: Nun laß einmal diese (zeigt zur linken Hand) zu dieser hinschauen (zeigt auf die rechte Hand).
Dee: Sie denkt, die andere ist langweilig.
Robert: Großartig! Du hast also eine Auswahl zwischen langweilig-sein und frivol-sein (Gelächter). Das erinnert mich an eine Zeile in einem Woody Allen-Buch. Er sagt: „Auf der einen Seite gehen wir auf äußere Zerstörung und Verdammung

zu, und auf der anderen Seite auf Verschwendung und Sinnverlust. Ich hoffe bei Gott, daß wir eine glückliche Hand dafür haben, die richtige Wahl zu treffen." (Gelächter).

(Zur Gruppe:) Ihr könnt anfangen zu sehen, wie Double-Binds auftreten. Wenn sie das Waschbecken reinigt, ist sie verantwortungsbewußt, *aber* langweilig. Wenn sie das andere macht, ist sie kreativ, und es gibt ihr etwas von Bedeutung, *aber* sie ist frivol. Es ist letztlich wieder exzitatorisch (anregend) und inhibitorisch (hemmend). Wir haben außerdem noch diesen anderen Teil (macht eine Handbewegung dorthin) dort draußen, zu dem wir noch zurückkommen werden.

Wir wollen zu dem Punkt kommen, wo wir herausfinden können, wie wir jeden dieser Teile dazu bringen können, zusammen zu arbeiten.

(Zu Dee:) Diese hier (zeigt zur rechten Hand) muß auch Ressourcen in der hier (zeigt auf die linke Hand) finden.

Dee: Sie schätzt die Kreativität.

Robert: Du siehst, Kreativität kann auch etwas Praktisches sein, denn wenn du nur an mechanischen Verhaltensweisen klebst, tust du vielleicht etwas, das unpraktisch ist, einfach nur aus Gewohnheit.

Dee: Mhm.

Robert: Genauso muß diese (rechte Hand), wenn du kreativ bist, (linke Hand) das umsetzen. Dies ist diejenige, die dafür sorgt, daß Dinge in der realen Welt stattfinden.

Dee: Sie (linke Hand) hat wirklich viel Wertschätzung für diese (rechte Hand). Nur denkt sie einfach, sie ist langweilig.

Robert: Aber sie sieht ihren Wert.

Dee: Ja, sie sieht ihren Wert.

Robert: Was wäre, wenn du diese beiden dazu kriegen könntest, nicht mehr voneinander getrennt zu sein, sondern zu einem Teil von dir zu werden, der sowohl kreativ als auch praktisch sein kann?

Dee: Das ist nicht möglich.

Robert: Was macht das unmöglich?

Dee: Weil das ein Kompromiß ist.

(Zur Gruppe:) Was wir hören ist, wir werden uns darauf nicht einlassen, denn dann müßten wir miteinander einen Kompromiß eingehen und würden uns gegenseitig beeinträchtigen ...

(Zu Dee:) Ich möchte nicht, daß du eine der beiden beeinträchtigst oder Abstriche machen läßt. In der Tat ist im Augenblick keine der beiden in der Lage, ihre Sache besonders gut zu machen, weil jeweils die andere sie immer davon abhält. Wie könntest du einen Teil von dir haben, der die *vollen* Ressourcen von beiden hätte,

der genauso kreativ ist, wie dieser hier (linke Hand), aber auch genauso praktisch wie dieser (rechte Hand) – wobei du nichts aufgeben müßtest? Du fügst nur Ressourcen hinzu. Wie könntest du etwas kreieren, so daß du genau so viel von dieser hast (rechte Hand) wie von dieser (linke Hand)? Was zur Zeit passiert, ist, daß sie sich gegenseitig stoppen.

Kennst du jemand, der sowohl kreativ ist als auch sachlich-praktisch, niemals faule Kompromisse eingeht, nicht langweilig ist und nicht frivol?

Dee: Ich weiß vielleicht jemanden. Kann ich jemanden erfinden, von dem ich glaube, daß er so sein könnte?

Robert: Ja. Was macht er? Wie hält er die Balance und bringt diese Dinge zusammen, so daß keiner der beiden beeinträchtigt wird und beide vollen Zugang zu den gesamten Ressourcen haben?

Dee: Mmm ... Ich weiß nicht soviel von ihrem Leben. Kann ich was erfinden?

Robert: Natürlich. Du kannst es so machen, daß diese kreative (linke Hand) ein paar Teile erschaffen kann, und diese hier (rechte Hand) kann es austesten, um zu sehen, ob es praktikabel ist. So bringt der kreative Teil neue Möglichkeiten hervor, und der andere Teil überprüft sie für dich.

Dee: Oh! (Lange Pause) Diese kreative (linke Hand) kommt mit absolut außerordentlichen Ideen, von denen diese (rechte Hand) weiß, daß sie absolut nicht durchführbar sind.

Robert: Das ist wunderbar. Anstatt also die Ideen zurückzuweisen, laß diese (rechte Hand) sie verfeinern. Je weniger durchführbar sie anfangs sind, desto mehr neue Möglichkeiten lassen sie zu. Wenn du sie verwirklichst, findest du vielleicht, daß du Lösungen hervorbringst, bei denen andere Leute steckengeblieben sind, weil sie nicht von solch einem außergewöhnlichen Blickpunkt ausgegangen sind. Kannst du das tun?

Dee: Mhm. Bin schon dabei. Diese hier (rechte Hand) mag die Ideen, aber will sie aufgrund von Geldmangel noch nicht sofort umsetzen.

Robert: Mach weiter, und laß sie diese Ideen so umwandeln, daß du sie entweder ohne Geld umsetzen kannst oder so, daß sie dir den Weg zu Geld weisen.

Dee: Oh! OK.

(Zur Gruppe:) Was passierte, bevor wir anfingen, zwischen diesen Teilen zu verhandeln, war, daß sie sofort von der Hand gewiesen wurden. Nun haben wir einen Feedback-Rahmen zwischen ihnen geschaffen. All das macht logischerweise Sinn, aber bevor es nicht installiert wird, macht eine Person es nicht.

Dee: Diese hier (rechte Hand) muß wissen, wo das Geld ist, weil sie das nicht weiß.

Robert: Da kann diese (linke Hand) helfen.

Dee: Mhm. (Ihre Hände beginnen, sich mit ideomotorischen, kleinen ruckartigen Bewegungen aufeinander zu zu bewegen.)
(Zur Gruppe:) Ihr könnt sehen, daß sie ihre Hände nicht bewußt bewegt.
Dee: Dies ist eine ziemlich vorsichtige Beziehung.
Robert: Das stimmt.
Dee: Es gibt ein bißchen Vertrauen, aber nicht besonders viel.
Robert: Was brauchen sie, um in der Lage zu sein, einander zu vertrauen?
Dee: Erfahrung. Sie müssen weitermachen und die Ressourcen des anderen ausprobieren und erfahren.
Robert: Es gibt etwas, was uns noch fehlt. Jetzt haben wir all diese Ideen hier, aber wann wird der Spaß und die Aufregung dazu kommen? Wenn du erst einmal eine solide Grundlage hast und diese Integration in Gang bringst, dann brauchst du keine Angst mehr zu haben. Denk einmal in Form einer Metapher aus der Chemie darüber nach. Wenn ich zwei Dinge zusammenzubringen hätte, würde ich vielleicht eine chemische Reaktion bekommen. Aber wenn ich dieses hinzufüge und jenes und noch etwas anderes, dann bekomme ich plötzlich eine Lösung, die völlig anders ist. Hier gibt es wahrscheinlich noch viel mehr als eine chemische Metapher, weil du in der Tat chemische Veränderungen im Gehirn bekommst, wenn du die neurologischen Muster, die mit jedem dieser Teile verbunden sind, miteinander integrierst.
Dee: (Ihre Hände bewegen sich immer noch langsam aufeinander zu) Das hier ist verrückt (lachend).
Robert: Je verrückter es ist, desto mehr bist du auf der richtigen Spur.
Dee: OK. Ich bin mir darüber nicht zu sicher! (Lachend).
Robert: Dies ist der praktisch-sachliche Teil (rechte Hand), der gerade spricht. Du mußt bei dieser Sache praktisch sein.
Dee: Da ist ein Teil von mir, der sagen will, „weiter so“, „weiter so“.
Diese hier (rechte Hand) ist wirklich unglücklich mit dem da draußen (zeigt nach außen) und will ihm mit dem Finger drohen.
Robert: Oh. Dieser praktische Teil (rechte Hand) klagt also den Spaßigen da draußen an.
Dee: Sie will ihm Vorhaltungen machen und ihn zurechtstutzen.
Robert: Versteht diese Praktische (rechte Hand), daß die Absicht von ihr dort nicht ist, Schlechtes zu tun und dafür Vorhaltungen gemacht zu bekommen, sondern sicherzustellen, daß du Spaß und Aufregung hast?
Dee: Richtig. Sie versteht es...
Robert: Aber sie akzeptiert nicht die Art und Weise, in der sie das tut.
Dee: Oder daß sie es tun *möchte.*

Robert: Sie hat kein Vertrauen, das ist es, was sie möchte.
Dee: Entweder das oder daß sie es in der falschen Art und Weise tun wird.
(Zur Gruppe:) An dieser Stelle kommt etwas von der Verdrängung und den Konfliktpunkten hinein.
(Zu Dee:) Glaubt diese Spaßige (zeigt nach draußen), daß sie Spaß und Aufregung mit diesen beiden haben könnte, wenn du diese dazu bringst?
Dee: Mhm. Aber diese Praktische (rechte Hand) glaubt das nicht. Diese hier ist wirklich rigide und will, daß es in einer bestimmten Weise getan wird, die schon jetzt nicht funktioniert.
Robert: Weiß sie das?
Dee: Ja.
Robert: Also, obwohl die Praktische Spaß haben will, ist sie immer noch in dieser Rigidität gefangen? Dann verhält sie sich in einer Weise, wie sie gar nicht will. Welche Ressource braucht dieser Teil, um sich anders zu verhalten?
Dee: Er braucht Erfahrung, die er nicht hat.
Robert: Wie reagierst du in einer Situation, in der du noch keine Erfahrung hast? Dies hier ist ein sehr wichtiger Punkt, der direkt mit der Identität zu tun hat. Du wirst eine andere Person sein. Wie wirst du fähig sein, zu wissen, welche Ergebnisse herauskommen, bevor du es versucht hast? Das Double-Bind dabei ist, daß du denkst: „Ich vertraue ihm, nachdem ich es erfahren habe, aber ich werde es nicht erfahren, bevor ich ihm nicht vertraue." Ich will dir nicht erzählen: „Vergiß den Teil mit dem Vertrauen, geh einfach drauf los und tu es." Das würde wahrscheinlich diese Kreative (linke Hand) sagen und die Praktische (rechte Hand) würde sagen: „Nein. Versuch bloß nichts."
Dee: Richtig. Genau.
Robert: Wie kannst du es machen? Die Kreative hier (linke Hand) weiß es.
Dee: Diese Kreative (linke Hand) weiß es in der Tat.
Dee: Die Abenteuerfreudige (draußen) läßt Filme ablaufen.
Robert: Was wäre, wenn diese hier Filme davon laufen lassen würde, wie man es machen kann und einige solcher Erfahrungen haben kann, und dann laß es diese (rechte Hand) in bezug auf die praktische Umsetzung bewerten.

Die Kreative (linke Hand) wird ihn starten, und die Praktische (rechte Hand) wird ihn stoppen und die Abenteuerfreudige (da draußen) wird den Film darüber zeigen, was passieren würde, wenn es weiterginge.
Robert: Und diese Praktische (rechte Hand) wird den Film editieren, um sicherzustellen, daß er innerhalb der Grenzen der Praktikabilität bleibt.
Dee: Ja. Dann kann die Kreative (linke Hand) ihr dort (draußen) mehr Information geben.

Robert: Es ist eine Strategie.
Dee: Ja, und dann kann die dort (draußen) den Film noch einmal abspielen und die Praktische (rechte Hand) wird es genehmigen oder nicht.
Robert: Wenn sie es nicht genehmigt, braucht sie es nicht gänzlich zurückzuweisen ... sie kann es verfeinern. Sie braucht nur zu sagen: „Das ist zu beanstanden! – Kannst du einen Teil davon verändern?“
Dee: Das stimmt. Das ist interessant. Die Praktische (rechte Hand) bekommt Information und kann Information geben, und diese hier (dort draußen) editiert und stellt alles zusammen, so daß es paßt.
Robert: Kannst du das tun?
Dee: Ja.
Robert: Kannst du sie alle zusammenbringen?
Dee: Sie sind alle zusammen. Tja, also ... diese dort (draußen) ist immer noch draußen, aber ich schätze, das ist OK.
Robert: Wir wollen sie auch hineinholen.
(Zur Gruppe:) Wir wollen sicherstellen, daß Dee gleichen Zugang zu allen Teilen hat. Wir wollen, daß sie integriert sind.
(Zu Dee:) Wie könntest du sie hineinholen, so daß dieser Teil von dir, der dieses unglaubliche schwarze Loch ausmachte, ein Teil von dir ist? So, daß es ein Teil deines integrierten Du ist, wo du Zugang zu allen deinen Teilen hast?
Dee: Dieser Teil (rechte Hand) denkt, wir sollten diesen Teil dort einfach draußen lassen.
Robert: Ich glaube, daß er das denkt. Aber das wird nicht funktionieren. Was müßtest du jetzt tun, dir zu erlauben, ein besseres Qualitätserlebnis zu haben? *Mehr* praktisch als unpraktisch zu sein?
Dee: OK. Er ist jetzt hier (in der linken Hand).
Robert: Also ist dieser Teil beides: kreativ *und* spaßig. Im Grunde nimmt sie einen kleineren Schritt. Wir werden diese (dort draußen) zuerst hierher (in die linke Hand) bringen.
Dee: (Die rechte Hand bewegt sich auf die linke Hand zu).
Robert: Diese Praktische (rechte Hand) ist ein klein wenig ängstlicher als diese Spaßig-abenteuerliche (linke Hand). Braucht diese (linke Hand) noch irgend etwas weiteres? Diese hier hat auch Angst um ihre eigene Identität.
Dee: Ich weiß, was diese hier (linke Hand) braucht und bringe es hinein.
Robert: Gut. An diesem Punkt möchte ich sicherstellen, daß alle Einwände berücksichtigt sind und beide das Gefühl haben, daß sie bequem zusammenkommen können, um einen neuen Teil für dich zu formen. Einen, der sowohl kreativ als auch spaßig als auch praktikabel, analytisch ist.

Dee: (Hände bewegen sich mit ideomotorischen Bewegungen aufeinander zu.) Es fühlt sich an, als wenn sie keine weiteren Einwände haben und bereit füreinander sind.

Zusammenfassung

(Zur Gruppe:) Während Dee nun fortfährt, diese Anteile von sich zu integrieren, laßt mich die Arbeit zusammenfassen, die wir hier gemacht haben. Wir begannen damit, daß wir Dees persönliche Geschichte mit Hilfe des Re-Imprinting geklärt haben. Manchmal, wenn man das macht, behält man dennoch Teile zurück, die im Konflikt miteinander stehen. So beginnt man dann, die Teile zu identifizieren, die im Konflikt stehen, indem man auf Asymmetrien in der Physiologie und in den Gesten achtet.

Dann laßt ihr die Person eine vollständige Repräsentation von jedem Teil machen und diese jeweils in einer Hand sehen, hören und fühlen. Dann laßt jeden Teil den anderen ansehen und über ihn nachdenken. Oft haben sie größere Einwände in bezug auf den anderen oder sie mißtrauen einander.

Als nächstes findet die *positive Absicht* oder das Ziel eines jeden. Häufig denkt jeder der beiden, daß der andere Teil negative Absichten hegt. Wesentlich für den Prozeß ist es, für jeden Teil auf die Ebene der Absichten zu kommen. Typischerweise wird kein Teil Einwände gegen die Absicht des anderen haben. Oft kann man mit beiden Teilen weiterarbeiten, bis sie eine gemeinsame Absicht finden, die sie teilen könnten – wie zum Beispiel gewährleisten, daß die Person ein bedeutungsvolles, wertvolles Leben hat.

Schließlich bringt ihr jeden Teil dazu, den anderen anzusehen und zu erkennen, welche Ressourcen existieren. Ihr könnt die Person an diesem Punkt veranlassen, jeden „Teil" als eine bestimmte Menge von Ressourcen zu betrachten. Wenn die Person all diese Ressourcen zur Verfügung hat, wird sie sicherlich wesentlich wirkungsvoller sein. Kongruent zu werden in bezug auf das, was ihr wollt, ist eine der wichtigsten Dinge, die ihr tun könnt.

Wir wollen auch, daß die Person realisiert, daß wenn die Teile ihre Ressourcen miteinander kombinieren, sie als eine integrierte Einheit viel powervoller sein wird, die ihre höheren Absichten und ihr gemeinsames Ziel erreichen kann.

Die Intention erlaubt ihnen zu beginnen, Ressourcen auszutauschen, so daß wir das Beste von beiden bekommen, um auf ihr gemeinsames Ziel hinzuarbeiten. So sehen wir an diesem Punkt die Teile zusammenkommen zu einem vereinten Teil, um die Person ganz, heil (whole) zu machen. Diese Art von Gefühl – ein „ganzer Mensch" zu sein ist etwas, das nicht einfach zu beschreiben ist, denn es ist „einfach Du".

Fragen

Mann: Du hast erwähnt, daß wir testen sollten, wenn die Integration vollendet ist. Wie testest du das?
Robert: Als Dees Hände zusammen kamen, stellte ich ihr eine Reihe von Fragen über ihre Fähigkeiten, Geld zu verdienen und praktische Sachen in einer spaßigen, kreativen Weise zu tun. Dees Antworten waren kongruent positiv, und sie gestikulierte mit beiden Händen in harmonischen Bewegungen.

Um herauszufinden, ob die Integration ganz und vollständig ist, beginne ich, die Person in geeignete Aktivitäten zu verwickeln.

Wenn es zum Beispiel um das Rauchen gegangen wäre, würde ich den Klienten zurückgehen lassen und über das Rauchen nachdenken und wahrnehmen, was passiert.

Dann halte ich nach einer integrierten Physiologie Ausschau. Wenn jemand sagt, daß das Bild des neuen Teils integriert ist, aber ich bemerke, daß sein Körper es nicht ist, gehe ich mit der Physiologie und weiß, daß es noch nicht vollständig ist.

Natürlich ist ein Verhaltenstest immer das beste. Wenn du eine Person tatsächlich in die Situation stellen kannst, die früher Probleme brachte und du nun eine neue und kongruente Reaktion bekommst, weißt du, daß etwas sich verändert und eine Integration stattgefunden hat.
Frau: Dee schien zu bestimmten Zeiten während dieses Prozesses verwirrt zu sein. Was ist damit?
Robert: Es gibt einen Unterschied zwischen „guter" und „schlechter" Verwirrung. Manchmal, wenn Leute verwirrt werden, ist es, weil sie gerade etwas integriert haben. Manchmal ist es, weil sie desintegriert sind. In beiden Fällen werden ihre Gedanken und Gefühle anders sein, nicht vertraut, und sie werden nicht verstehen, was vor sich geht.

Ein bißchen Verwirrung ist gut. Wenn du gerade konfligierende Teile integriert hast, ist die Welt im wahrsten Sinne des Wortes nicht mehr dieselbe. Dinge erscheinen sehr verändert. Im Gegensatz dazu gibt es andere Zeiten, wenn es scheint, als wenn du zwischen internen Teilen hin- und hergerissen bist, und du weißt nicht, ob du diesen Weg gehen sollst oder den anderen. Das ist die Art von Konfusion, die dich „festgefahren" hält.

Frau: Warum tust du die Teile in die Hände?

Robert: Der Grund, weshalb ich jemanden seinen „Teil" in die Hand nehmen und mit ihm reden lasse ist, weil ich etwas nehmen möchte, das nur ein Gefühl ist und visuelle und auditive Repräsentationen hinzufügen will. Ich möchte, daß Menschen Zugang zu mehr Bereichen ihres Gehirns bekommen, als nur zu einem Gefühl. Ich mache das auch als eine Art natürlichen Übergang aus der asymmetrischen Gestik.

Es ist weiterhin so, wenn man die Person den Teil in ihrer Hand sehen, hören und fühlen läßt, bringt man sie dazu, den Teil und seine Absicht von einer „Meta-Position" aus zu betrachten. Anstatt in ihm gefangen zu sein, ist die Person außerhalb und betrachtet ihn in einer anderen Weise, so daß sie eine neue Perspektive gewinnt.

Mann: Woher weißt du, ob du eher nach einer Prägung suchen oder eher eine Konfliktlösung machen sollst?

Robert: Wenn das Verhalten stark asymmetrisch ist und von links nach rechts wechselt, bleibe ich bei dem Kongruenzthema. Wenn jemand eher symmetrisch ist, aber eine Menge intensiver Physiologie mit dem Verhalten verknüpft ist, läßt mich das wissen, daß es sich wahrscheinlich um eine Prägung handelt.

Frau: Du hast von Asymmetrie gesprochen. Gibt es noch andere physiologische Hinweise (cues), die man beachten oder nutzen sollte?

Robert: Wenn eine Person sich in einem Konfliktzustand befindet, hat sie manchmal Schwierigkeiten, ihre Augen von einer Zugangsposition zur anderen zu bewegen. Man findet oft eine unterschiedliche Physiologie, die mit jeder der Augenbewegungen einhergeht. Wenn derjenige einen Glaubenssatz beschreibt, schaut er vielleicht nach oben links. Wenn er den konfligierenden Glaubenssatz beschreibt, bewegt er seine Augen vielleicht nach unten rechts. Wenn er eine Physiologie hat, die für jeden Teil seiner Identität sehr unterschiedlich ist, kannst du darauf wetten, daß seine mentalen Prozesse ebenfalls sehr unterschiedlich sind.

Wenn ich mit Menschen arbeite, stelle ich häufig die Frage: „Was hält Sie davon ab, Ihr erwünschtes Ziel zu erreichen?" Dann halte ich nach einer unmittelbaren unbewußten Reaktion Ausschau, die kommt, bevor derjenige eine Chance hat, bewußt darüber nachzudenken. (Dies wird die „Halbe-Sekunde"-Regel genannt.) Ich bin nicht so sehr an der verbalen Antwort interessiert wie an den non-verbalen Hinweisen, die in der ersten halben Sekunde auftauchen und mir zu erkennen geben, wie genau die Person festgefahren ist.

Manchmal findet man eine Diskontinuität in den Augenbewegungen, wenn die Person ihre Augen von einer Position zu einer anderen bewegt. Wenn sie ihre Augen von Ve (oben links) nach K (unten rechts) bewegt und man ein Zögern oder eine Abweichung von der Richtung findet, ist das eine Kommunikation darüber, daß etwas nicht angemessen integriert ist.

Wenn du eine Diskontinuität bei den Augenbewegungen findest, ist der erste Schritt, die zwei Physiologien miteinander zu integrieren. Das Ziel ist, dem Klienten zu helfen, die Augen leicht von einem Augenquadranten in den anderen zu bewegen. Man kann das machen, indem man ihm hilft, sich einen Zustand total zugänglich zu machen und in ihn hineinzugehen, und während er diesen Zustand hält, läßt man ihn die Augen in den Konfliktquadranten bewegen. Das Ziel dabei ist, der Person zu helfen, buchstäblich einen Zugang zwischen den zwei Quadranten zu erschaffen. Dies installiert einen neuen Pfad (pathway), um ihre Ressourcen zugänglich zu machen und gibt ihr mehr Wahlmöglichkeiten bezüglich ihrer Glaubenssätze und Verhaltensweisen.

Ein Weg, wie ihr euch auf Integration zubewegen könnt, ist also eine glatte (smooth) Bewegung zwischen den zwei Polaritäten herzustellen, und die Zugangshinweise der Augen können euch einen Weg dazu bahnen.

Ihr könnt euch auch in Richtung Integration bewegen, indem ihr Stimmlagen benutzt. Laßt die Person mit einer Stimmlage beginnen und dann langsam den Ton oder das Tempo verändern bis es so wird, wie die andere. Die Idee ist, Verbindungen zwischen den zwei im Konflikt stehenden Teilen zu schaffen.

Die beste Zeit, diesen glatten Übergang zu installieren (entweder visuell oder auditiv) ist, wenn die Person am Punkt ist, zu sagen: „Ich weiß nicht, was ich machen soll.“ Das kennzeichnet eine Sackgasse, und das Verbinden der beiden Teile wird oft einen unglaublichen Unterschied bewirken.

Zusammenfassung: Das Konflikt-Integrations-Modell

1. Identifizieren Sie die Glaubenssätze, die im Konflikt miteinander stehen und kalibrieren Sie sich auf die Physiologie eines jeden Teils im Konflikt. (Achten Sie besonders auf Asymmetrien.)
2. Bringen Sie die unterschiedlichen Glaubenssätze in je eine Hand und repräsentieren Sie die Glaubenssätze in allen Sinnessystemen. „Sehen Sie sich mit Glauben ‚X‘ in Ihrer rechten Hand“. Sehen Sie sich mit Glauben ‚Y‘ in Ihrer anderen Hand. Finden Sie heraus, welche Bilder, Stimmen, Geräusche und Gefühle mit jedem Teil verbunden sind.

3. Bitten Sie jeden Teil, den anderen anzusehen und zu beschreiben, was er sieht. Auf dieser Stufe werden sich die unterschiedlichen Teile oft nicht mögen und einander mißtrauen. Sie sollten sehen, daß eine Person, mit der Sie arbeiten, unterschiedliche Physiologien zeigt, wenn sie/er zwischen beiden Händen hin und her wechselt.
4. Finden Sie die positive Absicht und das Ziel/Zweck eines jeden Teils. Stellen Sie sicher, daß jeder Teil die positive Absicht des anderen erkennt und akzeptiert. Weisen Sie darauf hin, daß der Konflikt der Teile direkt das Erreichen der eigenen positiven Intentionen stört. Wenn nötig, gehen Sie auf die höhere Ebene der Intentionen von beiden.
5. Identifizieren Sie das gemeinsame Ziel, das beide miteinander teilen.
6. Veranlassen Sie jeden Teil, zu dem anderen hinüberzuschauen und die Ressourcen zu beschreiben, die der andere hat und die ihm selbst nützlich wären. Versichern Sie sich einer kongruenten Übereinkunft beider Teile, ihre Ressourcen zu kombinieren, so daß sie ihre positiven Absichten vollständiger erreichen können.
7. Wenn das Bild von einem der beiden Teile metaphorisch war, sehen Sie den Teil an diesem Punkt als Ihr eigenes Abbild.
8. Machen Sie den Vorschlag, daß die Teile sich in der selben Zeit zusammenbewegen, wie eine neue Identität erschaffen wird. Bekommen Sie eine volle Repräsentation in allen Sinnessystemen, die die Ressourcen beider Teile vollständig integriert. Kalibrieren Sie sich auf eine Integration/Symmetrie der beiden Physiologien, die die getrennten Teile begleitete.
9. Nachdem die Hände sich zusammenbewegt haben und die Integration vollendet ist, testen sie Sie in Zukunftskontexten, um sicherzustellen, daß es keine weiteren Ökologieprobleme gibt.

Kapitel VI

Kriterien

Kriterien und Werte sind eine spezielle Kategorie von Glaubenssätzen. Es sind die Glaubenssätze, die man darüber hat, warum etwas wichtig und lohnenswert ist. Sie sind sehr machtvoll und individualisiert.

Schreiben Sie, so als würden Sie jetzt laut antworten, Ihre Antwort auf die nächste Frage auf: „Was wünschen Sie sich in Ihrem Beruf?" Die Worte, die Ihnen in den Sinn kommen, werden Ihre Kriterien für einen Beruf repräsentieren. Wenn diese Kriterien im großen und ganzen in Ihrer Anstellung oder Position nicht erfüllt werden, werden Sie in Ihrer Arbeit unglücklich sein. Sie können sich selbst die Macht dieser Kriterien demonstrieren, indem Sie einem Freund/einer Freundin die gleiche Frage stellen und seine/ihre Kriterienliste aufschreiben. Tun Sie so, als teilen Sie ihm/ihr eine Aufgabe im Beruf zu, für die Sie zuerst die Worte Ihrer Kriterien verwenden, dann teilen Sie ihm/ihr dieselbe Aufgabe zu, und benutzen Sie seine/ihre spezifischen Worte. Wenn es nicht präzise dieselben Worte sind, werden Sie einen großen Unterschied in ihrer/seiner Physiologie sehen. Wenn Sie jemand auf etwas ‚scharf' machen wollen, verwenden Sie seine Kriterien, nicht Ihre eigenen.

Manchmal haben Leute Probleme in der Art, wie sie über ihre Kriterien denken und sie innerlich repräsentieren. Diese Probleme können in bezug stehen zu: (1) Hierarchie; (2) Grad; (3) Größe des „Chunks"*; (4) Identität und (5) Konflikte.

* Unter einem Chunk versteht man eine Sinneinheit

Hierarchie von Kriterien

Es ist wichtig, sich daran zu erinnern, daß jeder von uns seine Kriterien in einer Hierarchie anordnet. Sagen wir zum Beispiel, daß es für Sie wichtig ist, sowohl Spaß und Freude als auch ein gutes Einkommen zu haben. Sein Geld zum Leben zu verdienen, ist möglicherweise wichtiger, als Spaß zu haben, daher werden Sie Ihre Arbeit nicht hinschmeißen, um Skilaufen zu gehen.

Sie können Probleme haben, wenn Ihre eigene interne Hierarchie nicht in einer Weise geordnet ist, daß sie Ihnen am besten dient. Wenn der Genuß von Süßigkeiten Ihnen zum Beispiel wichtiger ist als Ihre Gesundheit, werden Sie vielleicht eine Menge zunehmen und krank werden.

Grad

Es gibt beim Umgang mit Kriterien die Frage des Grads. Wenn zum Beispiel Geldverdienen für jemand typischerweise wichtiger ist, als Spaß zu haben, man sich aber der Wahl gegenüber sieht, entweder eine Aktivität zu wählen, die *wirklich* Spaß macht oder eine Tätigkeit, wobei man nur ein bißchen Geld verdient, wird man möglicherweise die Aktivität wählen, die Spaß bringt.

Menschen können Probleme haben, wenn sie über die Frage des Grads in ihrem Denken unklar sind. Zum Beispiel werden einige Leute immer spaßbringende Aktivitäten ausschließen, um Geld zu verdienen. Sie kommen vielleicht deswegen zu Ihnen (zur Beratung oder Therapie), weil sie mit ihrem Leben unzufrieden sind.

Die Größe der Chunks

Manchmal haben Leute vage Definitionen für ihre Kriterien. Zum Beispiel mag jemand sagen: „Es ist wichtig, gesund zu sein." Sie fragen: „Was bedeutet es für Sie, gesund zu sein?" Um Ihnen zu antworten, muß derjenige eine weitere Liste von Kriterien aufführen, wie zum Beispiel viel Energie zu haben, sein Gewicht innerhalb eines bestimmten Rahmens zu halten, sich in einer bestimmten Weise zu fühlen, etc. Wenn Menschen es nicht durchdacht haben, woran sie erkennen, ob ein bestimmtes Kriterium erfüllt wird oder was die Unterkriterien oder die Kriterien-Äquivalenzen sind, sind sie vielleicht konfus, wie sie das, was sie wollen, erreichen können, oder auch überwältigt von der Idee, es zu erreichen. Wenn Sie ein Kriterium in seine Komponenten oder Teile zerlegen, werden Sie wissen, was es ist und was benötigt wird, es zu erfüllen.

Identität und Kriterien

Falls Sie beim Plan für den Kauf eines neuen Autos entscheiden, daß ein Sportwagen das „neue Sie" repräsentiert, wohingegen ein Kombi Ihre Verantwortung gegenüber Ihrer Familie repräsentieren würde, dann geht es hierbei nicht nur um Kriterien, dann geht es um Ihre Identität.

Ich möchte das am Beispiel des Rauchens deutlich machen. Einige Leute hören auf, zu rauchen, weil es andere Menschen stört. Sie hören auf, weil das Kriterium, von anderen wertgeschätzt zu werden, für sie mehr Gewicht hat, als das Vergnügen, das ihnen das Rauchen bereitet. Sie benutzen ihre Kriterien, um ihr Verhalten zu ändern. Es gibt jedoch andere Menschen, die die Frage dadurch komplizierter machen, daß sie sagen: „Wenn ich das Rauchen aufgebe, kann ich alles tun, was ich will. Ich kann (letztendlich) wirklich die Person sein, die ich immer sein wollte." Wenn Sie mit der ersten Person arbeiten, helfen Sie ihr, eine Gewohnheit zu verändern, eine Verhaltensweise. Wenn Sie mit der zweiten arbeiten, beschäftigen Sie sich damit, *wer* die Person *ist* und *wer* sie werden wird, und das Problem ist viel komplexer.

Konflikte von Kriterien

Innere Konflikte in uns sind oft Konflikte von Kriterien. Sie wollen zum Beispiel Aktivitäten unternehmen, die Spaß machen, aber Sie müssen gleichfalls auch Geld verdienen. Wenn Sie diese Aktivitäten als „entweder/oder" definiert haben, wird die eine zu haben immer die andere ausschließen. Sie werden sich betrogen fühlen, egal, welche Aktivität Sie wählen.

Mit dieser kurzen Einleitung über Kriterien und Werte möchte ich ein Problem explorieren, wo eine Person eine bestimmte Veränderung machen will, aber sich selbst davon abhält – beginnt, sich zu verändern, aber den Schwung verliert; oder in einen Konflikt kommt, wenn sie versucht, die Veränderung zu installieren. Ein allgemein bekanntes Beispiel für dieses Problem, das ich meine, ist, wenn Sie sich entschieden haben, Sport zu treiben, wenn es dann aber Zeit dazu ist, verschwindet der Vorsatz, und etwas anderes taucht auf, das Sie lieber tun möchten. Wenn das passiert, ist es fast immer ein Konflikt von Kriterien. Wer hat ein solches Anliegen?

Demonstration: Kriterien im Konflikt

Robert: Mary? Warum kommst du nicht nach vorn?
Mary: Immer wenn ich eine Diät anfange, halte ich mich für ein paar Tage daran, und dann beginnt der ganze Plan auseinanderzufallen.
(Zur Gruppe:) Mary hat also ein Problem, wo sie entscheidet, mit etwas anzufangen, was sie tun möchte, es aber dann nicht durchhält.

Ihr wirkliches Ziel ist nicht einfach abzunehmen, sondern neue Muster (patterns) bezüglich des Essen aufzubauen. Diät halten bewirkt oft keinen langfristigen Erfolg, weil es nicht notwendigerweise zu besseren Verhaltensmustern führt. Was bedeutet das Wort „DIÄT" („DIET") überhaupt? Es ist ein „die" (dt.: sterben) mit einem „t" am Ende. Ich glaube nicht, daß Diäten die effektivsten Wege sind, um abzunehmen. Wenn man abnimmt, verliert man erst Muskelgewebe und *dann* Fett. Wenn man wieder zunimmt, kommt zuerst das Fett und dann die Muskeln. Das Gewicht wird rauf- und runtergehen, während der Körper versucht, eine Homöostase zu erreichen. Es gibt Leute, die durch Diäthalten tausende Pfunde in ihrem Leben verloren haben, nur, um nach und nach alles wieder draufzukriegen. Ich nenne dies die „Rhythmus-Methode der Gürtelkontrolle" (rhythm method of girth control).

Was man für sich selbst tun muß, um ein gesundes Gewicht zu gewinnen und zu halten, ist, seine eigenen Essensstrategien und Kriterien so zu organisieren, daß sie wirklich in der Weise funktionieren, wie man es möchte.
(Zu Mary:) Du hast gesagt, daß du Diät machst und abnimmst bis zu einem bestimmten Punkt, und dann passiert irgend etwas. Was ist es, das dann passiert? Verlierst du an Willenskraft oder wirst du frustriert? Was genau passiert da?
Mary: Ich halte das neue Gewicht für eine Weile, und dann höre ich auf, es zu versuchen und nehme wieder zu. Eine Sache, die mir gerade einfiel, als du eben gesprochen hast, ist, daß ich vor ungefähr einem Jahr eine Diät aufhörte, nachdem ich 18 Monate lang sorgfältig mein Essen kontrolliert hatte. Ich beschloß, einfach meinen Körper sein natürliches Gewicht erreichen zu lassen, und seitdem habe ich wie verrückt zugenommen.

Robert: Du sprichst davon, deinen Körper einfach machen zu lassen, was er will. Worüber wir aber wirklich sprechen ist, deinen Geist und deinen Körper, beide, in Harmonie zu bringen.

Dein Ziel ist nicht nur abzunehmen, sondern auch eine schlankere Person zu sein, stimmt das? (Mary bestätigt durch Nicken.) Was würde es für dich bedeuten, eine schlankere Person zu sein?
Mary: Ich möchte mich leicht bewegen und in meiner Kleidung schön aussehen. Aber was noch wichtiger ist, ich möchte mich in meiner Kleidung gut fühlen. Ich möchte auch im Beruf kongruent sein. Als Therapeutin möchte ich mein Handeln in Beziehung zu meinem Gewicht und meinem Aussehen zusammen haben.
(Zur Gruppe:) In meiner gesamten Arbeit sammle ich nonverbale Information während wir ihre Ziele definieren. Augenbewegungsmuster sind ein Weg, wie sie uns Information anbietet. Wenn sie darüber spricht, sich leicht zu bewegen, bewegt sie ihre Augen nach unten, nicht exakt ein genauer kinästhetischer Zugang, aber hinunter in die Richtung.
(Zu Mary:) Was ist dir bewußt, wenn du daran denkst, dich leichter zu bewegen?
Mary: Ich bin mir hauptsächlich dessen bewußt, wie es sich anfühlt, sich so zu bewegen. Aber ich habe ein Gefühl, daß da oben auch noch etwas ist. (Zeigt nach oben rechts.)
Robert: Du hast also ein Gefühl und eine Art vages visuelles Konstrukt. Du möchtest gut aussehen. Wie denkst du darüber?
Mary: (Augen bewegen sich nach oben rechts) Ich visualisiere nicht gut, aber ich bin mir bewußt, daß da ein Farbblitz ist und auch Bewegung. Meine Erfahrung ist, daß, wenn ich über all dies nachdenke, ist es ziemlich vage, bezogen auf irgendwelche Bilder.
(Zur Gruppe:) Es gibt ein allgemeines Prinzip, das mir an dieser Stelle wichtig ist, zu erwähnen. Wenn man Leute, die etwas Bestimmtes sehr gut können, daraufhin befragt, (wie sie es tun) ist es für sie normal, eine klare, höchst detaillierte Repräsentation davon zu haben, was immer es auch ist, das sie gut können. Sie repräsentieren lebhaft ihren Erfolg. Wenn man sie über ihre Fehler oder Versagen befragt, haben sie oft nur vage Repräsentationen davon, und es gibt kaum irgendwelche physiologischen Reaktionen.

Wenn man im Gegensatz dazu Leute befragt, die Schwierigkeiten haben, etwas für ihren Erfolg zu tun, werden sie ihren Erfolg als eine sehr vage interne Repräsentation beschreiben und sehr wenig Physiologie zeigen. Fragt man sie nach all den Malen, wo sie versagt haben, bekommt man alle Arten von detaillierten Repräsentationen.

Ich habe kürzlich mit Leuten in einer Firma gesprochen, die „Sybervision" heißt. Neben anderen Dingen stellt sie Videos für die Performance im Sport her. Sie benutzen eine Reihe von NLP-Entdeckungen und -Methoden. Eine der Methoden, die sie anwenden ist, Bilder zu verlangsamen (wie z. B. das Bild eines korrekten Golfschlages) und es immer wieder zu wiederholen, so daß derjenige, der dies trainiert, eine Referenzvorstellung hat, die er als Modell benutzen kann. Je mehr euer Hirn etwas wahrnimmt, und je mehr Ebenen von Details ihr habt, desto mehr werdet ihr fähig sein, es zu tun; ganz gleich, ob es Erfolg ist oder Versagen.
(Zu Mary:) Was ist das für ein Bild, das du hast? Assoziiert oder dissoziiert? Wie etwas, das du schon einmal gesehen hast oder eher wie ein Konstrukt?
Mary: Wie ein Konstrukt.
Robert: Wie ist es mit „dich in deinen Sachen gut fühlen"?
Mary: (Augen nach unten rechts) Damit habe ich mehr Erfahrung. Ich kann es fühlen.
Robert: OK. Wenn du an die Idee der Kongruenz in bezug auf deinen Beruf denkst, was passiert innen?
Mary: Ich bin mir wieder nicht sicher, was ich im Inneren mache. Ich habe ein sehr gutes Gefühl über mich selbst als Therapeutin, und ich habe viele Bilder und Vorstellungen über die Male, wo ich effektive Arbeit gemacht habe. Irgendwie passen diese Bilder nicht damit zusammen, daß ich Übergewicht habe.
Robert: Du sprichst über eine Art Vergleich. Was wird da verglichen? Vergleichst du die Bilder miteinander oder Bilder mit einem Gefühl in deinem Körper?
Mary: Die Bilder passen nicht zu meinen Gefühlen über mich selbst.
Robert: Mary, denk an eine Zeit, als du die Gelegenheit hattest, entweder neue Eßgewohnheiten beizubehalten oder zu den alten zurückzugehen, und die alten haben sich durchgesetzt. Was passierte da?
Mary: Manchmal kann ich gerade so eben ein klein wenig über dem Zielgewicht bleiben, das ich mir gesetzt habe. Wenn ich nah heran komme, ist es fast, als wenn dort eine Barriere wäre. Je näher ich herankomme, desto mehr ziehe ich mich davon weg.
Robert: Was genau passiert, wenn du dich davon wegziehst? Wie manifestiert sich das „Dich-Wegziehen"? Gib mir einen Kontext.
Mary: Ein Gefühl, daß Leute mich mehr ansehen, als mich gefühlsmäßig wahrnehmen.
Robert: Was bedeuten diese Kriterien für dich? Bedeutet das, daß du nicht beurteilt werden willst? Daß sie das wahre Du kennenlernen ...?
Mary: Es ist so als würden sie mich oberflächlich sehen, und Anschluß an das verlieren, was ich fühle, das ich bin.

Robert: Also Anschluß verlieren an das, was du fühlst, das du bist. Ist da noch mehr?
Mary: Ich mag wirklich Vielfalt in der Wahl meines Essens, und intensiv schmekkende Gerichte. Wenn ich mich nicht zurückziehe, habe ich Angst, daß ich das in meinem Leben verliere.
Robert: Vielfalt verlieren. Anschluß daran verlieren, wer du bist. Hier sind eine Reihe „weg von"-Metasortierungen. Das sind „matched negatives"; Mary versucht zu vermeiden, sich einem Negativ anzugleichen. Ihr erwünschtes Gewicht zu treffen, würde bedeuten, daß andere Menschen das Gefühl davon verlieren, wer sie ist und daß sie eine Person werden würde, die diese bestimmte Vielfalt in ihrem Leben nicht mehr hätte.
Robert: Wenn du dir Sorgen darüber machst, daß Leute auf dich nur oberflächlich reagieren könnten und nicht darauf, wer du wirklich bist, wie machst du es, besorgt zu werden?
Mary: Ich habe das Gefühl, irgendwie den Platz zu wechseln in Beziehung zu mir selbst. Daß ich mich irgendwie auch in der Vorstellung, die ich von mir selbst habe, dissoziiere. Ich höre auch einen Satz im Kopf; einen, von dem ich gedacht hatte, daß ich mich schon früher genügend mit ihm befaßt hätte. Einmal, als ich auf ein Gewicht herunter kam, das meinem natürlichen Gewicht näher kam, sagte mein Mann, egal wieviel Gewicht ich verlieren würde, ich würde immer eine birnenförmige Figur haben.
Robert: Ah ha! Da ist also ein A (Auditiv erinnert) mit einem ziemlich großen K (Kinästhetisch). Was noch? Du sagtest, du hättest irgendwie „den Platz gewechselt"?

Du bist immer noch in diesem negativen Gefühl, nicht? Wir haben also dieses Set von Repräsentationen und plötzlich ist da dieses negative K-Gefühl, das nicht so ist, wie die anderen Repräsentationen. Es ist mehr wie ein „K zum Quadrat", ein „Mega-Gefühl".

Du hast also diese Stimme gehört und dieses schlechte Gefühl bekommen. War das alles, was du gehört hast, oder gab es noch eine andere Stimme oder einen anderen Satz? Hat diese Stimme andere Erinnerungen oder Gedanken hervorgebracht?
Mary: (Schaut nach oben rechts) Ähm ... die Birnenform, die ich im Geist sehe, ist die Form, die ich an meiner Mutter sehe.
Robert: Ist es ein erinnertes Bild?
(Zur Gruppe:) Dort hat sie eine Birnenform. *Jetzt* sagt sie, daß sie das sieht.
(Zu Mary:) Siehst du das buchstäblich? Ist es ein klares Bild? Ich habe gesehen, wie du die Form in der Luft nachgezogen hast.
Mary: Es ist sicherlich ein klareres Bild, als ich es von meinem Idealselbst machen könnte.

Robert: Wenn du diese Form siehst, siehst du auch ein Bild deiner Mutter? Wie bringst du es in Beziehung zu deiner Mutter?
Mary: Ich kann Bilder von ihr sehen, die ins Blickfeld hineinkommen und verschwinden, Bilder, wo sie nicht angezogen war. Ich sehe eine Anzahl von Situationen.
Robert: Wieviele Bilder würdest du sagen, hast du?
Mary: Zwei oder drei.
Robert: Also drei V_e (visuell erinnerte) Bilder.
(Zur Gruppe:) Wir können uns die Art anschauen, wie sie diese Erfahrungen repräsentiert und beginnen wahrzunehmen, daß die Repräsentationen ungleich sind. In den Bildern ihres erwünschten Zielzustandes hatte sie nur einen Farbblitz und ein Gefühl von Bewegung. Hier hat sie eine viel reichere Repräsentation. Es ist buchstäblich anders repräsentiert. Was wir tun müssen ist, sie auszubalancieren und die Gleichung stimmig zu machen.
(Zu Mary:) Laß uns den Punkt mit der Vielfalt nochmal nehmen. Wie denkst du darüber, Vielfalt zu verlieren?
Mary: Das hängt mit der Idee einer Diät zusammen. Diät schränkt deine Wahlmöglichkeiten ein.
Robert: Was ist da?
Mary: Es ist eine entweder/oder-Situation. Es ist nicht, ich kann Vielfalt haben und kleinere Portionen. Es ist, entweder kann ich Vielfalt haben, oder ich kann nicht genug haben.
Robert: Alles, was ich an diesem Punkt, wenn du dir über das Verlieren von Vielfalt Sorgen machst, wissen muß ist, wie ist das? Was passiert in dir?
Mary: Ich sehe keine Bilder, aber wenn ich da oben hinschaue (blickt nach oben rechts), dann habe ich nicht annähernd den Kampf mit dem Verlust von Vielfalt.
Robert: Also ist die Vielfalt irgendwie mit diesem inneren auditiven Ding assoziiert. Richte mal deine Augen nach hier unten (zeigt auf ihre linke Seite). Wie wirst du Vielfalt verlieren?
Mary: Ich habe keine Worte, nur einfach eine große Menge Donner in meinen Ohren.
Robert: OK, ein Donnergeräusch.
(Zur Gruppe:) Wenn wir ihren Zugang beobachten, wissen wir, daß ihre Repräsentation klar auditiver, innerer Dialog ist. Uns kümmert aber zur Zeit einfach nur die Struktur. Wir haben zwei Seiten der Gleichung hier.

Hier ist der letzte Schritt, bevor wir beginnen, all dies zusammenzubringen. Wir wollen eine innere Repräsentation finden, die größer ist, als die Stimme ihres Mannes, der sagt, sie ist birnenförmig, und das erinnerte Bild vom Körper ihrer Mutter, der birnenförmig aussieht.

(Zu Mary:) Gab es jemals eine Zeit in deinem Leben, wo du etwas getan hast, das zum Verlust von Vielfalt führte und das du noch einmal machen würdest, selbst wenn deine Wahlmöglichkeiten eingeschränkt würden?

Mary: Lernen! Lernen, lernen, lernen, lernen.

Robert: Lernen! Und wir haben fünf davon. Wie denkst du über lernen?

Mary: Ich kann mich verlieren und mich völlig in einer Aufgabe verlieren, oder ich kann eine Aufgabe erfüllen, die jemand anders mir gibt. So wie gestern, als du uns im Seminar eine Aufgabe gegeben hast. Ich konnte mir alternative Möglichkeiten ausdenken, diese Aufgabe zu erfüllen. Es war dennoch sehr einfach für mich, mich auf den Ansatz zu begrenzen, den du vorgeschlagen hattest, denn ich wollte deinen Ansatz lernen. (Marys Stimme wird schneller und ist etwas höher, was auf visuellen Zugang hinweist.)

(Zur Gruppe:) Während sie spricht, kann ich sehen, wie sie mehr Bereiche zugänglich macht.

(Zu Mary:) Wenn du das beschreibst, was passiert innerlich in dir? Du hast Worte, klar, und diese Worte haben auch eine bestimmte Tonlage und ein bestimmtes Tempo.

Mary: Ich fühle viel mehr Bewegung. Ich fühle mich viel lockerer.

Robert: Wie fühlst du dich lockerer? Kommt das Gefühl von Worten, oder Bildern?

Mary: Es ist ein sehr sprühendes Gefühl. Ich habe das Gefühl, daß ich mich wirklich bewegen kann.

Robert: Es ist ein sprühendes Gefühl. Du sagtest lernen, lernen, lernen, lernen, lernen, und dann hast du einen Satz zu dir selbst gesagt. Was hast du dir selbst gesagt?

Mary: Ich kann eigentlich nicht alle Worte hören, die ich mir selbst sage, aber da ist viel Rhythmus drin. Da ist auch eine Empfindung von viel verbaler Flexibilität.

(Zur Gruppe:) OK. Die Idee des Lernens gewinnt gegenüber der, keine Vielfalt zu haben. Es hat eine auditive Komponente, eine kinästhetische Komponente und eine visuelle Komponente; alle mit identifizierten Submodalitäten. Wir haben nun genug Information, um für Mary einen spezifischen Prozeß auszuwählen, um ihr dabei zu helfen, die Veränderung zu machen, die sie gern möchte. Es gibt mindestens drei unterschiedliche Methoden, die wir anwenden können, die dieses Kriterium allein nutzen.

Eine von ihnen nennt man Hebelwirkung oder mit Hebelwirkung arbeiten (leveraging). Mit Hebelwirkung zu arbeiten, bedeutet in diesem Fall, die höheren

Kriterien zu nehmen, die wir in der Situation identifiziert haben, wo sie ihre Wahlmöglichkeiten einschränkt (Lernen), und diese auf das Essen zu übertragen.

Wir wissen, daß die Kriterien des Lernens die Kriterien für Vielfalt übertreffen würden, und doch wendet sie sie nicht darauf an, das Gewicht zu gewinnen, das sie gewinnen möchte.

Mary: Ich mag das: „Das Gewicht gewinnen, das ich möchte", hört sich viel besser an als „abnehmen".

Robert: Und es kann sich auch lauter anhören. Wie kannst du daraus eine Lernaufgabe machen, so gewichtig zu sein, wie du willst, gut auszusehen, dich wohlzufühlen und ausgeglichen zu sein? Ist das nicht etwas, daß zu machen du auch *lernen* mußt?

Mary: Ich habe Körperarbeit studiert und ich bin mir bewußt, daß ich viel lerne über meinen körperlichen Sinn.

Robert: Wie kannst du lernen, so gewichtig zu sein, wie du möchtest, ohne einen Sinn für dich selbst oder Vielfalt zu verlieren?

Mary: Ich glaube, daß es möglich ist, aber ich habe keinen Beweis dafür, daß ich es kann.

Robert: Hast du einen Beweis, daß du lernen kannst, es zu tun?

Mary: Hm ... Ich habe einen Beweis dafür, daß ich eine Menge Dinge gelernt habe.

Robert: Ob du einen Beweis hast oder nicht, ist nicht relevant für das Lernen. Wenn du dir vornimmst, etwas zu lernen, weißt du nicht, was passiert. Du weißt aber, daß es andere Wege gibt, etwas zu tun. Es ist leicht für dich, einfach drauflos zu gehen.

Mary: Ich habe immer noch ein Gefühl hier (zeigt auf ihre Mittellinie).

Robert: Du hast immer noch dies Gefühl hier (zeigt auf die Mittellinie), daß du nicht in der Lage sein wirst, es zu tun. Mach dir bewußt, daß dieses Gefühl nirgendwo hinpaßt in der Repräsentation von Lernen. Wo kommt das her? Das ist anders als „du wirst dich selbst verlieren oder du wirst keine Vielfalt haben". Es hört sich an wie ein Glaubenssatz, daß du nicht fähig sein wirst, es zu tun. Wo kommt das Gefühl her?

Mary: Hier. (Zeigt auf ihre Mittellinie in der Brustgegend.) Es ist, als wenn ich es hier atme und fühle. (Ihre Augen füllen sich mit Tränen, und ihre Gesichtsfarbe nimmt zu.)

Robert: (Hilft ihr, den Zustand zu unterbrechen, indem er ihren Arm sanft berührt) OK. Übrigens, ich kann an deiner Physiologie sehen, daß dies wahrscheinlich das kongruenteste Gefühl ist, das du hast. Hier ist ein weiteres Thema. Du sprichst davon, birnenförmig auszusehen. (Sie zeigt wieder die Physiologie des

„Mittelliniengefühls"). In „Strukturen subjektiver Erfahrung*" haben wir eine Person beschrieben, die eine besondere Art einer Strategie hat. Birnenförmige Menschen benutzen im allgemeinen eine visuell-kinästhetische Strategie. Visuell oben und kinästhetisch unten (on the bottom), wobei die „bottom"-Linie (Anm. d. Übersetzerin: „bottom" ist doppeldeutig zu verstehen und heißt auch „Po") in der Tat kinästhetisch ist.

(Zu Mary:) Wenn du dein Gewicht veränderst, veränderst du deine Strategie. Du wirst eine andere Person. Die Art, wie du denkst, ist anders. Visueller Zugang wird in gewisser Hinsicht mehr Vorzug bekommen als die Kinästhetik, aber das bedeutet nicht, daß du deinen kinästhetischen Sinn verlierst. Birnenförmige Menschen tendieren dazu, visuell zu führen (lead), aber Gefühle sind in der Tat die „bottom line". Wenn du also darüber sprichst, das Gewicht zu gewinnen, das du möchtest, sprichst du darüber, eine andere Person zu sein. Auch dem Visuellen kannst du erlauben, mehr Teil von dir zu sein.

Mary: Mein Geist wird lernen, lernen, lernen, lernen, lernen.

Robert: Richtig. Als ich abnahm, mußte es für mich in Ordnung sein, eine andere Person zu sein. Es gab eine Menge Dinge, mit denen ich umgehen mußte, um zu lernen, eine andere Person zu sein. Das Gefühl, das du jetzt hast, ist sicherlich rein ein kinästhetisches. Das zu haben ist eine wichtige Information. Ist es ein altes Gefühl? ...

Mary: ... Es ist wie, weil der Körper meiner Mutter so aussieht, muß meiner auch so aussehen. Ich fühle mich wirklich dadurch entmutigt. (Augen werden feucht.)

Robert: (Ankert das Gefühl) Laß uns zurückgehen und eine Weile an diesem Gefühl bleiben. Wann hast du zum ersten Mal dieses Gefühl bekommen? Wo kommt dieses Gefühl her, und welche Glaubenssätze sind damit verbunden?

Mary: In meiner Familie gab es großes Interesse an Vererbung und Stammbaumforschung, und wir Kinder wurden viel mit unseren Eltern verglichen.

Robert: Bekommst du dieses Gefühl, wenn du an diese Diskussionen denkst? Damit ist eine Menge Gefühl verbunden.

Mary: Nein.

Robert: Geh zurück dahin, wo du das Gefühl bekommen hast.

Mary: ... Es gab eine Zeit, gerade zu Beginn der Pubertät, als meine Mutter mich zwang, einen Einlauf zu machen. Ich weiß nicht einmal, ob es einen medizinischen Grund dafür gab oder nicht. Ich erinnere mich nur, daß ich schrie und sie bat, es nicht zu tun, aber sie hat es trotz allem gemacht. (Beginnt zu weinen.)

---

* R. Dilts, R. Bandler, J. Grinder u. a., *Strukturen subjektiver Erfahrung. Ihre Erforschung und Veränderung durch NLP.* (Paderborn: Junfermann, 1985.)

Robert: Ist schon in Ordnung. Welchen Glauben hast du aus dieser Erfahrung gebildet?
Mary: Daß sie gewinnen und ich verlieren würde.
Robert: Und nun können wir den ganzen Weg zurückkommen nach 1986. (Unterbricht ihren Zustand als er sie sanft am Arm berührt.)
(Zur Gruppe:) Bemerkt einmal, daß sich das Thema „Sich-selbst-verlieren" durch Marys gesamte Beschreibung zog. Wenn man ein Mega-Gefühl hat, ein extrem intensives K, ist es normalerweise das Ergebnis einer Prägung. Meine Frage, wenn ich solch ein großes K bei einer Person habe, ist: „Warum ist dieses bestimmte Kriterium so wichtig für die Person?"

Warum denkt zum Beispiel jemand, daß persönliche Verantwortung für seine Familie so viel wichtiger ist, als sich um sich selbst zu kümmern? Der Grund, warum manch einer versucht, so stark an etwas festzuhalten, sind prägungs-ähnliche Erfahrungen. Dies ist bei neun von zehn Fällen so. Wenn ein Vorkommnis wie die Klistier-Situation passiert, ist es meist dann, wenn die Person sich eine Meinung über ihre Identität bildet.

Glaubst du, daß deine Mutter eine Idee über deine Reaktion hatte? Es passiert oft, daß ein Elternteil seinen Willen dem Kind aufzwingt, und es resultiert nicht in einer Prägung. Es gibt aber auch Zeiten, wo etwas darüber festgelegt wird, wer du in deinen Leben als Person bist. Das macht das Vorkommnis zu einer Prägung. Dies hier ist vielleicht zu einem Imprint-Problem geworden, weil du nicht wußtest, was passierte und es ein Fall purer Machtausübung wurde.
(Zu Mary:) Ich möchte, daß du das „jüngere Du" in der Pubertät siehst mit deiner Mutter bei der Auseinandersetzung. Bist du Freund oder bist du Einlauf? (Anm. d. Übersetzerin: An dieser Stelle spielt Robert in seiner Frage „Are you friend or are you enema" mit den gleichklingenden Wörtern enema=Einlauf/Klistier und enemy=Feind.) Kannst du diese Feindseeligkeit verändern? (Gelächter) ... Die Scheiße kommt jetzt in Fluß. Ja, genau, wenn du das nun anschaust, gibt es dabei irgendwelche anderen Verallgemeinerungen, die du gebildet hast?
Mary: Daß sie mich nicht versteht; daß sie mir nicht glaubt.
Robert: Sie versteht mich nicht. Sie glaubt mir nicht.

Da ist eine weitere Menge von Teiläquivalenzen (complex equivalences). (Anm. d. Herausgebers: Der Begriff „Teiläquivalenzen" wurde geprägt in „Mit Familien reden" v. Satir, Bandler & Grinder, Pfeiffer Verlag.) War es die Absicht deiner Mutter, dich zum Verlieren zu bringen, dir nicht zu glauben und dich in die Schwierigkeiten zu bringen, die du heute hast?
Mary: Nein.

Robert: Wenn du jetzt zu der Zeit damals zurückschaust, was meinst du, was ihre Absicht war?
Mary: Sie machte das, was sie glaubte tun zu müssen. Ich glaube, daß es für sie zu einer Frage von Kontrolle wurde, als ich mich widersetzte.
Robert: Der Grund, weshalb ich hierauf eingehe ist, daß die Kontrolle sehr häufig ein Problem ist, wenn Leute Schwierigkeiten haben, das Gewicht zu halten, das sie wollen. Die Leute entwickeln eine Art internen Saboteur, dessen Funktion es ist, Kontrolle zu behalten. Dieser Teil wird einen Weg finden, sich zu widersetzen. Du bekommst also den Einlauf, und du hältst ein, so lange du kannst, nur um es deiner Mutter zu zeigen.
(Zur Gruppe:) Ich erinnere mich, wie ich zur Zeit meiner Pubertät ganz ähnliche Arten von Problemen hatte. Mein Dad pflegte morgens in mein Zimmer zu kommen und zu sagen: „Steh auf, es ist Zeit für die Schule." Ich wollte nicht aufstehen, weil er es mir befohlen hatte. Ich wollte aufstehen, weil *ich* es wollte. Also wartete ich fünf Minuten, und dann konnte ich aufstehen, weil ich es wollte. Viereinhalb Minuten später rief er mich wieder, ich solle aufstehen. Daraufhin mußte ich weitere fünf Minuten warten. Es wurde zu einer Frage der Kontrolle. Ich habe für diese Prägung übrigens bei mir selbst ein Re-Imprinting gemacht.
(Zu Mary:) Also war die Absicht deiner Mutter nicht ein Gewinn-Verlier-Kampf. Was brauchte deine Mutter damals, daß diese Erfahrung für euch beide hätte positiver gewesen sein können? So daß der Vorfall nie zu einer Gewinn-Verlier-Situation geworden wäre?
Mary: Sie hätte mir beibringen müssen, wie ich es selbst hätte tun können. Sie hätte mir auch erklären müssen, warum es überhaupt gemacht werden mußte. In dem Alter hätte ich es selbst tun können.
Robert: Ich höre, daß hier auch das Thema Lernen im Spiel ist. Sie muß also wissen, daß du gern lernst, und sie muß es dir beibringen. Sie muß auch erkennen, daß du bereits in einem Alter bist, wo du beginnen kannst, für dich selbst zu sorgen. Mary, ich weiß, daß es Zeiten gibt, wenn du mit deinen Klienten arbeitest und du bemerkst, daß sie etwas für sich selbst tun müssen. Zeiten, wo sie es brauchen, daß ihnen jemand beibringt, wie sie etwas Bestimmtes selbst tun können, und es nicht einfach für sie getan wird. Denk an eine Zeit, wo du wirklich dieses Gespür dafür haben konntest, vielleicht selbst als Kind.
Mary: Ja, ich habe eine solche Zeit ... (Robert ankert ihren Zustand, als sie Zugang zu einem Zeitpunkt hat.)
Robert: Nun, laß uns diesen Anker halten, und schau auf deine Mutter zurück und gib ihr etwas von dieser Ressource. Wie wäre sie dann mit der Situation anders umgegangen? ...

Mary: Ihre ganze Stimmlage verändert sich. Sie hätte mich mit in einen anderen Raum genommen und mir erklärt, was vor sich ging. Sie ist ruhig und geduldig.
Robert: Was passiert mit dem jüngeren Du? Wie reagiert sie?
Mary: Mit einem Gefühl von Erleichterung und Neugier.
Robert: OK, gut. Ich möchte, daß du das Ganze noch einmal durchspielst. Nun, wo sich deine Mutter in einer geduldigen verständnisvollen Weise verhält, wie reagierst du? Ich glaube nicht, daß es deine Absicht als Kind war, eine Reaktion zu zeigen, die dich für den Rest deines Lebens quälen würde. Welche Ressource hätte das jüngere Du zu der Zeit gebraucht, so daß die Situation nicht zu einem solch unangenehmen Prägungserlebnis geworden wäre?
Mary: Ich hätte klar machen müssen, daß ich mehr Information brauchte.
Robert: Du hättest es klarer machen müssen, daß du von deiner Mutter mehr Wissen haben wolltest. Einen Einlauf zu haben, war nicht das Problem. Deine Mutter hätte wissen müssen, daß es nicht eine Frage der Macht sondern eine Frage der Information ist.

Mußtest du jemals so etwas mit jemand machen? Wo du fähig warst, die Absicht des anderen genauso zu bestätigen wie deine eigene und zu dem zu kommen, was wichtig war?
Mary: Die Antwort ist ja, aber ich kann mich an keine bestimmte Zeit erinnern.
Robert: Natürlich ist es wichtig, ein spezifisches Beispiel zu finden. Also wäre es eine Zeit gewesen, wenn etwas für dich verwirrend war, und du mußtest es klar machen, ohne in einen nutzlosen Machtkampf zu geraten ... eine Zeit, als du erkanntest, daß das hätte geschehen können ... eine Zeit, als du zu dem anderen Menschen gesagt hast: „Ich verstehe, daß deine Absicht so und so ist, aber ich brauche es, daß vorher noch etwas geklärt wird." Es kann mit einem Arzt, einem Lehrer oder irgendwem anders gewesen sein.
Mary: Ich erinnere mich, als ich in der Praxis meiner Ärztin war, und sie wollte irgendeine Art Untersuchung durchführen. Ich bat sie, mir alles zu erklären, damit ich die Zusammenhänge und Begleiterscheinungen verstehen könnte, bevor sie es machte. Ich wollte wissen, was passieren würde und was es an Alternativen insgesamt gab. Ich habe mich ihnen nicht widersetzt; ich wollte einfach die Information.
(Zur Gruppe:) Mary hat vorhin (in bezug auf ihre Versuche, Diät zu halten) gesagt, daß sie begann, die „Position zu wechseln". Wenn sie die Position wechselt, wird das Abnehmen zu etwas, das sie nicht will.

Was bewirkt eine Prägung? Man beginnt, die Position zu wechseln mit der anderen Person aus der eigenen Vergangenheit. Dann wird das Abnehmen nicht zu einer Sache, die man tun will, sondern zu etwas, das mit einem gemacht wird. Das ist etwas, dem man sich widersetzen muß, um die eigene Integrität zu bewahren. Der Zweck des Re-Imprinting ist, die Perspektiven in beiden Richtungen wechseln zu können, und dadurch die erforderlichen und angemessenen Ressourcen zu bekommen.

(Zu Mary:) Wie war das, als du die Ärztin befragtest? Wie wußtest du, daß du das tun konntest? Welche Art von Glauben hast du jetzt, der dir erlaubt hat, das zu tun?

Mary: Ich konnte es. Ich glaube, daß ich zuversichtlich genug bin und mich gut genug ausdrücken kann, um die nötigen Fragen zu stellen und meine Bedürfnisse in der Situation zu befriedigen. Und ich glaube auch, daß ich mir meiner Bedürfnisse in genügendem Maße bewußt bin, um sie auszudrücken.

Robert: OK. Laß uns nun dem jüngeren Du diese ganzen Ressourcen geben, damals in der Situation mit deiner Mutter. (Hält den Ressourceanker.) Was macht das jüngere Du anders?

Mary: Nun, zum einen wird sie nicht hysterisch und schreit und heult. Sie redet statt dessen.

Robert: Meine Vermutung ist, daß wir auch eine völlig andere Wirkung auf deine Mutter haben. (Pronomen *wir*)

Mary: Ich konnte auch fühlen, daß mein ganzer Körper gelöster wird. Das bedeutet, daß der ganze Einfluß des Einlaufs ein anderer gewesen wäre, weil mein Körper nicht so angespannt gewesen wäre.

Robert: Was ich nun möchte, daß du tust, ist, geh zurück in die Szene mit deiner Mutter und versetze dich ganz in sie hinein und schau durch ihre Augen. Gib ihr die Ressource, zu wissen, wann jemand etwas erklärt oder beigebracht bekommen muß. (Er berührt den vorher etablierten Ressourceanker.) Vergegenwärtige dir das, was du gesehen hast und höre, was du gesagt hast.

Mary: Das ist ganz anders.

Robert: (Berührt weiterhin den Anker) Und jetzt, nimm dies auf aus der Perspektive des kleinen Mädchens. Geh in sie hinein ... .

Mary, du hast gesagt, der Glaube, den du als Ergebnis der Erfahrung gebildet hast, war, daß deine Mutter dich nicht verstanden oder dir nicht geglaubt hat. Welchen Glauben hast du jetzt?

Mary: Also, eines der Dinge, die ich ihr gesagt habe, als ich die Erfahrung noch einmal durchlebte, war, daß ich Angst hatte. Ich habe meiner Mutter gesagt, daß sie nicht viel darüber wüßte, wie es ist, Angst zu haben, und ich habe vorgeschlagen, darüber zu sprechen. Es war, als wenn wir beide etwas Neues und Nützliches gewonnen haben.

Robert: So, wie würdest du das in eine Aussage bringen, in einen Glaubenssatz?

Mary: Wenn wir beide lernen, was für uns wichtig ist, dann gewinnen wir beide. Und genau so fühlt sich das jetzt an.
Robert: Noch eine Sache, die du tun sollst. Richte deine Augen jetzt nach hier unten. (Zeigt nach unten zu ihrer rechten Seite und zeigt damit an, daß er möchte, daß sie kinästhetischen Zugang bekommt.) Ich möchte, daß du all diese Glaubenssätze, die du fühlst, wiederholst, während du dorthin schaust. Daß du intelligent bist ... daß ihr beide gewinnen könnt ... daß du fähig genug bist und wichtig genug ... (Hält alle Ressourceanker.)
Mary: Es ist ein Glaube, den ich schon in vielen anderen Situationen habe. Es ist nicht schwer, dies zu tun.
Robert: OK. Laß uns nun den ganzen Weg zurückkommen in die Zeit und den Ort jetzt und hier. Du hast auch eine Zeit erwähnt, als dein Ehemann sagte, egal wieviel du abnimmst, du wirst immer eine birnenförmige Figur haben. Was passiert, wenn du das jetzt hörst? Ich weiß überhaupt nichts über seine Intention. Was glaubst du, was seine Absicht war?
Mary: Ihm was beizubringen, wäre härter. (Gelächter)
Robert: Virginia Satir sagte, daß Menschen zwar langsam seien, aber erziehbar. Als du erwähntest, daß dein Mann das gesagt hat, gab es ganz deutlich Gefühle dort. Was waren das für Gefühle?
Mary: Es war so wie: „Hier bin ich, gerade dabei, einen Erfolg zu erringen, und er sagt sowas.“ Ich verliere wieder. Ich habe mich wie ein Versager gefühlt.
Robert: Ein Double-Bind. „Selbst wenn ich gewinne, versage ich den Leuten gegenüber, die mir wichtig sind.“ Was vermutest du, was seine Intention war? Ich habe einmal gehört, wie ein Mann mit seiner Frau sprach, die gerade dabei war abzunehmen: „Ich werde dich immer lieben, egal wie du aussiehst, aber ich bin froh, daß du abnimmst.“ Welche seiner Aussagen ist wahr? Es ist ein Paradoxon, nicht wahr? Er wird sie lieben, egal, wie sie aussieht, und doch ist er erfreut, daß sie sich bemüht, nett auszusehen und sich um sich selbst zu kümmern.
Robert: Was denkst du, war die Absicht deines Mannes, als er sagte, egal wieviel du abnimmst, du würdest immer noch eine birnenförmige Figur haben?
Mary: Seine Absicht war, mich unter Kontrolle zu halten. Deswegen ist er mein Ex-Mann.
Robert: Er hatte Angst, daß du abnimmst und gut aussiehst?
Mary: Ja.
Robert: Er meinte wohl: „Oh, oh, sie ist dabei, zu unabhängig zu werden.“
(Zur Gruppe:) Ich sehe bei anderen oft ähnliche Themen bei der Arbeit mit Gewichtsproblemen.

Eine Frau sagte: „Wenn ich Sport treibe, richtig esse und mich mit mir wirklich wohlfühle, werde ich die Menschen verlieren, die ich mag und denen ich mich nahe fühle." Als wir zu einer Prägungssituation aus ihrer vergangenen Ehe zurückgingen, fanden wir heraus, daß die Ehe auf einer Abhängigkeitsbeziehung basierte. Als die Frau begann, im Sinn ihrer persönlichen Entwicklung zu wachsen, bekam ihr Mann Angst, und schließlich geriet die ganze Ehe in Schwierigkeiten. Je besser sich die Frau mit sich selbst fühlte, je fremder wurde ihr ihr Mann. Sie begann, sich von der Beziehung weg zu orientieren, indem sie neue Freunde fand und sich auf neue Aktivitäten einließ. Letzten Endes zerbrach die Ehe. Sie war sich nicht bewußt, worin die Probleme lagen, bis die Ehe aufgelöst war. Sie hatte den Glauben, daß sie dann, wenn sie Dinge für sich selbst tat, die Beziehungen ruinierte, die ihr am wichtigsten waren.

Mary: Ich glaube, als ich ihn zu meinem Ehemann wählte, hatte ich das Gefühl, daß ich auf irgendeiner Ebene kontrolliert werden müßte. Diese Fragen haben sich nun gelöst.

Robert: Wir müssen uns dennoch um die auditiv erinnerte Aussage kümmern, über dein Gewicht und die Sache mit der birnenförmigen Figur. Du hast diese Erinnerung von deinem Ehemann, der dies sagte, und du kriegst dieses große negative Gefühl. Der Glaube hat weniger damit zu tun, wie du aussiehst, sondern damit, was in der Beziehung ablief.

(Er veränderte seine Stimmlage, mit der er bisher gesprochen hatte, zu dem weichen Ton, den er bei dem letzten Ressourceanker benutzt hatte und berührt den Punkt, an dem er vorher beim Re-Imprinting der „Einlauf-Erinnerung" geankert hatte.) Wir könnten ein Re-Imprinting hiermit machen, aber statt dessen, höre dir jetzt noch einmal die Stimme an und erleb es dieses Mal anders. (Mary hört den Satz noch einmal im Geist und hält dabei die ressourcevolle Physiologie.)

(Zur Gruppe:) Ich möchte noch einmal zurückverfolgen, was wir bis jetzt gemacht haben. Wir begannen damit, die Hebeltechnik („leveraging") auf Marys Kriterien anzuwenden, aber wir sind dabei auf eine Prägung gestoßen; ein großes Gefühl, das erst umgeprägt werden mußte, bevor wir weitergehen konnten. Kriterien zu „hebeln" ist eine Art, wie man Prägungen identifizieren kann und um herauszufinden, wo man weitermachen muß. Wir haben jetzt das Re-Imprinting beendet, und ich möchte Mary nun ein paar zusätzliche Fragen stellen, die sich auf die Kriterien beziehen, die sie uns vorhin angeboten hat.

(Zu Mary:) Mary, glaubst du, daß du dich leicht bewegen, gut aussehen, dich gut fühlen kannst und in der Art und Weise, wie du dich innerlich fühlst und in der Weise, wie du von außen aussiehst, in dieser natürlichen Weise, ausgeglichen sein kannst? In einer Weise, daß du nicht das Gespür für dich selbst verlierst? In der

Tat, in einer Weise, daß du das Gespür für dein wahres Selbst entwickeln kannst ... Vielfalt haben, angemessen Essen und lernen, wie du das in einer guten Art und Weise für dich tun kannst?
Mary: (Sehr kongruent) Ja!
Robert: Was wir jetzt tun wollen, ist, uns dein Ziel nehmen, ausgeglichen zu sein, gut auszusehen, dich wohlzufühlen, dich leicht zu bewegen, Gespür für dich selbst zu haben und Vielfalt zu haben und es an deine Kriterien für Lernen anzupassen. Wir werden dies buchstäblich auf der Ebene der Submodalitäten und der Physiologie tun. Du weißt, wann du lernst, denn in deiner Repräsentation ist ein bestimmtes Funkeln (sparkle). Es gibt in ihr eine bestimmte Bewegungsqualität, eine Auswahl von Worten mit einer bestimmten Qualität. Was ich möchte, daß du tust ist, denk daran, wie du gerne sein würdest. Lernen braucht eine gewisse Zeit. Anstatt eine Diät zu machen, kannst du lernen, der Mensch zu sein, der du sein möchtest?

Als ich meine 30 Pfund abnahm, wollte ich keine Diät machen. Ich wollte der Mensch sein, der ich jetzt bin. Ich dachte: „Ich mache zur Zeit keine Diät, warum sollte ich überhaupt damit anfangen?" Mein Abnehmen hatte damit zu tun, daß ich auf viele Weisen ein anderer Mensch geworden bin.

Ich erinnere mich an eine Frau, die sagte: „Ich habe viele Male aufgehört zu rauchen, aber ich war nicht erfolgreich damit, bis ich eine Nichtraucherin wurde." In anderen Worten, bis „es Ich wurde" (until „it became me"), Nichtraucher zu sein.

Laßt uns abschließend noch einmal zurückverfolgen, was wir bis jetzt erreicht haben. Mary, du möchtest, daß dein Körper mit deiner beruflichen Identität kongruent ist. Vor dem Re-Imprinting war es jedoch so, daß deine Bilder von dir als effektiver Therapeutin nicht mit dem Gefühl über dich selbst übereinstimmten. Weiterhin schienst du besorgt zu sein, daß die Leute dich mehr ansehen würden, als ein „Gespür" dafür zu bekommen, wer du wirklich warst. Der Kommentar deines Mannes, daß du immer eine birnenförmige Figur haben würdest, egal wieviel Gewicht du verlieren würdest, stellt in dieser Beziehung ein interessantes Paradox dar. Einerseits gelang es ihm nicht, das „wirkliche Du" zu erspüren, das du beruflich erlebst. Auf der anderen Seite berührte er vielleicht ein „reales Du", mit dem du dich assoziiert fühltest; man kann sogar sagen, das dir als Ergebnis einer Prägung von deiner Mutter aufgezwungen worden war. Ich fand es interessant, daß du sagtest, die Vorstellung ihres Körpers war viel klarer, als jedes Bild, daß du dir von deinem „Ideal"-Selbst machen könntest. Das schien anzuzeigen, daß dein Bild des professionellen Du eigentlich mehr eine Idealisierung als das „wirkliche Du" war. Dadurch entsteht eine „V-K-Trennung", die sich in der „Birnenform" visuell oben und kinästhetisch unten darstellt. Das Re-Imprinting, das wir gemacht haben, hat diese beiden mehr in eine Balance gebracht, indem wir Ressourcen des auditiven

Systems hinzugefügt haben, in Form deiner Fähigkeit, dein Bedürfnis nach Information zu artikulieren und Fragen zu stellen.

Jetzt, wo wir die einschränkenden Glaubenssätze in deiner persönlichen Geschichte durch den Re-Imprinting-Prozeß gelöst haben, bist du frei zu „lernen, lernen, lernen, lernen, lernen", wie du ein schlankerer, symmetrischerer Mensch sein kannst. Mehrfach, als du deine Lernressourcen angesprochen hast, hast du das Wort „lernen" fünf Mal benutzt. Die Tatsache, daß es da fünf gibt, scheint mir interessant, und ich hätte gern, daß du es auch dort einbeziehst, wohin du dich von hier aus bewegst.

Zuerst einmal haben wir alle fünf Sinne, und es scheint mir, im Zusammenhang damit, ein schlankerer Mensch zu werden, ist in jedem dieser Sinne etwas zu lernen. Zweitens gibt es fünf Ebenen, auf denen wir lernen: die Ebene der Umwelt, des Verhaltens, der Fähigkeiten, des Glaubens und der Identität. Deine fünf Sinne bilden eine horizontale Dimension zum Lernen, und die fünf Ebenen bilden eine vertikale Dimension. Um also zu „lernen, lernen, lernen, lernen, lernen", wirst du herausfinden wollen, was du sehen, hören, fühlen, riechen und schmecken würdest und zwar in deiner Umwelt, deinem Verhalten, deinen Fähigkeiten, deinen Glaubenssätzen und deiner Identität, was dir dabei helfen würde, leichter und ausgeglichener zu werden; das sollte dir eine ziemliche Vielfalt geben.

Mary: Hmmm. Hört sich nach einem interessanten Ansatz an.

Robert: Das stimmt. Und du kannst dich frei fühlen, dich auf die Teile des Ansatzes zu beschränken, die dir mehr Vielfalt dafür geben, zu gewinnen, was du gewinnen möchtest, so wie du das mit der Aufgabe von gestern gemacht hast, die du erwähntest.

Nun, ich möchte, daß du dir einen Moment Zeit nimmst und dir eine bequeme Position suchst. Und geh tief nach Innen von dir selbst, an einen Ort, wo du total und vollkommen lernen kannst (Pause). Das ist richtig. Und spüre ganz, wie es ist, eine kongruente und koordinierte Identität zu haben. Fühle und höre die ressourcevollen, professionellen Qualitäten, die die Weise verkörpern, von der du weißt, daß du sie tatsächlich innerlich bist. Visualisiere, wie du aussiehst, wenn du diese Qualitäten manifestierst. Sieh die Form und die Qualität der Bewegungen, die du hast, nicht als ein Idealbild, sondern als ein natürliches, normales Bild, das mit der zusammenpaßt, die du schon bist. Nimm einen tiefen Atemzug und atme das Bild ein nach Innen, so daß es ein Teil von dir wird. Nimm den Geruch und den Geschmack wahr, den es in deinem Mund zurückläßt. Laß dir diesen Geruch und Geschmack ein Führer in bezug darauf sein, zu wissen, was du in der Zukunft essen sollst.

Nun sieh noch einmal die Glaubenssätze, die du brauchst und die du hast, die diesen kongruenten, balancierten Menschen unterstützen. Wenn alle Teile und Aspekte von dir lernen, was für sie wichtig ist, gewinnst du als ganze Person. *Daß* du spüren kannst, wenn du etwas lernen mußt, und die Fragen stellen mußt, die notwendig sind, um die erforderliche Information zu bekommen. *Daß* du die Vielfalt haben kannst, die du liebst, auf vielen, vielen Wegen (zusätzlich zum Bereich des Essens). Erlaube deinem Geist, deine Lebenserfahrungen an dir vorbeiziehen zu lassen, und finde Beispiele von Zeiten, wo du dies schon einmal gemacht hast. Fühle die Gefühle, die dich wissen lassen, daß du Information brauchst. Fühle die Neugier, die dich motiviert, den Informationen nachzugehen, die du brauchst. Höre die Stimme, die zuversichtlich ist und weiß, daß du dir deiner wahren Bedürfnisse bewußt bist und sie erfüllen kannst. Sieh die Situationen in deiner Erinnerung, alle von ihnen, wo du fähig warst, deine Bedürfnisse zu erfüllen, immer und immer wieder ... jede Situation, mit ihrer eigenen, einmaligen Würze. Laß sich deine Augen weiden an all jenen Situationen, wo du fähig warst, der Nase deiner eigenen Bedürfnisse nachzugehen, und fülle dich mit der angemessenen Menge an Information.

Vergegenwärtige dir noch einmal die Fähigkeiten, die du hast, um diese Identität und diese Glaubenssätze zu unterstützen. Die Fähigkeit, zu lernen, mit all deinen Sinnen. Die Welt um dich herum mit deinen Augen und Ohren zu „verschlingen“ und auszukosten und erfüllt zu sein von einem Gefühl von Neugier und Aufregung. Um all die Wahlmöglichkeiten zu finden, die dir zur Verfügung stehen, um deine Karte der Welt zu erweitern und zu bereichern, so daß es mehr Raum gibt für dich, dich leicht und bequem zu bewegen. Um andere zu modellieren, denen es gelungen ist, ihre persönliche und ihre professionelle Identität in Balance zu bringen, in einer ökologischen und harmonischen Weise. Die Fähigkeit, dich selbst zu verlieren, in dem, was du gerade tust und einfach deiner Nase zu folgen. Das ist richtig ... dein Unbewußtes weiß. (Anm. d. Übersetzerin: „your unconscious knows“ – knows ist phonologisch doppeldeutig: knows = es weiß / nose = Nase.) Die Fähigkeit, zu sprechen und Fragen zu stellen, um deine Bedürfnisse zu erfüllen. Die Lockerheit, das Glänzen, der Rhythmus... genau richtig, es liegt dir auf der Zunge, ganz vorne... dein Ziel wird so nah, daß du es fast schmecken kannst.

Komm in Berührung mit den spezifischen Verhaltensweisen, die du ausführen wirst, wenn dein wirkliches Selbst sich mehr und mehr manifestiert. Sieh, höre, fühle, rieche und schmecke die Vielfalt der Wege, auf denen du lernen wirst, neue Dinge zu tun in deinem Leben: Sport treiben, Kochen, mit anderen zusammen sein, wandern, dich bewegen, trinken, was gut ist für dich. Essen, was angemessen und ökologisch ist. So viele neue und wunderbare Dinge zu lernen.

Erforsche deine Umwelt. Was gibt es dort Neues? Welche Arten von Nahrung wirst du beibehalten? Welche Arten von Geruch und Geschmack wirst du wahrnehmen? Welche Arten von Geruch und Geschmack repräsentieren am meisten den neuen Menschen, der du bist? Welche Arten von Erinnerungshilfen wirst du um dich herum haben, um dich zu erinnern, daß du sehen und hören und fühlen kannst? Vielleicht, wenn du mehr Birnen (pears) essen würdest, wärest du in der Lage, das von dir abzuschälen (pare away), was nicht länger zu dir paßt, und deine Birnenform (pear shape) würde zu einer Partner-Form (pair-shape), die den Menschen anzieht und zu ihm paßt, den du am liebsten zum Partner hättest.

(Anm. d. Übersetzerin: Wortspiel mit phonologischer Ambiguität: Im Englischen klingen die Wörter: pear = Birne, pare = abschälen und pair = Paar, Partner alle gleich.) Finde Anker für jeden deiner Sinne. Welche Art von Vielfalt könntest du deiner Umgebung hinzufügen, in bezug auf Farbe, Musik und Aktivitäten, die deine neuen Verhaltensweisen, Fähigkeiten, Glaubenssätze und deine Identität anregen und unterstützen würden?

Gut. Und bleib einfach dabei, erlaube dir zu lernen, lernen, lernen, lernen, lernen; die Information zu finden, die du brauchst, um deine Bedürfnisse zu erfüllen, auf jeder Ebene und mit all deinen Sinnen. Und vielleicht, wenn du dir erlaubst, dir voll bewußt zu werden, welche Aussichten, Geräusche und welcher Geschmack in dem Raum ist um dich herum ... dein Körper, der Geschmack in deinem Mund ... du kannst spüren, wie das neue Du vollkommen mit der Gegenwart Kontakt aufnimmt und du dich wirklich freuen kannst, einfach nur du Selbst zu sein.

Mary: Danke.

Zusammenfassung: Kriterienhierarchie

1. Identifizieren Sie ein Verhalten, das die Person ausführen will, von dem er oder sie sich aber abhält.
   Zum Beispiel: Jemand will konsequent Sport treiben.

2. Finden Sie die Kriterien heraus, die die Person motivieren, das neue Verhalten ausführen zu wollen.
   Zum Beispiel: Jemand will Sport treiben, um „gesund“ zu sein und „gut auszusehen“.
   a. Finden Sie die Strategie und/oder die Submodalitäten heraus, die die Person benutzt, um jedes Kriterum zu entscheiden.
      Zum Beispiel: „Gesundheit“ = Ad/Vk „gut aussehen“ = Vk

3. Finden Sie das Kriterum, das die Person davon abhält, sich zu verändern. BEACHTEN SIE: Dies werden Kriterien einer höheren Ebene sein, denn sie setzen die Kriterien für Motivation außer Kraft.
   Zum Beispiel: Jemand treibt nicht konsequent Sport, weil „keine Zeit" dafür ist und „es weh tut".
   a. Finden Sie die Strategie und/oder die Submodalitäten heraus, die die Person nutzt, um jedes Kriterium zu entscheiden.
      Zum Beispiel:„Keine Zeit" = Ve/K „es tut weh" = K

4. Finden Sie ein Kriterium auf einer höheren Ebene, das das einschränkende Kriterium von Schritt 3 außer Kraft setzen kann. Sie könnten zum Beispiel fragen: „Was ist etwas, das wichtig genug ist, daß Sie immer Zeit dafür einräumen könnten und es tun würden, selbst wenn es weh tut? Welchem Wert wird das gerecht, der das wichtiger macht?"
   Zum Beispiel: „Verantwortung für meine Familie"
   a. Finden Sie die Strategie und/oder die Submodalitäten heraus, die die Person nutzt, um dieses Kriterium zu entscheiden.
      Zum Beispiel: „Verantwortung für meine Familie" = Vk/K

5. Jetzt sind die Vorbereitungen getroffen, eine der folgenden Techniken anzuwenden:
   a. *Hebeln (leveraging).* Wenden Sie das Kriterium der höchsten Ebene auf das erwünschte Verhalten an, um die einschränkenden Einwände außer Kraft zu setzen. Sie könnten zum Beispiel sagen: „Weil Ihr Verhalten ein Modell für Ihre Familie bietet, würden Sie nicht mehr Verantwortung zeigen, wenn Sie Zeit finden, sich bei guter Gesundheit zu halten und richtig gut aussehen."
   b. *Pacen der einschränkenden Kriterien.* Finden Sie einen Weg, das erwünschte Verhalten zu erreichen, der den Kriterien auf allen drei Ebenen entspricht und die einschränkenden Kriterien nicht verletzt. Zum Beispiel: „Gibt es irgendein regelmäßiges Übungsprogramm, das nicht viel Zeit braucht, nicht schmerzhaft ist und in das Sie Ihre Familie mit einbeziehen könnten?"
   c. *Utilisation von Strategie und Submodalitäten.* Verändern Sie die Eigenschaften der Strategie und/oder der Submodalitäten des erwünschten Verhaltens, so daß sie denen der Strategien/Submodalitäten des Kriteriums der höchsten Ebene entsprechen.

Kapitel VII

Mehr über NLP und Gesundheit

Visualisierungsmethoden und Ökologie

Es gibt Programme, die dafür entwickelt worden sind, um den Glauben eines Patienten in seine Fähigkeit, gesund zu werden, zu steigern und auch, um die Behandlung zu steigern. Visualisieren ist oft eine der wesentlichen Techniken in diesen Programmen. Vor dem Hintergrund einiger der ökologischen Bedenken, die wir in diesem Buch ausgedrückt haben, möchte ich Sie um Vorsicht bei der Nutzung gewisser Methoden des Visualisierens für die Gesundheit bitten. Lassen Sie mich erklären, warum. Wenn der Streß oder die Krankheit, den die Person durchmacht, durch eine Art internen Konflikt hervorgebracht oder intensiviert worden ist, können gewisse Arten von Visualisierungsprozessen den Konflikt verstärken.* Die Methode, die weißen Blutkörperchen als die „Guten" zu sehen und die Krebszellen als die „Bösen", kann eine Metapher für den inneren Konflikt einer Person werden. Es kann sogar den Konflikt verschlimmern. Unglücklicherweise sind nahezu unsere gesamten Modellvorstellungen vom Immunsystem auf der Metapher vom Krieg aufgebaut.

Als meine Mutter ihren Krebs behandelte, benutzte sie Visualisation in einer ökologischeren Weise. Sie visualisierte die weißen Blutkörperchen als Schafe, die auf einem Feld grasen und sich um die von Unkraut überwachsenen Abschnitte kümmern (die Krebszellen), die zu hoch gewachsen waren. Ihr Tumor repräsentierte das Gras, das zu hoch gewachsen war und wieder „recycled" werden mußte, um ökologische Harmonie herzustellen. Denken Sie einmal darüber nach, was eine Krebszelle ist. Sie ist kein fremder Eindringling; sie ist ein Teil von Ihnen, der in vielfacher Hinsicht identisch ist mit Ihren gesunden Zellen. Nur sein Programm ist aus dem Lot geraten. Es sind sogar Experimente in Petri-Schalen gemacht wor-

* Siehe die Simonton-Methode, die im Re-Imprinting, Kapitel V beschrieben ist.

den, die zeigten, daß Krebszellen sich manchmal in normale Zellen zurückbilden. Wenn Sie also mit jemand an Visualisierung für Gesundheit arbeiten, vermeiden Sie jeglichen Bezug zu „Gut / Böse“ bzw. „Freund / Feind“, oder Sie klinken sich möglicherweise in einen schon existierenden Konflikt ein. Sie wollen (aber doch), daß die zwei Seiten zusammenarbeiten und sich vereinigen, um eine harmonische Atmosphäre zu erschaffen.

Wie Visualisierungen funktionieren

Tim und Suzi haben zwölf Jahre lang Visualisierungsprozesse studiert. Bevor sie Visualisierung durch NLP-Filter betrachteten, wollten sie wissen, warum es einigen Leuten gut gelang, Verhaltensänderungen und körperliche Veränderungen durch Visualisierung schnell zu schaffen, während andere unfähig waren, für lange Zeitabschnitte mit Visualisierung Veränderung hervorzubringen. Zum Beispiel hatte einer der Studenten, der an einem ihrer Streß-Workshops teilnahm, wo sie Visualisierungstechniken unterrichteten, chronische Nebenhöhlenentzündung. Er erzählte ihnen, daß er dieses Leiden schon seit Jahren hatte und daß es einfach ein Teil seines Lebens war. Der Student berichtete später, daß die Symptome seiner Nebenhöhlenentzündung plötzlich verschwunden waren und er sich großartig fühlte, nachdem er die Techniken anwandte, die Tim und Suzi gelehrt hatten. Sie bekamen ähnliche Berichte von anderen Leuten, mit denen sie gearbeitet hatten. Es gab allerdings auch andere Leute, die ihnen erzählten, daß, selbst wenn sie tagelang visualisierten, wie ein Symptom oder ein Problem besser würde, keine Veränderungen passierten.

Zu der Zeit unterrichteten Tim und Suzi „Standard“- Visualisierungsprozesse in vielfältiger Weise, die sie aus Büchern gelernt hatten.* Die Bücher beschrieben im großen und ganzen ähnliche Prozesse, und Tim und Suzi faßten schließlich das Gelesene in dem folgenden Visualisierungsprozeß zusammen:

1. Machen Sie sich Ihre Ziele bewußt. Benutzen Sie Affirmationen oder andere Techniken, um mit etwaigen inneren Einwänden gegen die Ziele umzugehen.
2. Begeben Sie sich in einen entspannten, offenen Bewußtseinszustand.

---

* „Creative Visualization“ von Shakti Gawain; „Visualization: Directing the Movies of Your Mind“ von Adelaide Bry; „The Silva Method of Mind Control“ von Jose Silva; „Getting Well Again“ von Carl Simonton, etc.

3. Visualisieren Sie, wie Sie das, was Sie wollen, schon haben oder es sehen, und zwar auf eine so reiche, vielfältige und vollkommene Weise wie möglich.
4. Erwarten Sie und glauben Sie daran, daß Sie es bekommen werden.
5. Sagen Sie sich selbst, daß Sie es verdienen.

Dadurch, daß Tim und Suzi die erfolgreichen Visualisierer durch NLP-Filter betrachteten und sie mit nicht-erfolgreichen Visualisierern verglichen, entdeckten sie einige wichtige Unterschiede zwischen den zwei Gruppen. Erstens haben die Leute, die erfolgreich sind, Ziele, die mit ihren übrigen Wünschen kongruent sind und die die Wohlgeformtheitskriterien für gute Ziele erfüllen, die bei Bandler und Grinder beschrieben sind.* Zweitens benutzen erfolgreiche Visualisierer im allgemeinen andere Submodalitäten als die Personen, die nicht in der Lage waren, ihre Ziele zu erreichen.

Menschen, die Schwierigkeiten haben, mit Visualisierungen Wirkungen zu erzielen, sehen oft ein dissoziiertes Bild von sich selbst, wie sie das tun, was sie wollen oder wie sie ihr Ziel erreicht haben. Manchmal ist es sogar ein kleines, eingerahmtes Standbild, das *alles andere* als herausfordernd und anziehend ist. Dagegen sind erfolgreiche Visualisierer fähig, ein voll assoziiertes Erlebnis davon zu sehen, ihr Ziel erreicht zu haben. Das bedeutet, daß sie das, was sie sehen, durch ihre eignen Augen sehen, und auch, daß sie ihr Ziel hören, berühren, bewegen, riechen und schmecken, so, als wenn es sich in ihrem gegenwärtigen Erleben ereignen würde. Diese Art des Visualisierens resultiert in einem positiven Gefühl in bezug auf das Visualisieren und bestärkt das Üben der Technik.

Reaktionserwartung (response expectancy), der Glaube, daß etwas als Ergebnis einer Handlung auch eintreten wird, ist ebenfalls wichtig. Diejenigen, die erfolgreich sind, erleben ihr Ziel in den visuellen, auditiven und kinästhetischen Submodalitäten von *Erwartungen.*

Um Ihre eigenen Submodalitäten für Erwartung zu erzeugen: Nehmen Sie sich einen Moment Zeit und denken Sie an etwas, was Sie immer tun, wie zum Beispiel abends schlafen zu gehen. Prüfen Sie, wie Sie darüber nachdenken. Welche inneren Bilder machen Sie sich? Sagen Sie etwas zu sich selbst oder hören Sie andere Geräusche? Welche kinästhetischen Anteile gibt es – Gefühle von Bewegung oder Berührung?

Die nicht erfolgreichen Visualisierer kodieren ihr inneres Erleben oft in den Submodalitäten von Hoffnung oder sogar von Zweifel. Um Ihre eigenen Submo-

---

* Siehe hierzu ausführlich in: John Grinder und Richard Bandler, *Kommunikation und Veränderung. Die Struktur der Magie II.* (Paderborn: Junfermann, 1982, S. 189 ff.)

dalitäten für Hoffnung zu überprüfen, denken Sie an etwas, von dem Sie „hoffen", daß es sich ereignet. Sie möchten, daß es passiert, aber Sie wissen nicht sicher, daß es eintritt – zum Beispiel eine Beförderung bei der Arbeit zu bekommen, oder daß Ihr Ehepartner sich an Ihren Hochzeitstag erinnert. Prüfen Sie Ihre inneren Bilder, Geräusche und die Kinästhetik. Meistens umfaßt diese Art der Submodalitäten verschwommene Bilder, dissoziierte Filme, eine „fragende" Stimmlage, oder mehrfache Repräsentationen (Bilder davon, etwas zu haben, und Bilder, etwas nicht zu haben, die abwechselnd aufblitzen oder zur selben Zeit gesehen werden).

Wenn Sie also den Visualisierungsprozeß für Gesundheit oder ein anderes Ziel einsetzen, das Sie erreichen wollen, und Sie haben ein wohlgeformtes Ziel, ein voll assoziiertes Erleben, das Ziel schon erreicht zu haben, plus die Submodalitäten von Erwartung, bestehen gute Chancen, daß Sie erfolgreicher im Erreichen Ihres Zieles sein werden.

Im folgenden ist eine vollständige Beschreibung eines Visualisierungsprozesses, den wir für nützlich halten.

Formel für Verhaltensänderung

1. Entscheiden Sie, was Sie wirklich wollen. Es muß etwas sein, das innerhalb Ihrer Kontrolle liegt und etwas, das sie in der Tat *wollen*, nicht „*nicht* wollen". Bestimmen Sie, wie Sie wissen werden, daß Sie Ihr Ziel erreicht haben. Was werden Sie sehen, hören und fühlen, was den Beweis liefert?
   - Was sind die positiven und die negativen Konsequenzen, wenn Sie Ihr Ziel erreichen? Modifizieren Sie Ihr Ziel, um sich um eventuelle innere oder äußere negative Konsequenzen zu kümmern.
   - Behandeln Sie eventuelle Vorbehalte, die Sie bezüglich des Erreichens Ihres Ziels haben. Schreiben Sie Gründe auf, warum Sie es nicht haben können, erlauben Sie sich, alle negativen Gefühle, die Sie vielleicht haben, voll zu erleben, und schaffen Sie eine Affirmation (positive Selbstaussage), um jegliche Blockaden, die Sie vielleicht erleben, zu lösen.

2. Begeben Sie sich in einen entspannten, empfänglichen Bewußtseinszustand.

3. Denken Sie an etwas, von dem Sie total, ohne jede Einschränkung erwarten, daß es eintritt. Gehen Sie nach innen und beachten Sie die Qualitäten (Submodalitäten) Ihrer inneren Bilder (Farbe, Ort, Schärfe, Helligkeit, Klarheit, Anzahl

der Bilder), der Geräusche und Stimmen, die Sie hören (Tonqualitäten, Lautstärke, Tonhöhe) und Ihrer Gefühle (taktile Sinne, Sinn von Bewegung, Handlungssinn) für Erwartungen, daß etwas eintreten wird. Schreiben Sie diese Qualitäten auf und beobachten Sie sie.

4. Malen Sie sich voll und ganz aus, wie Sie sich sehen, wie Sie Ihr Ziel erreicht haben, als wenn Sie einen Film von sich selbst sehen.
   - Wenn Sie die Art nicht mögen, wie es aussieht, modifizieren Sie es solange, bis Sie es mögen.
   - Wenn es „richtig" aussieht und Sie keine Einwände mehr haben, steigen Sie in Ihren Film ein und stellen Sie sich vor, daß Sie jetzt erleben, Ihr Ziel erreicht zu haben, und nutzen Sie dabei die Submodalitäten von Erwartung.

5. Lassen Sie die Vorstellung gehen – sagen Sie sich selbst, daß Sie es verdienen.

Metapher

Organsprache und Redewendungen

Bitte richten Sie Ihre besondere Aufmerksamkeit auf eine Sache, wenn Sie mit Menschen an Gesundheitsproblemen arbeiten, nämlich auf die Organsprache: Menschen machen metaphorische Aussagen, die sich auf Teile des Körpers beziehen. Es ist nicht ungewöhnlich, daß Menschen metaphorische Bezüge herstellen, die sich auf bestimmte physiologische Probleme beziehen, die sie haben. Das Unbewußte scheint oft die Sprache „wörtlich" zu nehmen und Symptome zu verstärken, die durch die Sprache des Betreffenden „suggeriert" werden. Ein Beispiel dafür war eine Frau, die sich auf dem Gebiet der Transaktionsanalyse sehr engagierte (wo davon gesprochen wird, „Schläge zu geben" [„giving strokes"]). Sie bekam einen „stroke", einen Schlaganfall.

Um dieses Konzept in Ihrer Arbeit zu nutzen, denken Sie an Organsprache, die in gewisser Weise mit dem anstehenden Problem der Person korreliert, und beginnen Sie, Organsprache in Ihren eigenen Aussagen dem Klienten gegenüber zu benutzen. Halten Sie Ausschau nach physiologischen Verschiebungen oder Veränderungen, die Sie wissen lassen, daß Sie nahe an sein Thema herankommen. Sein Unbewußtes wird auf Sie reagieren. Hier sind einige Beispiele der Dinge, die Sie erforschen können; behalten Sie in Erinnerung, daß dies nur repräsentative Beispiele sind. (Anm. d. Übersetzerin: Da nicht alle englischen Beispiele ein deutsches Äquivalent haben, sind an dieser Stelle die nicht direkt übersetzbaren englischen Sätze im Original beibehalten; einige weitere deutsche Organmetaphern wurden hinzugefügt.)

Hautprobleme: Haben Sie eine „rash“ (vorschnell/Juckreiz) Entscheidung getroffen? (Im übertragenen Sinn: Hat Sie diese Entscheidung gereizt? – d. Ü.) Juckt es Sie, endlich mit etwas voranzukommen? Geht Ihnen etwas unter die Haut? Haben Sie das Gefühl, Sie müssen alles zusammenkratzen, um zu überleben? (Weitere Beispiele aus dem deutschen Sprachgebrauch: Fühlen Sie sich aufgekratzt? Haben Sie ein dickes Fell? – d. Ü.)

Geschwür, Magenprobleme: Frißt oder nagt etwas an Ihnen? Wird Ihnen beim Gedanken an irgend etwas oder jemand übel? Gibt es etwas, das Sie einfach nicht verdauen können? Braucht das, was Sie tun, eine Menge „guts“ (Gedärm/„Mumm“)? (Weitere Beispiele aus dem deutschen Sprachgebrauch: Sind Sie manchmal sauer [= Magensäure], oder geht Ihnen die Galle über? Schlägt Ihnen etwas auf den Magen? – d. Ü.)

Kopfschmerzen, Nackenprobleme: Sitzt Ihnen irgend etwas oder irgend jemand im Nacken? Rennen Sie immer wieder kopfüber in dieselben Schwierigkeiten? Tragen Sie alle Last der Welt auf Ihren Schultern? Haben Sie manchmal das Gefühl, ein Loch im Kopf zu haben? (Weitere Beispiele aus dem deutschen Sprachgebrauch: Sind Sie ein Dickkopf? Haben Sie manchmal ein Brett vor dem Kopf? Riskieren Sie Kopf und Kragen? Steigt Ihnen etwas zu Kopf? – d. Ü.)

Gewichtsprobleme: Are you „waiting“ (warten; phonologisch gleich mit „weight“-[ing] [Gewicht]) for something? Are certain parts of you going to „waste“ – or „waist“, as the case may be? (Gibt es Teile von Ihnen, die brachliegen/auf die Taille gehen, je nachdem?) (An diesen zwei nicht direkt übertragbaren Beispielen wird deutlich, daß die englischen Gewichts-Metaphern im Unterschied zu den deutschen ihren „Schwer“punkt zum Teil auf andere Aspekte legen. – d. Ü.)

Sind bestimmte Teile von Ihnen (nicht oder besonders) „wichtig“? Haben Sie schwere Probleme? Kommt Ihnen etwas gravierend vor? Tun Sie sich schwer mit etwas? (Weitere Beispiele aus dem deutschen Sprachgebrauch: Macht Ihnen etwas schwer zu schaffen? Kommen Sie leicht aus dem Gleichgewicht? Mögen Sie gerne Kummerspeck? – d. Ü.)

Augenlicht: Gibt es ein Problem, das Sie einfach nicht anschauen wollen? Passiert etwas, was Sie nicht sehen wollen? Haben Sie ein düsteres Bild von dem Verhalten einer Person oder von Ihrer Zukunft/Vergangenheit? Scheint es, als wenn Ihnen nichts klar ist? (Weitere Beispiele aus dem deutschen Sprachgebrauch: Ist das Motto „Augen zu und durch"? Sind Sie ein Mensch mit Weitblick oder handeln Sie eher kurzsichtig? Fällt es Ihnen wie Schuppen von den Augen oder haben Sie sich – in jemanden – verguckt?– d. Ü.)

Verstopfung: Halten Sie sich immer zurück? Müssen Sie ein strenges Regiment führen? Halten Sie an Ihren Problemen fest? Scheint es, als wenn bei Ihnen nie etwas leicht geht? (Weitere Beispiele aus dem deutschen Sprachgebrauch: Kommen Sie mit etwas einfach nicht zu Potte? Haben Sie oft Schiß? Können Sie etwas nicht hinter sich lassen? – d. Ü.)

Herz: Bricht Ihnen etwas das Herz? Erleiden Sie einen Herzschmerz nach dem anderen? Haben Sie Herzenssehnsucht nach etwas? Finden Sie, daß Sie Dinge halbherzig tun? Warten Sie auf eine bestimmte Herzensveränderung? (Weitere Beispiele aus dem deutschen Sprachgebrauch: Haben Sie schon einmal Ihr Herz verloren? Ist etwas aus dem Takt (Herzschlag) gekommen? Sind Sie ein weit- oder engherziger Mensch? – d. Ü.)

Hämorrhoiden: Tut Ihnen am Ende irgendwas weh? Müssen Sie etwas aussitzen?

Ich benutze Metaphern und Organsprache vorwiegend als diagnostisches Werkzeug. Um ein Beispiel dafür zu geben: Ich habe vor einigen Jahren mit einem Mann gearbeitet, der ein sehr interessantes Symptom hatte. Sein Blut war geronnen und floß nur noch sehr langsam durch seinen Körper. Er erwähnte, daß er aufgrund seiner Krankheit seit einigen Jahren „aus der Bahn", „aus dem Verkehr" oder „aus dem Kreislauf" („out of circulation") war, und ich antwortete: „Also, Blut ist dicker als Wasser." Er hatte plötzlich die Einsicht, daß sein Symptom zwei Jahre zuvor angefangen hatte, als er die Nachricht bekam, daß seine Tochter an einen Hirntumor sterben würde. Er war nie in der Lage gewesen, dieses schmerzhafte Erlebnis loszulassen und hatte sich selbst „aus der Bahn" gebracht. Ich glaube nicht, daß eine Metapher notwendigerweise eine Krankheit verursacht; es kann sein, daß die Krankheit statt dessen in der Metapher reflektiert wird. In beiden Fällen kann die Metapher Ihnen sehr wichtige Information liefern, wenn Sie mit jemand arbeiten.

Metapher als Kontext für Veränderung

Ich machte eine sehr interessante Erfahrung, als ich einer Frau Anfang 30 therapeutisch half, die von Kindheit an Leukämie hatte. Metaphorisch kann man sich Leukämie vorstellen als weiße Zellen, die sich weigern, erwachsen zu werden – sie wollen nicht reifen. Es bedeutet, daß man letztendlich wie ein Kleinkind geschützt werden muß. Die Zellen wissen nicht, was sie tun sollen, daher vermehren sie sich einfach immer weiter, und das schafft alle möglichen Probleme. Die Situation meiner Klientin wurde kompliziert, als die Ärzte entdeckten, daß sich dazu noch Dickdarmkrebs bei ihr entwickelt hatte. Die Behandlung des Dickdarms verschlimmerte die Leukämie und umgekehrt; meine Klientin war also in einem wirklichen Double-Bind. Wir gingen zurück und arbeiteten an ihrem „Wollen" (the „want to's"). Ich ließ sie insbesondere überprüfen, ob sie wirklich gesund sein wollte oder nicht. Wie sich herausstellte, hatte sie einige Prägungs-Probleme mit ihrer Mutter, der sie einmal schwören mußte, niemals erwachsen zu werden. Nach dem Re-Imprinting und Reframing gingen wir weiter zu den „Wie's" (the „how to's"), d .h. was genau sie sich vorstellen sollte, damit ihr Immunsystem angemessen reagieren würde.

Nach der Arbeit mit ihr geschah etwas Interessantes. Sie begab sich in eine Universitätsklinik, um einige spezielle Tests durchführen zu lassen. Als der erste Bluttest gemacht wurde, hatte sie ein Ergebnis von ungefähr 53.000 weißen Blutkörperchen pro Volumeneinheit (normal wären zwischen 6.000 und 10.000). Die Leute, die den Test machten, wurden sehr bestürzt. Sie (die Patientin) sagte: „Warten Sie einen Moment, ich bin einfach nur ziemlich gestreßt von der Fahrt hierher. Geben Sie mir ein bißchen Zeit, und ich werde das verändern." Die Ärzte bogen sich vor Lachen, aber sie fing an, ihre Visualisierung durchzuführen. Nach ungefähr 20 Minuten bat sie die Ärzte, die Blutuntersuchung noch einmal zu wiederholen, und diesmal waren die weißen Blutkörperchen reduziert auf 12.000 pro Volumeneinheit. Die Ärzte dachten, sie hätten in ihrer Untersuchung einen Fehler gemacht und baten sie, den Test zu wiederholen. Sie sagte, „OK" und hörte mit ihrer Visualisierung auf. Als die Ärzte den Test wiederum 20 Minuten später wiederholten, war die Zahl der weißen Blutkörperchen wieder hoch auf 53.000, so daß sie dachten, die zweite Untersuchung mußte fehlerhaft gewesen sein. Also machte sie wiederum ihre Visualisierung, und 20 Minuten später war die Zahl herunter auf 12.000. Sie wiederholten den Test fünf Mal und schlossen schließlich daraus, daß es der Placebo-Effekt gewesen sein mußte. Meine Klientin aber war sich bewußt, daß sie es selbst bewirkt hatte. Sie hatte eine Beweisprozedur gefunden, um zu bestätigen, daß ihr „how to" wirkte.

Nach den Untersuchungen wollte ihr Chirurg ihr einen Operationstermin geben, um einen Großteil ihres Dickdarms zu entfernen. Sie verschob ihre Operation, um noch mehr Arbeit für sich selbst zu machen. Sie hatte nun das „Wollen" („want to") und hatte bewiesen, daß sie wußte, „wie es zu tun" war; der nächste Schritt war für sie, eine „Chance dafür" zu haben. Bei der Arbeit mit dem unbewußten Teil von ihr, der für ihre Gesundheit verantwortlich war, fragte sie, wie lange es dauern würde, bis sie geheilt wäre. Der „Teil“ schien sehr kongruent zu sein – um die 16 Tage.

Als sie dies ihrem Arzt erzählte, war er empört, stimmte aber zu, die Operation aufzuschieben, bis sie ihre Chance gehabt hatte, daran zu arbeiten. Er wollte sie allerdings in Abständen untersuchen. Als er sie am 10. Tag untersuchte, sah er keinen nennenswerten Unterschied und war besorgt, weil er das Gefühl hatte, sie würde sich in Gefahr begeben, wenn sie die Operation verzögerte. Sie war damit einverstanden, ihre Operation für den 17. Tag anzusetzen, allerdings nur, wenn er sie am 16. Tag noch einmal untersuchen würde, um sicherzustellen, daß die Operation wirklich nötig sein würde. Als er sie am 16. Tag untersuchte, gab es nicht die Spur eines Tumors. Der Arzt war erstaunt und sagte, ihr Krebs sei in Remission, könnte aber jederzeit wiederkommen. Aber Remission ist ein witziges Konzept. Ich könnte (genauso gut) sagen, meine Erkältung ist seit fünf Jahren in Remission. All das, was eine Erkältung hervorrufen kann, ist immer noch gegenwärtig, aber mein Immunsystem hält es davon ab, außer Kontrolle zu geraten.

Vor kurzem habe ich noch einmal von dieser Frau gehört. Sie hat ein Kind adoptiert, was bedeutet, daß sie gesund geblieben ist, und sie hat alle Absicht, ein langes Leben zu leben. Sie sagte, sie hätte kürzlich eine 6-stündige Untersuchungsreihe durchlaufen. Die Ärzte fanden nicht nur heraus, daß sie keinerlei Symptome von Dickdarmkrebs und Leukämie hatte, sondern sie konnten keinen einzigen Hinweis finden, daß sie jemals eine der beiden Krankheiten gehabt hatte. Sie sagte, sie wolle mir für zwei wichtige Glaubenssätze danken – Glaubenssätze, die ich in diesem Buch für die Krux, den springenden Punkt, halte. Erstens dafür, daß ich ihr geholfen hatte, den Glauben aufzubauen, daß Krankheiten eine Kommunikation sind, und wenn man der Kommunikation antwortet, dann werden sich die Symptome von selbst aufklären. Wenn Sie stets mit sich selbst und Ihrem Körper in Kommunikation bleiben, können Sie Ihre gute Gesundheit erhalten.

Der zweite Glauben ist, daß es oft multiple Kommunikationen gibt, wie auch multiple Ursachen für Krankheiten. Wenn Sie sich mit *einer* befassen, behandeln Sie vielleicht noch nicht das ganze Problem. Wenn Sie dabei bleiben, *allen* Anteilen Ihrer Kommunikationen zu antworten, werden Sie letztendlich gesund werden. Ich hatte ihr eine Metapher angeboten, die von einem Muttervogel mit einem Nest voller Jungvögel handelt. Diese sind alle lauthals am Schreien, denn sie wollen alle zugleich gefüttert werden. Wenn der Muttervogel einen füttert, sind alle anderen immer noch am Schreien, und es scheint so, als ob man überhaupt nichts erreichen würde. Nicht nur das, sondern wenn man beginnt, die anderen zu füttern, fängt der eine, den man gerade erst gefüttert hat, auch schon wieder an zu schreien. Wenn man aber in der Kommunikation mit all diesen unterschiedlichen Teilen eine balancierte Herangehensweise beibehält (mit all den unterschiedlichen Jungvögeln), wird man schließlich fähig sein, alle von ihnen zu ernähren. Sie werden alle erwachsen und in Freiheit fortfliegen.

Dies war eine wichtige Metapher in bezug auf das, was mit den Leukämiezellen passierte. Sie wurden nicht reif und schrien immer noch danach, gefüttert zu werden. Dies diente sowohl als eine nützliche Visualisation als auch als eine Metapher.

Fragen

Mann: Wie sind die Erfolgsstatistiken für Leute, die mit Glaubenssätzen arbeiten und die NLP-Modelle anwenden, die du für gesundheitsbezogene Probleme entwickelt hast? Ich weiß, daß du mit Ärzten zusammengearbeitet hast... Wurden irgendwelche Folgestudien gemacht?

Robert: Ich kann dir keine spezifischen Zahlen bieten in bezug auf Prozentpunkte oder Statistiken. Eine der Schwierigkeiten beim Messen ist, daß die Art der Arbeit, die wir machen, nur ein Element des Gesamtphänomens Gesundheit anspricht. Es gehören aber noch viele andere Elemente zur Gesundheit dazu.

Du wirst viele unterschiedliche Reaktionen und Ergebnisse finden, nachdem du mit den Glaubenssätzen einer Person gearbeitet hast. In einigen Fällen ist die Veränderung der einschränkenden Glaubenssätze der Tropfen, der das Faß zum Überlaufen bringt; das letzte Teil des Puzzles; das letzte Element in der kritischen Masse der Veränderung, das für den Menschen nötig ist, um seine oder ihre Gesundheit wieder herzustellen.

Ich habe Berichte von Leuten erhalten, die phänomenale Genesungen erlebt haben, als sie lediglich eine Demonstration in einem Workshop *beobachteten.* Eine Frau in einem Workshop hatte eine Zyste im Eierstock, über die sie niemandem (auch mir nicht) etwas erzählt hatte. Als sie von dem Training nach Hause kam, war die Zyste verschwunden. Ein anderes Mal, als ich mit einer Demonstrationsperson an einem Gewichtsproblem arbeitete, veränderte der Mann, der die Videokamera bediente, einige seiner Glaubenssätze über sich selbst und nahm nach dem Workshop dreißig Pfund ab. In dem gleichen Workshop wollte der andere Kameramann daran arbeiten, seine Sehstärke zu verbessern. Ich war nicht in der Lage, mit ihm direkt zu arbeiten. Allerdings hatte sich innerhalb der nächsten drei Wochen nach dem Programm seine Sehkraft um 60 % verbessert, und ein Jahr später veränderte sich seine gesamte Verschreibung. Er braucht seine Brille nicht mehr. Dies sind Beispiele von wesentlichen Veränderungen, die bei Menschen passierten, mit denen nicht einmal die Veränderungsarbeit direkt gemacht wurde. Das ist das Schöne an Glaubenssätzen – sie sind ansteckend.

Ich möchte gern einige Beispiele davon geben, welche Ergebnisse es bei Menschen gegeben hat, die die Glaubensarbeit direkt erfahren haben. Die zu erwartenden Resultate hängen von dem Typus und der Schwere des Problems ab, an dem Sie arbeiten. Ich habe vor einigen Monaten mit einem Mann in einem Seminar gearbeitet, der schweren Krebs hatte, und ich habe gehört, daß es seitdem rauf und runter ging mit ihm. Zur Zeit geht es ihm gesundheitlich nicht besonders gut. Auf der anderen Seite hatte ich Leute, die mit ernsten Problemen wie Multipler Sklerose kamen, und sie erfuhren eine graduelle Verbesserung. Oft erlebt eine Person nach einem Stück (therapeutischer) Arbeit eine graduelle Verbesserung, dann gleicht es sich wieder aus. Vor einer Weile habe ich eine Seminardemonstration mit einer Frau gemacht, die schwere Arthritis hatte. Als ich ein Jahr später zu einem weiteren Workshop zurückkam, wollten die Sponsoren dieses Trainings sie wieder hinzuholen, um ihre Veränderung zu diskutieren. Sie hatten Schwierigkeiten, einen Termin mit ihr zu arrangieren, denn sie hatte schon Pläne gemacht, an dem Wochenende Windsurfen und Reiten zu gehen. Das war natürlich ein gutes Zeichen für die Veränderung, die sie gemacht hatte.

Ich habe sehr viel Rückmeldung von Leuten bekommen, mit denen ich an Gewichtsproblemen gearbeitet habe. Die Veränderungen, über die sie berichten, waren nachhaltige Langzeit-Veränderungen mit positiven Resultaten. Oft bedarf es einer Glaubensveränderung, damit Leute fähig sind, ihr Gewicht an das anzupassen, was für sie richtig ist.

Ich habe mit einer Reihe von Menschen gearbeitet, die Lupus (Anm. d. Übers.: meist chronisch tuberkulöse Hautflechte, die oft entstellende Narben hinterläßt) hatten, ein Zustand, wo das Immunsystem sich selbst angreift. Der ersten Frau, mit der ich gearbeitet habe, war erst kurze Zeit zuvor diese Diagnose gestellt worden. Ihre Symptome waren noch nicht sehr weit fortgeschritten. Ihre Blutwerte gingen nach der Arbeit auf Normal zurück. Ich habe nach anderthalb Jahren wieder von ihr gehört, und ihr geht es weiterhin gut. Die andere Frau, mit der ich gearbeitet habe, die Lupus hatte, hatte beide Nieren verloren und ging zur Dialyse. Sie berichtete mir später, daß sich ihre Einstellung zum Positiven verändert hatte, ihre Beziehungen mit ihrer Familie hatten sich verbessert, und es ging ihr wirklich gut. Natürlich wuchsen ihre Nieren nicht nach.

Nachdem er das Glaubensmodell kennengelernt hatte, arbeitete Tim mit einer Frau in bezug auf Selbstachtung und Beziehungsfragen. Sie hatte eine positive

Diagnose für AIDS-Antikörper, die sich von ihrem Ex-Mann auf sie übertragen hatten. Ungefähr drei Monate nach den Therapiesitzungen kehrte sie in die Klinik zurück, und diesmal war der Test negativ und ist es bis heute.

Ich habe viele Beispiele, wie gut diese Techniken wirken, wenn Leute, die ich trainiert habe, damit arbeiten. Zu Tim und Suzi kam eine Frau, deren Diagnose auf bösartigen Schilddrüsentumor lautete. Sie war genügend davon überzeugt, daß der Tumor mit NLP verändert werden würde, so daß sie die Operation einen Monat aufschob, obwohl ihr Arzt sie drängte, die Operation sofort durchführen zu lassen. Nach zwei Sitzungen, in denen sie an ihren Glaubenssätzen gearbeitet hatten, entschloß sie sich doch, die Operation zu machen, obwohl der Tumor kleiner geworden schien. Als nach der Operation eine Biopsie durchgeführt wurde, fand man heraus, daß der Tumor nicht mehr bösartig war.

In Hinblick auf die DemonstrationsteilnehmerInnen in diesem Buch kann zum Zeitpunkt, wo es geschrieben wurde, folgendes berichtet werden: Sowohl Judy als auch Mary hatten abgenommen. Tim und Suzi sahen Mary vor kurzem und berichteten, daß sie definitiv keine Birnenform mehr hat! Bills Immunsystem veränderte sich zu einem vollkommen funktionstüchtigen Zustand, und nach ungefähr 6 Monaten veränderte sich sein AIDS-Test von positiv zu negativ – sehr zur Überraschung seiner Ärzte –, und seit zwei Jahren ist es so geblieben. Nach der Konfliktintegration mit Dee, wurden auf Dees Bitte zwei lebendige Katzen in den Seminarraum gebracht. Dee hielt sie und spielte mit ihnen ohne irgendwelche Anzeichen einer allergischen Reaktion.

Sie wissen, daß es schwierig ist, jemals eine 100prozentige Erfolgsrate bei irgendeiner Intervention zu finden, die auf ein so komplexes System angewandt wird, wie der Mensch es ist. Die meisten von uns suchen danach, unseren Erfolg zu steigern, wenn wir anderen Menschen bei Gesundheitsproblemen helfen. Welche Art von Erfolg habt Ihr gefunden, als Ihr mit diesem Modell gearbeitet habt?

Kate: Dieses Modell hat meine Arbeit unglaublich beeinflußt, und ich habe erstaunliche Ergebnisse mit meinen Klienten erzielt, aber nicht in jedem Fall. Deswegen bin ich hier: Ich möchte mehr Information haben, wie ich mit den unterschiedlichsten Leuten arbeiten kann. Ungefähr vor einem Monat habe ich mit meiner Mutter gearbeitet, die ein Problem des Immunsystems hatte, das die Muskelfunktion in ihren Beinen in Mitleidenschaft zog. Ungefähr in der vergangenen Woche hatten sich ihre Beine so weit erholt, daß sie wieder Autofahren konnte (sie hatte über ein Jahr nicht mehr fahren können).

Ken: Ich habe mit einer Frau gearbeitet, nachdem ich vor sechs Monaten einen Workshop besuchte und zum ersten Mal in dieses Modell eingeführt wurde. Diese Frau hat sich wirklich verändert. Sie war chronisch depressiv, seit sie mit acht Jah-

ren ihre Mutter verloren hatte. Ich glaube nicht, daß sie jemals glücklich war, bis ich vor kurzem die Techniken des Glaubensveränderungsmodells mit ihr anwendete. Tatsächlich, ich könnte dir dutzende von Beispielen geben, wo dieses Material, dieses Modell, dramatisch positiv gewirkt hat.
Mann: Hast du mit irgendeiner Universität oder einem Institut zusammengearbeitet, das sich mit Psychosomatik beschäftigt?
Robert: Wir haben mit der Universität von Miami, dem Medizinischen Institut gearbeitet. Sie hatten einige Programme eingerichtet, aber ich habe bis jetzt noch keine Statistiken von ihnen zurück erhalten. Wenn laufende Programme entwickelt sind, sollten mehr Statistiken zur Verfügung stehen. Es sind allerdings Variablen enthalten, die die Statistiken sowieso nicht besonders gut erscheinen lassen. Je nach der Natur dessen, was mit der Person passiert: ihre Ökologie, ihr Familiensystem, ihre Kindheitserinnerungen und so etwas; eine einzige Sitzung kann oder kann auch nicht alles sein, was erforderlich ist, um mit all ihren Problemen umzugehen.
Mann: Der Begriff Krebs hat für verschiedene Menschen unterschiedliche Bedeutungen – würdest du noch mehr dazu sagen?
Robert: Laß mich über das Beispiel meiner Mutter sprechen. Als ich mit ihrem wieder aufgetretenen Brustkrebs arbeitete, mußten wir eine Menge Arbeit bezüglich einiger sehr populärer Glaubenssätze machen, desweiteren auch mit einigen medizinischen Glaubenssätzen, darüber, was es bedeutet, Krebs zu haben. Zum Beispiel haben einige Leute den Glauben, daß Krebs den Tod verursacht. Jedoch ist es eigentlich nicht der Krebs, der den Tod verursacht, sondern der Zusammenbruch des Immunsystems; es ist also die Reaktion des Körpers auf den Krebs, der einen sterben läßt. Man stirbt normalerweise nicht direkt am Krebs, sondern weil das Immunsystem oder andere Teile des Körpers schwach werden und lädiert sind, daß Infektionen auftreten oder das System seine Funktion nicht mehr weiterführen kann.

Einige Leute glauben, daß Krebs ein fremder Eindringling ist, und daß man etwas Außergewöhnliches tun muß, um ihn loszuwerden. Krebs ist kein fremder Eindringling, die Zellen sind Teil von einem selbst. Man muß sich selbst verändern, um gesund zu werden – nicht etwas loswerden.

Ein anderer Glaubenssatz ist, viele Leute haben zur einen oder anderen Zeit Krebs, und worauf es ankommt ist, ob ihr Immunsystem gesund genug ist, damit klarzukommen. Es gibt viele Beispiele von Leuten mit spontanen Remissionen. Der Grund, daß sie „spontane Remissionen“ genannt werden ist, daß niemand weiß, wie man die Kehrtwendung erklären soll.

Manchmal kommen medizinische Glaubenssätze in Konflikt mit psychologischen Methoden, um Gesundheit zu erreichen. Im Fall meiner Mutter hatten zum Beispiel einige ihrer Ärzte anfänglich Widerstand. Als sie ihrem Chirurgen über die Arbeit erzählte, die wir mit ihren inneren Konflikten machten, sagte er ihr, das sei ein Haufen Blödsinn („a bunch of poppycock“) und würde sie nur verrückt machen. Als ich versuchte, etwas von der Forschung und den Ideen zu erklären, die hinter unserem Ansatz stehen, guckte er mich an und sagte: „Sie sollten nicht mit Ihrer Mutter experimentieren!“ Doch gleichzeitig boten die Ärzte keinerlei Alternativen an. Solche Probleme gibt es also auch. Ärzte können mit ihrem Einfluß auf die Patienten sehr machtvoll sein und leicht den Glauben ihrer Patienten beeinflussen. Der Patient mit einer schweren Krankheit ist in einer sehr verwundbaren Position. Meine Mutter und ich erkannten, daß die Ärzte positive Absichten hatten, nur wollten sie vermeiden, daß einer von uns dumm handelte oder falsche Hoffnungen aufbaute. Anstatt die Ärzte vor den Kopf zu stoßen, reagierten wir auf ihre *Absicht*, nicht auf ihre Worte.

Das Ergebnis der Arbeit, die meine Mutter und ich 1982 machten, ist, daß sie gesund wurde. Die selben Ärzte – die ihr vorher kaum noch eine Lebenschance gegeben hatten – nennen sie ihre Star-Patientin. Sie ist auch heute noch gesund und hat sogar eine Fernsehwerbung gemacht.

Wenn Sie mit einem Prozeß wie Krebs arbeiten, ist es wahrscheinlich, daß Sie auf verschiedene Arten von Widerstand treffen. In der ersten Sitzung mit jemandem kann man nicht immer voraussagen, welches die Widerstände sein werden, die es zu verändern gilt. Menschen können in bestimmten Gebieten enorme Fortschritte erzielen, wenn sie allerdings auf Widerstand in ihrem inneren ökologischen System treffen, in ihrem Familiensystem, ihrem Arbeitssystem oder an anderen Stellen, sind dadurch andere Bereiche viel schwerer zu verändern.

Frau: Würdest du sagen, daß es die Einstellung gegenüber der Krankheit ist, die wirklich den Unterschied macht?

Robert: Es ist nicht nur die Einstellung oder die Veränderung in Glaubenssystemen, die den ganzen Unterschied macht. Glaubenssätze sind eine sehr wichtige Ebene von Prozessen. Die Person muß außerdem auch dranbleiben an dem, was sie in bezug auf Lebensstil, Ernährung, Beziehungen usw. tun muß. Positive Einstellungen generieren (und fördern) diese Arten von Veränderung.

Positive Einstellungen fluktuieren über die Zeit. Selbst ein Mensch, der ein großes Stück persönlicher Arbeit macht und sich dramatisch verändert, wird manchmal Zweifel haben. Es ist eine natürliche menschliche Sache, die passiert, und die Person braucht während dieser Zeiten des Zweifels Unterstützung. Wenn er oder sie Widerstand statt Unterstützung von den wichtigen anderen Menschen in seinem oder ihrem Leben bekommt, kann es ihn/sie zurückwerfen.

Positive Einstellungen sind keine gleichbleibenden Zustände. Wenn Sie mit dem „falschen Fuß“ aufstehen und einen größeren Krach mit Ihrem Ehepartner haben oder bei der Arbeit Probleme haben, kann das Ihre Zweifel nähren. Andererseits wird jemand, der eine größere Glaubensveränderung macht und sich dann öffnet und neue Beziehungen eingeht oder die alten verbessert, seine positive Einstellung verstärken. Er wird eine sich selbst verstärkende Schleife (self-reinforcing loop) aufbauen, so daß er konstant positiv verstärkt wird. Ich möchte aber betonen, daß es mehr als eine positive Einstellung erfordert, um eine schwerere Krankheit zu überwinden. Wenn jemand sagt, „Ich habe meinen Glauben verändert, und ich weiß, daß ich wieder gesund werden kann“, aber er hat seine Ernährung nicht verändert, noch seine (Un-) Art, Sport zu treiben, noch seine Beziehungen zu Hause und bei der Arbeit, dann glaube ich nicht unbedingt, daß er seinen Glauben verändert hat oder daß er gesund wird. Wenn jemand wirklich einen Glauben verändert, ereignen sich eine Menge Veränderungen in seinem Leben.

Ich möchte an dieser Stelle noch eine andere wichtige Bemerkung machen. Veränderung von Glaubenssätzen ist nicht notwendigerweise ein langer, mühsamer, schmerzhafter Prozeß. Die Tatsache, daß es vier Tage dauerte, als ich zuerst mit meiner Mutter arbeitete, bedeutet nicht notwendigerweise, daß es mit jedem vier Tage dauert, oder daß es das ist, was Sie erwarten sollten. Jeder Mensch ist in seinen Bedürfnissen anders.

Der Mensch, mit dem Sie an wesentlichen Gesundheitsproblemen arbeiten, braucht auf jeden Fall ein System, was ihn unterstützt, und er braucht auch positive Verstärkung. Diese Dinge werden einen großen Unterschied in seiner Fähigkeit bewirken, auf längere Zeit Veränderungen zu erzielen.

Mann: Wie bringst du medizinische Behandlungen in dieses Modell hinein?

Robert: Arbeit mit Glaubenssätzen ist *nicht* unabhängig von oder im Widerspruch zu medizinischer Behandlung. Man kann die Arbeit mit Glaubenssätzen mit traditionellen Methoden koordinieren, und oft braucht die Person auch noch die medizinische Behandlung. Wenige Ärzte würden sich mit einem darüber streiten, daß positive Glaubenssätze über die Gesundheit jemanden körperlich schädigen, obwohl einige darüber besorgt sein würden, „falsche Hoffnung“ zu wecken. Ich würde gern ein Beispiel geben, wie ich mit einem Arzt und einer Klientin zusammenarbeitete.

Ich arbeitete vor 4 oder 5 Jahren mit einer Frau in den Dreißigern, die Krebs am Rektum (Mastdarm) hatte. Sie hatte mittlerweile viele Folgeerscheinungen. Der

Arzt, der die Diagnose stellte, empfahl eine Kolostomie. Das bedeutete, daß ihre rektale Öffnung geschlossen würde. Ich sagte ihr, ich würde nicht annehmen, daß irgend jemand etwas dagegen hätte, wenn sie eine zweite ärztliche Stellungnahme einholte.

Sie bekam eine zweite, und dann eine dritte Meinung. Der zweite Arzt sagte: „Kolostomie! Das brauchen Sie nicht. Chemotherapie ist die angemessene Behandlung in Ihrem Fall." Der dritte Arzt sagte, daß Chemotherapie aufgrund der Beschaffenheit ihres Tumors die falsche Behandlung wäre. Er dachte, sie brauchte Strahlentherapie. Als die Frau zu mir zurückkam, war sie verwirrter als vorher, weil sie solch unterschiedliche Stellungnahmen bekommen hatte. Ich deutete an, daß es wahrscheinlich das Beste für sie sei, das zu wählen, an das sie glauben könne und dem sie Vertrauen schenken würde. Ich half ihr, eine Behandlung zu finden, an die sie wirklich glauben konnte, und sie wählte die Strahlentherapie. Sie hatte allerdings Sorgen wegen eventueller Nebenwirkungen, die die Bestrahlung auf andere Organe in dem betroffenen Körperbereich haben könnte.

Wir machten zusammen einige Glaubensarbeit, und sie erholte sich gut und schnell von dem Krebs. Was ihre Ärzte beeindruckte, war die Tatsache, daß sie durch die Behandlung unter keinerlei Nebenwirkungen litt. Sie hatte keine verfrühte Menopause, hatte keinen Appetitverlust, wurde nicht depressiv und hatte auch keine Vernarbungen. Die Ärzte wollten, daß sie eine Broschüre für die anderen Patienten schreiben sollte, wie sie es gemacht hatte, die negativen Nebenwirkungen zu vermeiden. Nebenbei bemerkt ist sie heute vollkommen gesund.

Tom: Würdest du noch weiteres über die positiven Verstärkungsschleifen sagen, die für die Leute eingerichtet sein müssen?

Robert: Eine Sache, die einen großen Unterschied in der Fähigkeit eines Menschen macht, sich von einer lebensbedrohlichen Krankheit zu erholen ist, ein „Zweck", einen Grund oder eine Bedeutung für das Leben zu haben. Es ist nicht einfach seine Beziehung zu sich selbst oder die Bilder, die er von seinen Zielen in bezug auf Gesundheit hat. Der Wille zu Leben basiert nicht einfach nur darauf, daß man ein klares Bild davon hat, wie der Tumor verschwindet; er hat mehr damit zu tun, was es *bedeutet*, daß der Tumor verschwindet. Wenn Ihr Tumor verschwindet, wer werden Sie dann sein? Was wird die Gesundheit Ihnen erlauben zu tun? Ich halte es für sehr nützlich, Menschen zu helfen, ihre Mission im Leben zu definieren; wenn es keinen Grund gibt zu leben, warum sollte man sich anstrengen, sich selbst zu heilen?

Michael: Ich habe eine Zeitlang in einem Krankenhaus gearbeitet. Viele der Patienten, mit denen ich arbeitete, konnten kongruent sagen: „Mein Leben ist vorbei; ich habe das erreicht, weswegen ich hierher geschickt wurde, und es ist Zeit weiterzugehen." Ich habe die Sorge, daß diese Aussage eine Funktion eines Glaubenssatzes ist, den sie haben und daß sie sich keine Zukunft für sich vorstellen oder erwägen können. Was meinst du dazu?

Robert: Was Michael sagt ist, daß das Leben nicht für alle Zeiten weitergeht; wie weiß man, wenn ein Mensch kongruent sagt: „Ich habe alles erreicht, was ich erreichen werde, und jetzt ist meine Zeit vorbei." Sicherlich, wenn man mit Tod und Sterben umgeht, gibt es Zeiten, in denen man respektieren muß, daß der Wunsch einer Person zu sterben, angemessen ist. Es könnte aber auch sein, daß die Person aufgrund von Einschränkungen in ihrem Glaubenssystem oder ihrer Identität glaubt, daß ihr Leben vorbei ist. Diese Identität ist in der Tat beendet, aber das bedeutet nicht notwendigerweise, daß alle Themen und Fragen ihres Lebens auch zu Ende sind. Tatsächlich finde ich den Begriff „Remission" sehr angemessen dafür, daß jemand von einer lebensbedrohlichen Krankheit gesundet. Remissionen treten oft dann ein, wenn ein Mensch eine neue Mission oder eine „Re-Mission" in seinem Leben etabliert hat.

Man kann niemals eine Entscheidung für jemanden treffen, ob er weiterleben sollte oder nicht. Die Arbeit mit NLP und Glaubenssätzen erlaubt Ihnen, mit dem Menschen auf eine andere Ebene zu gehen und zu sagen: „Ich weiß nicht, ob es das Beste für Sie ist, zu leben oder zu sterben, aber was ich tun *will und werde* ist, Ihnen zu helfen, mit Ihren Wünschen kongruent zu sein." Stellen Sie sicher, daß die Person sich nicht mit einer Menge innerer Konflikte herumschlägt, Konflikte, ob sie nun leben soll oder nicht. Arbeiten Sie so, daß Sie dem Menschen helfen, mit jeglichen Situationen oder Prägungen aus der Vergangenheit umzugehen, die ihnen heute noch Probleme bereiten. Damit ein Mensch eine Art Entscheidung über Leben oder Tod treffen kann, muß er sehr „klar", „offen" und „im Einklang" mit sich selbst und seiner Umwelt sein. Wenn er wirklich kongruent ist, kann er Entscheidungen bezüglich seiner Wahlmöglichkeiten treffen.

Frau: Inwiefern unterscheidet sich die Arbeit mit Glaubenssätzen, die die Gesundheit betreffen, von der Arbeit mit nicht-gesundheitsbezogenen Glaubenssätzen, die eine Person eventuell hat?

Robert: Die Methoden, um einen Glaubenssatz zu identifizieren und die Werkzeuge, die man benutzt, sind die gleichen. Es scheint oft zu sein, daß Beziehungsfragen, innere Konflikte, hinderliche Verhaltensweisen usw. sich in körperlichen Symptomen auswirken oder diese verstärken. Unterschiedliche Zustände und Emotionen schaffen unterschiedliche chemische Gleichgewichte im Körper und bereiten den Boden für Krankheiten. Wenn man einer Person hilft, einen Konflikt auf einer Identitätsebene zu lösen, kümmert man sich oft damit schon um die inneren Bedingungen, die die Krankheit hervorrufen.

Fred: Stehen alle Krankheiten mit Glaubenssätzen in Beziehung?
Robert: Krankheit ist eine Funktion der Interaktionen in unseren biologischen und neurologischen Systemen. Es ist ein systemischer Prozeß, der nicht allein mit einer Sache in Beziehung steht. Zu einigen Krankheiten gehören sehr komplexe systemische Interaktionen, andere sind einfacher. Tatsächlich sind einige körperliche Probleme, wie z. B. viele allergische Reaktionen, Stimulus-Response-(Reiz-Reaktions-) Phänomene, und sie können durch sehr schnelle und einfache mentale Prozesse verändert werden, wie Sie im nächsten Kapitel sehen werden.

Kapitel VIII

Allergien

Bei dem ersten „Belief and Health"-Seminar, das ich abhielt, erwähnte einer der Gastsprecher, Dr. Michael Levi*, eher beiläufig, daß eine Allergie etwas Ähnliches sei, wie eine Phobie des Immunsystems. Dieser Kommentar verblüffte mich, weil er mir auf der intuitiven Ebene Sinn machte und mit anderen Beobachtungen, die ich gemacht hatte, zusammenpaßte.

Zum Beispiel waren mir eine Reihe von Leuten bekannt, die an Allergien litten, und deren Symptome sich unvermittelt änderten, wenn sie einschliefen oder abgelenkt wurden. Das gab mir den Hinweis, daß dabei sowohl etwas Neurologisches als auch etwas Physiologisches am Werk war. Es ist allgemein bekannt, daß Menschen in bezug auf Allergien desensibilisiert werden können oder auch aus Allergien „herauswachsen". Ich hatte ebenfalls beobachtet, daß Allergien sich spontan aufklärten, nachdem jemand ein Stück psychologischer Veränderungsarbeit gemacht hatte. Daher schien der Gedanke, daß Allergien wie Phobien im Immunsystem funktionieren, sehr gut als Metapher zu passen, und dieser Gedanke wurde zum Samenkorn für einen Prozeß, den ich entwickelt habe, um mit allergischen Reaktionen umzugehen.

Als ich über Dr. Levis Aussage nachdachte und die Tatsache in Betracht zog, daß es bereits einen NLP-Prozeß gab, mit dem man lang bestehende Phobien in bemerkenswert kurzer Zeit kurieren kann, fragte ich mich, ob die gleichen Arten von Prinzipien auch auf die Arbeit mit allergischen Reaktionen angewandt werden könnten.

Ich begann, dies bei einzelnen Personen, die Allergien hatten, umzusetzen, um herauszufinden, was funktionieren würde und was nicht. Zu Beginn arbeitete ich

* Dr. Levi ist ein Forscher im Feld der Immunologie und Genetik und Gewinner des „World Health Association Award"(Preises der Welt-Gesundheits-Organisation) für seine bedeutende Arbeit, in der er in den 50er Jahren den Beweis lieferte, daß Viren Infektionen sind.

mit Hilfe eines Biofeedback-Gerätes, das ich entwickelt habe, um subtile körperliche Veränderungen zu messen.* Dies half mir, die Arten von Hirnprozessen zu entdecken, die bei Allergien beteiligt sind. Aus diesen Untersuchungen wurde dann der „Drei Anker Allergie -Prozeß" (three anchor allergy process) entwickelt. Tim und Suzi verkürzten diese Technik zum sog. „schnellen Allergie-Prozeß" (fast allergy process), der ebenfalls in diesem Kapitel demonstriert und erklärt wird. Die folgenden Demonstrationen wurden von Tonbandaufnahmen transkribiert, die in zwei unterschiedlichen Workshops aufgenommen wurden.

Ich möchte für Sie als Leser oder Leserin an diesem Punkt eine Warnung aussprechen. Bei der Arbeit mit Allergien sowie mit jeglichen anderen medizinischen Problemen ist es wichtig, dies in Verbindung mit angemessener medizinischer Behandlung zu tun. Einige Allergien ziehen ernste anaphylaktische Schocks nach sich oder können zu solchen führen; sie können tatsächlich lebensbedrohlich sein. Bevor Sie also diese Techniken anwenden, versichern Sie sich, daß die Person, mit der Sie arbeiten, sich entweder unter Beobachtung oder in Behandlung eines qualifizierten Mediziners befindet. (Naheliegend ist, daß diese Bitte um Vorsicht auch für alle anderen Techniken gilt, die in diesem Buch beschrieben sind.)

Da wir das Immunsystem bezüglich allergischer Reaktionen beeinflussen können, glaube ich desweiteren, daß diese Prinzipien ausgedehnt werden können auf die Beeinflussung von tiefgreifenderen und länger anhaltenden Problemen des Immunsystems wie Krebs, AIDS, Lupus, Arthritis und viele andere systemische Probleme, die das Verhalten des Immunsystems als Kristallisationspunkt (focal point) einschließen.

Schnelle Allergie-Demonstration

Die nun folgende Demonstration wurde auf der nationalen Konferenz der Nationalen Gesellschaft für Neurolinguistisches Programmieren (NANLP) in Chicago, Illinois, 1988 durchgeführt.

Suzi: OK, Lynda. Du sagst, daß du eine Allergie gegen Heu und Gräser hast.

* Der Mind-Master ist eine hochentwickelte Biofeedback-Einrichtung, die für den Apple 2 oder IBM-Computer erstellt wurde. Sie enthält verschiedene Biofeedback-Spiele und andere sehr nützliche Programme. Sie ist erhältlich bei Behavioral Engineering, 230 Mt. Hernon Road, Santa Cruz, California 95066.

Lynda: Ja. Ich wurde von einem Spezialisten getestet, und ich weiß, daß Timothy-Gras das Schlimmste ist, und wenn ich nur den Rasen mähe, quält es mich. Ich habe ein Pferd, also ist es recht unangenehm, auf Heu allergisch zu sein.
Suzi: Das kann ich mir vorstellen. Wenn wir hier in diesem Raum Timothy-Gras hätten und jetzt mähen würden, was würde mit dir passieren?
Lynda: Zuerst schwellen meine Schleimhäute an und meine Nase läuft, dann juckt mein Gaumen, und meine Augen werden blutunterlaufen und tränen.
Suzi: Also, zum Zwecke des Testens, stell dir vor, daß das Gras jetzt hier ist. Daß du...
Lynda: (Zeigt die Reaktion und lacht)
Suzi: OK. (Das Publikum lacht) Stop! Stop! Wir wollen nur soviel, daß wir uns kalibrieren können.
(Zur Gruppe:) Sie hat gerade einen der interessanten Aspekte von Allergien vorgeführt. Menschen können die Reaktion dadurch erzeugen, daß sie einfach nur daran denken, in der Gegenwart des Allergens zu sein. Es gibt eine Geschichte über einen Arzt der Jahrhundertwende, namens Mackenzie, der eine Frau behandelte, die eine heftige Allergie gegen Rosen hatte. Er fand heraus, daß sie, wenn er ihr eine sehr real aussehende künstliche Rose zeigte, auch die heftige Reaktion hatte.* Lynda zeigt uns auch die Kraft des Geistes. Einfach nur dadurch, daß sie an Timothy-Gras denkt, ist sie vorbereitet, die Reaktion zu bekommen, die sie typischerweise haben würde.
(Zu Lynda:) Wie schnell bekommst du diese Reaktion? Es sieht ziemlich unmittelbar aus, stimmt's? Wenn du dem über längere Zeit ausgesetzt bist, wird es schlimmer?
Lynda: Es ist unmittelbar, und solange das Allergen präsent ist, wird die Reaktion bleiben, wenn ich keine Medikamente nehme. Wenn ich die Situation verlasse, legen sich meine Symptome.
Suzi: Wie lange ist das bereits ein Problem für dich?
Lynda: (Pause) Seit ich ungefähr 11 oder 12 war.
Suzi: Du mußtest also für eine lange Zeit damit umgehen, einen großen Teil deines Lebens.

Ich weiß nicht, ob du weißt, wie das Immunsystem arbeitet; es ist wirklich ganz interessant. Was bei einer Allergie passiert ist, daß dein Immunsystem überreagiert und überaktiv geworden ist.

---

* John N. Mackenzie, „The Production of the So-Called ‚Rose Cold' by means of an Artificial Rose," *American Journal of Medical Science, 9* (1886): 45-57.

Es hat eine Anzahl unterschiedlicher Zellen mit unterschiedlichen Funktionen. Die Makrophagen sind diejenigen Zellen, die sich typischerweise um all so etwas kümmern wie Heu, Gras oder Staub (harmlose Substanzen), was man einatmet. Diese Zellen sind Reinigungszellen. Sie sehen ein bißchen so aus wie ein Oktopus, mit langen Tentakeln, die nach außen greifen und alles verschlingen, was immer auch an fremder Substanz in den Körper gerät.

Wenn eine Makrophage einem Virus begegnet, nimmt es einen Teil davon auf, setzt aber einen weiteren Teil auf dessen Spitze, wie eine Flagge. Es ist fast wie eine Siegesflagge, die hochgehalten wird, um den Rest des Immunsystems darauf aufmerksam zu machen, daß etwas in den Körper eingedrungen ist.

Diese Flagge macht auch die T-Helferzellen auf eine mögliche Gefahr aufmerksam. Ihre Aufgabe ist es, die Einbuchtungen an ihrer Seite, die Substanzen als gefährlich markieren, mit den Einbuchtungen auf der Seite der hochgehaltenen Flagge zu vergleichen. Wenn sie übereinstimmen, wird sie an dieser Substanz haften bleiben und *unmittelbar* einen Hilferuf an die Killer-T-Zellen aussenden. Die Killer-T-Zellen eilen herbei, bereit für den Kampf. Sie kommen überall dorthin, wo die Flagge hochgehalten wird und lassen den Virus explodieren, indem sie ihm einen chemischen Stoff injizieren.

Lynda: Sie lassen welche Zelle explodieren?

Suzi: Sie lassen die Zellen explodieren, die sich auf der Stelle befinden, wo die Makrophage die Flagge hochgehalten hat. Das funktioniert ganz gut, wenn man da einen Virus oder Bakterien hat, aber bei einer Allergie greifen die Killer-T-Zellen deine eigenen gesunden Zellen an. Einer der chemischen Stoffe, die ausgeschüttet werden, wenn die Zellen zum Explodieren gebracht werden, ist Histamin, was seinerseits die laufenden Nasen, Jucken und andere Dinge auslöst, die mit dem Heuschnupfen einhergehen.

Zur Wiederholung: Das Immunsystem hat einen Fehler beim Markieren der Teile gemacht, die gefährlich sind und Substanzen markiert, die den aktiven Teil des Immunsystems in Aktion versetzen. Sobald dieser Fehler einmal gemacht worden ist und die Zelle im Körper kodiert ist, wird das Immunsystem unmittelbar in Aktion treten, jedes einzelne Mal.

Wir können unserem Immunsystem danken, daß es in dieser Weise funktioniert. Sobald ein Erkältungsvirus oder ein Bakterium einmal markiert worden ist, wird das Immunsystem aktiv, um auf diese Gefahr zu reagieren. Es ist allerdings nicht sehr angenehm, wenn es in Aktion tritt, wenn keine Gefahr da ist.

(Zu Lynda:) Weil dein Immunsystem dies so schnell gelernt hat, bedeutet das, daß es sehr lernfähig ist. Was wir jetzt machen wollen ist, ihm eine neue Reaktion beizubringen. Wir wollen ihm zeigen, daß die Reaktion, die es jetzt hat, eine ist, die es

nicht zu haben braucht. Wir werden ihm eine angemessenere Reaktion zeigen. Wir werden zu deinem Immunsystem sagen: „Nicht *diese* Reaktion, diese Reaktion." (Zeigt mit unterschiedlichen Händen) Nicht dies; sondern *das.* Also ist es einfach eines Sache des Umtrainierens.
(Zur Gruppe:) Wir wollen einen Ökologiecheck machen, bevor wir beginnen.
(Zu Lynda:) Wenn du diese Reaktion auf Heu und Gras nicht hättest, wie würde dann dein Leben sein? Welche Implikationen hätte das für dich?
Lynda: Tja, es hat abgenommen über die letzten 10-15 Jahre. Also denke ich, es würde weitere Energien freisetzen. Und es würde einfach nur dieser Teil fehlen. Der Abfall.
Suzi: Würde es irgendwelche negativen Konsequenzen haben? Gibt es irgendeinen Grund, daß du dies *nicht* aufgeben *solltest*?
Lynda: Nein, ich kann an keinen denken.
Suzi: Ich meine, es ist nicht so, daß du dann deine ganze Zeit nur noch mit deinen Pferden verbringen würdest und andere Sachen würden auf der Strecke bleiben.
Lynda: (lachend) Nein. Es hätte nicht die Menge an Zeit begrenzen können, die ich mit ihnen verbringe. Ich hätte es nicht zugelassen.
Suzi: Als Tim und ich diesen Prozeß einmal mit einem Mann machten, der allergisch auf Gras war, bekamen wir eine andere Reaktion, als wir diese Frage stellten. Er sagte: „Oh! Dann müßte ich ja den Rasen mähen! Zur Zeit muß das meine Frau tun!"
(Zur Gruppe:) Wir wollen an diesem Punkt sicherstellen, daß wir mit jedem etwa vorhandenen sekundären Gewinn umgehen. Man findet zum Beispiel Kinder, die Allergien oder Asthma entwickeln, weil sie dadurch eine Menge Aufmerksamkeit bekommen. In solch einem Fall muß man dem Kind helfen, Wege zu finden, wie es ohne das Asthma oder die Allergien Aufmerksamkeit bekommen kann.

Hier scheint es keine ernsten Ökologiefragen bei Lynda zu geben, wenn sie diese Allergie aufgibt; nicht in dem, was sie sagt und auch nicht hinsichtlich irgendwelcher nonverbaler Inkongruenzen.
(Zu Lynda:) Was ist wie Heu oder Gras, das du um dich herum haben kannst und in bezug auf das dein Körper *keinen* Fehler gemacht hat? Gibt es irgendwelche Gräser, grüne Gräser?
Lynda: Wie wäre es mit Zimmerpflanzen?
Suzi: OK. Dir geht's gut mit allen Arten von grünen Zimmerpflanzen? Mit anderen Worten, dein Immunsystem hat hierbei keinen Fehler gemacht?
Lynda: Ja. Mir geht es gut, wenn Zimmerpflanzen um mich herum sind.
Suzi: Worauf wir aus sind ist, ein Gegenbeispiel zu finden, das der Substanz nah oder ähnlich ist, das aber nicht die Reaktion hervorruft; je ähnlicher, desto besser.

Geh zurück in deine Vergangenheit und sei *ganz dort* bei deinen Zimmerpflanzen; *wirklich* dort. Und ich möchte, daß dein Immunsystem *besondere Aufmerksamkeit* darauf richtet, wie es reagiert, wenn du in der Gegenwart von Zimmerpflanzen und grünen Gewächsen in deinem Haus bist. Und laß dein Immunsystem besondere Aufmerksamkeit darauf richten, wie, ganz präzise, es dies für dich tut. (Ankert den Zustand) Gut.
(Zur Gruppe:) Ich stelle sicher, daß ich einen guten starken Anker für das Gegenbeispiel habe. Veranlaßt die Person, sich in eine spezifische Situation hinein zu versetzen (assoziieren), bevor ihr sie ankert.
(Zu Lynda:) Nun, Lynda, möchte ich, daß du dir einen Schutzschirm aus Plexiglas vorstellst, *den ganzen Weg* quer durch den Raum dort, von Wand zu Wand, der dich schützt. Und *dort drüben*, auf der anderen Seite des Plexiglases siehst du Lynda. Und du siehst Lynda mit dieser Reaktion, die wir gerade etabliert haben (hält weiterhin den Anker). Eine Lynda, deren Immunsystem genau weiß, wie es angemessen reagiert auf grüne Sachen, die im Haus wachsen. Und während du zu der Lynda dort hinüberschaust, *weißt du*, daß sie ein Immunsystem hat, das weiß, wie es angemessen reagiert. (Pause) OK. *Nun* möchte ich, daß du sehr vorsichtig und sanft die Lynda dort drüben in eine Situation versetzt, wo sie mit Gräsern umgeben ist; die Art, die ihr früher Probleme gemacht hätte – Timothy-Gras. Was immer es ist. Sieh Lynda dort drüben, *in dem Wissen*, daß sie *diese Reaktion*, die wir hinein geankert haben, *zu ihrer vollkommenen Verfügung* hat. Ihr Immunsystem weiß *genau*, wie es angemessen reagieren kann. Und du beachtest *die* Lynda dort, die sich verändert, *während* sie in Kontakt mit dem Gras ist. Und es mag dir wirklich seltsam vorkommen innerlich, zu Anfang. (Pause) Und halte dort drüben Ausschau nach der Reaktion, die ähnlich ist, *jetzt*, der Reaktion, die sie bei grünen Gewächsen hat. (Pause) OK. *Das ist* richtig.
(Zu Lynda:) Nun möchte ich, daß du da hinausgehst und die Lyndas dort zusammenholst und ganz hierher zurückbringst in diese Lynda, die hier sitzt. Komm hierher, zurück zu mir. Stell dir vor, jetzt in diesem Moment, daß jemand Gras mäht, hier in diesem Raum; es wird Timothy-Gras gemäht, und dein Immunsystem ist noch immer *total* intakt und funktioniert in der Weise, wie du möchtest, daß es funktioniert. Und es weiß *einfach*, wie es angemessen zu reagieren hat. Während du dir vorstellst, Timothy-Gras zu sehen – während du hier bist, mit mir. (Pause) Einfach entspannt. (Pause) Mm-hm. Das ist richtig.

Nun, es wird eine Zeit in der nahen Zukunft kommen, wenn du eine Gelegenheit hast, in der Gegenwart von Timothy-Gras, Heu oder etwas derartigem zu sein. Ich möchte, daß du hingehst, zu deinen Pferden und sie fütterst.
Lynda: OK.

Suzi: Und laß dein Immunsystem besonders aufmerksam sein. Es hat jetzt das *Wissen* darüber, was die angemessene Reaktion ist, wenn du in der Situation bist. (Pause) OK.
(Zur Gruppe:) Wir wollen, daß sich das für einen Moment setzen kann. Dies ist, als wenn man einen Phobieprozeß mit Leuten macht. Oft hat man für eine Weile zweifelnde Klienten, die sagen: „Warten Sie mal einen Moment. Ich weiß nicht, was hier vorgeht. Dies *sollte doch nicht* so einfach sein, und das *sollte nicht* derartig gut funktionieren."

Habt Ihr irgendwelche Fragen an Lynda und ihre Erfahrung hier?
Mann: Als du dir vorstelltest, in der Gegenwart des Allergens zu sein, hattest du dabei überhaupt irgendwelche Sinnesempfindungen (sensations)?
Lynda: Nur ein ganz kleines bißchen. Wie auf der Rückseite meines Gesichts, in der Mitte, wenn das überhaupt vorstellbar ist. Das ist alles, was ich hatte, was dem gleichen würde, was ich normalerweise bekomme. Es war wie der allererste Anfang der alten Reaktion, und dann ging es nicht weiter.
Frau: Wie war die Reorganisation deines Immunsystems für dich?
Lynda: Es war ziemlich ähnlich, wie ein kollabierter Anker. Es ist, als wenn man fühlen kann, wie Dinge neu gebahnt (rewired) werden. Da passiert etwas.
Suzi: Das ist eine wunderbare Beschreibung darüber. Dies reicht tatsächlich tief in ihre Neurologie hinein, als Veränderung.
(Zu Lynda:) Nun, wo es sich gesetzt hat, stell dir vor, so wie du es gemacht hast, als wie hier begonnen haben – daß du in einer *riesig großen Wolke von Timothy Gras* herum schnüffelst. (Pause, sanfter) Und nimm wahr, was innerlich passiert. (Pause) Nun versuch ganz stark, die alte Reaktion zurückzukriegen. (Sanfter) So stark wie du kannst. (Pause)
Lynda: Ich liege immer noch auf der Lauer und warte, daß etwas passiert. (Lachend)
Suzi: Schock. *Kannst du dich nicht ein bißchen mehr anstrengen*? (Lachend)
(Zur Gruppe:) Für diejenigen von euch, die sich kalibriert haben: War das die gleiche Reaktion, die wir bekamen, bevor wir diesen Prozeß gemacht haben?
Publikum: Nein.
Suzi: Nun, sie ist immer noch auf der Lauer, und das ist richtig so. Sie war 11 oder 12 als dies anfing. Sie wartet immer noch auf die Reaktion, denn der Reiz hatte sich jedes einzelne Mal ausgelöst.
(Zu Lynda:) Und du wirst *angenehm überrascht* sein, wenn du nach draußen gehst und auf die alte Reaktion wartest und sagst: „Oh, sie kommt nicht. Ich kann einfach Spaß haben, wenn ich mit meinen Pferden zusammen bin."
Lynda: Mm-hm.

Suzi: (Sanfter) Nichts anderes braucht dort draußen passieren. Und du kannst deinem Immunsystem dafür danken, daß es so reaktionsbereit und offen ist, um neue Wege zu erlernen.
Lynda: Danke.
Suzi: Diesen Prozeß kann man sehr leicht mit sich selbst machen. Du sagtest, daß du auf eine Menge unterschiedlicher Dinge allergisch seist.
Lynda: Ja, es gibt auch einige weitere Dinge; dies hier war das größte.
Suzi: Nun, wenn du ein Mensch bist, der *leicht generalisiert*, würde ich nicht wollen, *daß du an die anderen Sachen denkst, bei denen dies ebenfalls wirken würde.* (Anm. d. Übers.: Eingebettete Aufforderung [embedded command]: I wouldn't want you *to think* ...)
Lynda: (Lachend) OK.
Suzi: Laß dein Immunsystem automatisch für dich durch diesen Prozeß gehen ... so daß du es nicht bewußt machen brauchst. Weil ... du weißt, wir lernen sehr schnell, und es gibt keinen Grund, daß es nicht weitermachen und den Prozeß mit anderen Substanzen durchgehen könnte, so daß du dich nicht mehr darum kümmern brauchst.

Fragen

Frau: Was macht man, wenn die andere Person nicht weiß, auf welche Substanz sie allergisch ist?
Suzi: Offensichtlich ist es dann viel schwerer, ein geeignetes Gegenbeispiel zu finden, wenn man das Allergen nicht kennt. Bei Heuschnupfen z. B., wenn eine Person weiß, es ist „etwas in der Luft", versuchen Sie, Mehl oder Staub oder Fusseln als Gegenbeispiel zu nehmen, die in der Luft fliegen. Man kann auch die Luft zu anderen Jahreszeiten nehmen, wenn die Person angemessen reagiert.
Mann: Manche Leute sind, wenn man sie testet, auf geradezu alles allergisch. Aber es gibt Zeiten, wenn sie auf das Allergen reagieren und andere Zeiten, wenn sie es nicht tun. Wie ist es damit?
Suzi: Das kann bedeuten, daß das Allergen stark in Verbindung mit Streß auftritt, und es handelt sich um ihren emotionalen Zustand. Das läßt Sie wissen, daß es ein weiteres Element gibt, das in Ihrer Intervention sein muß; diesen Personen beizubringen, wie sie in der Situation, die Streß aufkommen läßt, anders reagieren können. Bemerken zum Beispiel einige von Ihnen, die Heuschnupfen haben, daß es in

manchen Jahren viel schlimmer ist als in anderen? Wenn Sie zurückschauen, kann es sein, daß es aufgrund dessen war, was in Ihrem Leben vor sich ging – nicht, daß die Menge der Pollen unterschiedlich ist. Ihr innerer Zustand macht den Unterschied.
Mann: Was macht man, wenn es wiederkommt?
Suzi: Wenn die Person es irgendwie wiederherstellt, macht man es noch einmal. Es erfordert in der Regel nur 5 Minuten, das zu tun. Machen Sie ebenfalls einen Doppelcheck des geeigneten Gegenbeispiels und der Ökologie, besonders der Glaubenssätze, die im Weg stehen.
Frau: Haben Sie dies auch mit Kindern gemacht?
Suzi: Ja. Es funktioniert auch mit Kindern gut. Das jüngste, von dem wir gehört haben, war ungefähr 3 Jahre alt.
Mann: Was ist, wenn der Prozeß nicht funktioniert?
Suzi: Vielleicht hat die Person nicht das geeignete Gegenbeispiel genutzt. Je näher Gegenbeispiel und Allergen sich kommen, desto besser. Nehmen Sie zum Beispiel eine Allergie auf Kuhmilch. Kann die Person Ziegenmilch oder Soyamilch trinken? Wenn sie auf alle Arten von Milch allergisch ist, gibt es etwas Weißes und Flüssiges, das für die Person in Ordnung ist, wie z. B. Kokossaft oder so etwas? Ich finde es besser, wenn die Person ihre eigenen Gegenbeispiele bringt, statt daß ich sie wähle; aber Vorschläge sind oft hilfreich.

Ein weiterer Hauptgrund, daß es nicht funktioniert, hat mit dem sekundären Gewinn und der Ökologie zu tun. Ökologiefragen kommen vielleicht nicht zu Beginn des Prozesses auf – man kriegt sie vielleicht nicht, bis Sie die Person das Future Pace machen lassen. Vielleicht müssen Sie ein Reframing machen, New Behavior Generator, Re-Imprinting, Change Personal History usw., um mit dem sekundären Gewinn umzugehen, bevor Sie mit dem Immunsystem weitermachen.

Drittens kann es eine zugrunde liegende Prägung geben, die die eigentliche Wurzel der Allergie ist. Es tut niemandem weh, die Sache auf ein ungelöstes Prägungserlebnis hin zu überprüfen, bevor Sie den Allergieprozeß mit jemandem machen. Auf diese Weise können Sie wirklich *gründlich* sein.
Frau: Haben Sie es mit lebensbedrohlichen Allergien angewandt?
Suzi: Ja, und wenn Sie meine Klientin mit einer lebensbedrohlichen Allergie wären, würde ich darauf bestehen, daß Sie zu einem Arzt gehen und einen geeigneten medizinischen Test machen ließen, um medizinisch zu validieren, daß Sie keine Reaktion mehr haben. Wenn Sie mit einem sehr ernsten Fall von Allergien umgehen, seien es entweder lebensbedrohliche oder schrecklich unangenehme Symptome, sollten Sie vielleicht eine dreifache Dissoziation machen ... als wenn es eine Phobie wäre. Der Zweck ist, die Person weit genug davon zu entfernen, daß sie nicht in die Symptome zurückfällt.

Zusammenfassung: Schneller Allergie-Prozeß

1. *Kalibrieren Sie sich.* Fragen Sie: „Wie ist es für Sie, in der Gegenwart des Allergens zu sein?“ Beobachten Sie die Physiologie der Person, ihre Augen-Zugangshinweise, die Atmung usw.

2. *Erklären Sie den Fehler des Immunsystems.* Erklären Sie, daß sein/ihr Immunsystem einen Fehler gemacht hat, indem es davon ausging, daß etwas gefährlich sei, was es in Wirklichkeit nicht ist. Das Immunsystem hat etwas als gefährlich markiert, das es als solches gar nicht ist. Es kann ziemlich schnell umtrainiert werden und umlernen.

3. *Testen Sie die Ökologie/den sekundären Gewinn.* Wie würde sein/ihr Leben ohne diese Allergie sein? Gibt es irgendwelche positiven oder negativen Konsequenzen? Nutzen Sie an diesem Punkt jede erforderliche NLP-Technik, um mit Ökologieproblemen umzugehen, bevor Sie weitermachen.

4. *Finden Sie eine geeignete Gegenbeispiel-Ressource.* Finden Sie ein Gegenbeispiel, das dem Allergen so ähnlich wie möglich ist; eines, auf das das Immunsystem angemessen reagiert. Ankern Sie die Reaktion, und dann *halten Sie den Anker während des ganzen Prozesses.* Stellen Sie sicher, daß die Person assoziiert ist, wenn Sie den Anker setzen. Wenn möglich, lassen Sie die Person ihr eigenes Beispiel von etwas finden, das ähnlich ist.

5. *Lassen Sie die Person dissoziieren.* Eine Plexiglasscheibe von Wand zu Wand ist ein einfacher Weg, Dissoziation aufzubauen. *Während Sie den Anker halten,* veranlassen Sie die Person, sich selbst auf der anderen Seite des Plexiglases zu sehen, wie sie die Ressource hat. Nutzen Sie all ihre „fluffige“ Sprache (Anm. d. Übers.: Prozeßinstruktionen mit Hilfe des Milton-Modells der Sprache), um zu suggerieren: Sie sind „genau die, die Sie sein wollen“, und daß ihr Immunsystem angemessen funktioniert.

6. *Nach und Nach führen Sie das Allergen ein.* Während die Person sich selbst dort drüben hinter dem Schirm aus Plexiglas beobachtet, lassen Sie sie langsam das Allergen in die Situation einbringen, *die Sache, die früher das Problem machte.* Führen Sie es als graduellen Prozeß ein, und geben Sie ihr die Möglichkeit, sich daran zu gewöhnen. *Warten Sie an diesem Punkt, bis Sie eine physiologische Veränderung sehen.* Es ist, als würde das Immunsystem sagen, „Alles klar, ich hab's kapiert. Ich werde die Nuten an meiner Flagge verändern, so daß es mit keiner meiner T-Zellen zusammenpaßt.“

7. *Reassoziieren Sie.* Bringen Sie die Person in ihren eigenen Körper zurück und veranlassen Sie sie, sich vorzustellen, daß sie in der Gegenwart des Allergens ist, während Sie weiterhin den Ressource-Anker halten.

8. *Future Pace.* Veranlassen Sie die Person, sich einen Zeitpunkt in ihrer Zukunft vorzustellen, an dem sie in der Gegenwart des Stoffes ist, der früher eine allergische Reaktion auslöste.

9. *Testen Sie.* Wenn Sie in der Situation vorsichtig einen realen Test machen können, tun Sie das. Wenn nicht, beachten Sie die Anfangsreaktion, auf die Sie sich kalibriert hatten, um zu sehen, ob die Physiologie, die Zugangshinweise der Augen, die Atmung usw. sich verändert haben.

Zusammenfassung: Drei Anker Allergie-Prozeß

Dies ist der Prozeß, den Robert Dilts anwandte, als er anfangs mit Allergien arbeitete. Der einzige Unterschied zwischen der vorherigen Technik und dieser ist, daß dieser Prozeß gleichzeitig drei Anker verwendet (einen für die Dissoziation, einen für das Gegenbeispiel und einen Ressource-Anker), statt nur des einen für das Gegenbeispiel.

1. Kalibrieren Sie sich.

2. Erklären Sie den Fehler des Immunsystems.

3. Testen Sie die Ökologie/den sekundären Gewinn.

4. a. Lassen Sie die Person dissoziieren und ankern Sie den Zustand der Dissoziation. Dies ist eine zusätzliche Rückversicherung, daß Sie die Person dissoziiert halten können.
   b. Finden Sie eine geeignete Gegenbeispiel-Ressource und ankern Sie diese. (Dies ist das gleiche wie im anderen Prozeß.)
   c. Fragen Sie die Person, wie sie sich fühlen möchte, wenn sie in Gegenwart des Allergens ist. Dies könnte sein „*Du*, wie du sein willst" in der Situation. Ankern Sie diese Ressource ebenfalls.

5. Nutzen Sie alle Anker, die Sie in Schritt 4 gesetzt haben, um die Person sich selbst mit diesen Ressourcen verfügbar sehen zu lassen.

6. Führen Sie nach und nach das Allergen im dissoziierten Zustand ein.

7. Lassen Sie den Dissoziationsanker los und lassen Sie die Person zurückassoziieren, mit den anderen zwei Ressourcen weiterhin verfügbar.
8. Machen Sie ein Future Pace mit den zwei Ressource-Ankern.
9. Testen Sie.

Vordergrund/Hintergrund

Das nächste Muster, das wir diskutieren wollen, wird das Figur/Grund- oder Vordergrund/Hintergrund-Vorgehen genannt. Robert entwickelte diese Technik, nachdem er über einige von Pawlows Experimenten mit Hunden gelesen hatte.*

Ich bin sicher, daß Sie sich alle daran erinnern, daß Pawlow ein russischer Wissenschaftler war, der viele der anfänglichen Studien über Reiz-Reaktions-Phänomene vorgenommen hat. In einer der Studien konditionierte er einen Hund, immer wenn er eine Glocke, einen Summer und einen Ton gleichzeitig hörte, Speichel abzusondern. Pawlow fand heraus, daß jedes dieser Geräusche einen unterschiedlichen Wert hatte, um bei dem Hund Speichelfluß auszulösen. Die Glocke bewirkte vielleicht zehn Tropfen, der Summer fünf und der Ton zwei. Mit anderen Worten, die Glocke war im „Vordergrund" der Geräusche, die der Hund hörte, d.h. der Hund richtete mehr Aufmerksamkeit auf die Glocke als auf den Summer oder den Ton. Der Ton mit der geringsten Wertigkeit wäre also der Hintergrund.

Pawlow fand, wenn er die Reaktion des Hundes auf den Ton hemmte, so daß der Hund bei diesem Ton überhaupt keinen Speichel mehr produzierte (der Ton also eine Wertigkeit von Null hatte), und Pawlow dann wieder die Glocke und den Summer einführte, fiel die Wertigkeit aller (miteinander verbundenen) Geräusche auf Null. Die miteinander verbundenen drei Geräusche dienten nicht mehr als Stimulus für den Speichelfluß des Hundes.

Dasselbe Prinzip kann man auf Allergien und andere Reiz-Reaktions-Probleme von Menschen anwenden. Sie können die Vordergrund/Hintergrund-Technik anwenden, wenn Sie einen spezifischen Reiz in einem definierten Kontext haben. Diese Technik wurde bisher bei Phobien benutzt, bei unangenehmen Reaktionen auf das Geräusch des Zahnarztbohrers, bei negativen Reaktionen auf unangenehme Stimmlagen usw.

* The Essential Works of Pavlov (New York, NY: Bantam Books, 1966).

Demonstration: Vordergrund/Hintergrund

Tim: Hat hier noch irgend jemand eine Allergie?

Gary: Ich bin allergisch auf Amerikanische Pappeln (cottonwood trees). Wenn die Flusen durch die Luft fliegen, bekomme ich eine verstopfte Nase. Interessant daran ist, wenn ich auf meine Symptome achte, werden sie schlimmer. Wenn ich mich mit etwas anderem beschäftige, sind sie nicht so schlimm.

Suzi: Gut. Vielleicht können wir dir dabei helfen, *wirklich* andere Dinge zu beachten.

Tim: Wie ist das für dich, wenn du in der Nähe von Pappeln bist?

Gary: (Zeigt Spannung um seine Augen herum, und seine Hautfarbe wird ungleichmäßig.) Meine Augen fangen an zu jucken, und meine Nase wird verstopft.

Tim: Wenn es jetzt hier Flusen der Pappel gäbe, würde dich das stören?

Gary: Oh ja.

Tim: Magst du Kiefern? Ich würde schätzen, daß es dir in einem Kiefernwald gut ginge. (Ankert Garys Arm kinästhetisch, als er beginnt, an Kiefern zu denken.)

Tim: (Abrupt, während er noch immer den „Kiefern"-Anker hält) Wie fühlen sich diese Tennisschuhe an deinen Füßen an? (Schafft eine Verbindung zwischen den Sinnesempfindungen in Garys Füßen und dem, wie es für Gary ist, in der Nähe von Kiefern zu sein.)

Tim: (Läßt den Anker los) Wie ist es mit Pappeln? Wenn du zwischen den Pappeln spazieren gehen würdest... wie ist das?

Gary: (Verwirrung, blinzelt ein paar Male, Veränderung im Zustand, hin zu der Physiologie, die mit Kiefern verbunden ist) Warte mal einen Moment...

Suzi: Das nennt sich: die „Schaltkreise ausbrennen" (burning out the circuits).

Gary: Es ist wie ein Schock. (Er sitzt für einige Momente ruhig.)

Tim: Wie ist das für dich jetzt, wenn du an Pappeln denkst? Kannst du die alte Reaktion zurückholen?

Gary: ... Nein.

Suzi: Naja, sieh doch einfach den Raum voll von diesen kleinen weißen Flusenbällchen.

Gary: ... Ich werd mich mehr anstrengen. (Zeigt nicht die geringsten Anzeichen der Physiologie, die er vorher bei den Gedanken an Pappeln hatte.)

Wenn ich in meiner Erinnerung in die Vergangenheit zurückgehe, als ich die Reaktion hatte, ist es, als wenn sie nie dagewesen wäre. Das ist es, was so verrückt ist.

Tim: (Zur Gruppe) Dies ist ein Prozeß, den man verdeckt leicht machen kann, weil er so schnell geht. Die Anwendung in Familientherapie, Geschäftsinteraktionen und der Arbeit mit Paaren sind wahrscheinlich offensichtlich, weil es bei visuell oder auditiv geankerten Reaktionen funktioniert.
Suzi: (Zur Gruppe:) Ich möchte gern erklären, was Tim mit Gary gemacht hat. Die Pappeln waren ursprünglich im Vordergrund von Garys Wahrnehmung. Seine Füße, die immer präsent sind, waren Hintergrund.
Tim: So haben wir eine starke Assoziation zwischen seinen Füßen und einem Gegenbeispiel (Kiefern) geschaffen, gegen die er keine Immunreaktion hat. Solange das Gegenbeispiel der Kiefern in seinem Denken den Pappeln nahe genug kommt, wird die Technik funktionieren.
Mann: Wie würden Sie das verdeckt machen?
Tim: Das *war* verdeckt für jeden, der nicht mit Ankern vertraut ist. Ein anderes Beispiel ereignete sich vor kurzem, als ich mit einem Mann sprach, der einen Mantel und einen Schlips trug. Er erzählte mir, wie er Ärger mit seiner Frau hatte und wie sie ihn annörgeln würde, wenn er sie von der Arbeit anrief. Ich nahm an, daß ihre Stimmlage für ihn im Kontext des Nörgelns ein negativer Anker war. Später sagte ich ihm, daß ich froh war, keinen Schlips tragen zu müssen und ob es ihm etwas ausmachte, einen zu tragen. Als er Zugang suchte, ob es ihm etwas ausmachte oder nicht, ankerte ich die Reaktion visuell, indem ich einen imaginären Schlipsknoten an meinen Kragen hielt. Dann fragte ich ihn nach Unterhaltungen, die er mit seiner Frau hatte, in denen er *wirklich* interessiert war, was sie sagte und feuerte währenddessen meinen visuellen Anker, den hochgehaltenen imaginären Schlipsknoten, ab. Dann fragte ich ihn nach dem Nörgeln, und er hatte eine ganz andere Reaktion als beim ersten Mal, als er ihr Nörgeln erwähnte. Er sagte, es sei wahrscheinlich gar nicht so schlimm. Er hatte keine bewußte Idee, was passiert war, aber ich bin sicher, daß sein Unbewußtes es zu würdigen wußte, so wie ich weiß, daß es seine Frau tun wird, wenn er anfängt, ihr zuzuhören.

Wichtig ist, ein Gegenbeispiel zu finden, das im Denken der Person „nahe genug" ist, um zu generalisieren. Die beste Art von Gegenbeispiel ist, wenn die Person die Reaktion, über die sie klagt, hätte haben sollen, aber sie nicht hatte. Beispielsweise hätte ich Gary fragen können, ob er jemals in der Nähe von den Pappelflusen gewesen ist und keine allergische Reaktion bekommen hat. Das nächstbeste Beispiel ist etwas, das die Person als etwas betrachtet, das in dieselbe Kategorie von Dingen fällt (Bäume in Garys Fall) oder Verhaltensweisen (Unterhaltungen im Falle des Mannes mit dem Schlips).
Suzi: Als wir das erste Mal Robert zusahen, wie er mit diesem Vorgehen arbeitete, handelte es sich um eine Frau, die Angst bekam, wenn sie den Bohrer vom Zahn-

arzt hörte. Robert fragte sie nach einem Gegenbeispiel... etwas, das sich anhörte wie ein Zahnarztbohrer, auf das sie aber keine Reaktion hätte. Sie dachte an einen elektrischen Mixer. Die Technik funktionierte nicht mit diesem Gegenbeispiel. Es stellte sich heraus, daß das kritische Element war, daß sie den Mixer kontrollierte, der Bohrer aber vom *Zahnarzt* kontrolliert wurde. Der Rasierer beim Frisör funktionierte hinterher sehr gut als Gegenbeispiel. Es hörte sich ähnlich an, und der Frisör kontrollierte ihn.

Tim: Es ist noch besser, wenn das Gegenbeispiel etwas ist, das der Person Spaß macht. Die Frau sagte, es mache ihr Spaß, sich ihr Haar machen zu lassen, weil sie damit was tat, was ihr das Gefühl gab, attraktiv zu sein. Einige dieser guten Gefühle übertrugen sich auf den Kontext Zahnarzt.

Als Hintergrundelement können Sie etwas auswählen, was immer präsent ist... Temperatur, Sinneswahrnehmungen in den Händen oder den Füßen, etc. Seien Sie jedoch ein wenig vorsichtig, was Sie auswählen, und testen Sie es mit der Person zuerst aus. Wir arbeiteten einmal mit einem Mann, der auf Zigarettenrauch allergisch war. Da seine Frau rauchte, hatte er ein großes Problem. Wir nahmen als Hintergrundelement seine Füße, wie wir es bei Gary gemacht hatten, und plötzlich bekam er eine unangenehme Reaktion. Es stellte sich heraus, daß er früher geraucht hatte, aber damit Schluß machte, als sein Arzt sagte, er hätte Durchblutungsstörungen in seinen Füßen!

Zusammenfassung: Vordergrund/Hintergrund-Prozeß

1. Identifizieren Sie eine einschränkende Reaktion, die in einem spezifischen Kontext auftritt (eine Allergie, das Geräusch des Zahnarztbohrers oder eine nervige Stimmlage.)
   a. Kalibrieren Sie sich auf die damit verbundene Physiologie.
   b. Was ist im Vordergrund? Wessen ist sich die Person am meisten bewußt?

2. Finden Sie eine geeignete Gegenbeispiel-Ressource. Entweder eine Gelegenheit, wo die Person die Reaktion hätte haben sollen, sie aber nicht bekam, oder einen Kontext, der dem einschränkenden so ähnlich wie möglich ist.
   a. Was ist im Vordergrund? Wessen ist sich die Person am meisten bewußt?

3. Identifizieren Sie etwas, das sowohl im einschränkenden Kontext aufgetreten ist, als auch im Gegenbeispiel und das sich außerhalb der bewußten Wahrneh-

mung der Person befindet. Was ist bei beiden im Hintergrund? (D. h., die Art, wie sich die Fußsohlen anfühlen, das Gewicht der Kleidung, etc.) *Ankern* Sie dieses Charakteristikum.

4. *Während Sie den Anker halten*, lassen Sie die Person auf das fokussieren, dessen sie sich im Gegenbeispiel am stärksten bewußt ist. Ihr Ziel ist es, eine starke Verknüpfung zwischen dem aufzubauen, was der Person am stärksten im Bewußtsein ist (Vordergrund) und etwas, dem sie keine Aufmerksamkeit schenkt (Hintergrund).

5. Lassen Sie den Anker los, und veranlassen Sie dann unmittelbar danach die Person, die vorher einschränkende Erfahrung zu erinnern und sich hinein zu assoziieren.

6. Kalibrieren Sie sich auf die physiologische Reaktion.
   Wenn die einschränkende Reaktion immer noch auftritt, durchlaufen Sie Schritt drei mit einem anderen Gegenbeispiel, und stärken Sie die Verknüpfung zwischen den Vordergrund- und den Hintergrund-Charakteristika.

7. Überbrücken Sie in die Zukunft (Future Pace), indem Sie den Hintergrundanker halten, während die Person an Kontexte in der Zukunft denkt.

Zusammenfassung: „Mapping across"-Submodalitäten-Prozeß

Es gibt einen Weg, wie Sie Gegenbeispiele und Submodalitäten in der Arbeit mit Allergien nutzen können. Anstatt das Ankern anzuwenden, finden Sie heraus, welche Submodalitäten vorhanden sind, wenn das Immunsystem angemessen reagiert, und übertragen (map) Sie diese dorthin, wo die unangemessene Reaktion stattfindet. Sie werden oft finden, daß es einen kritischen Unterschied in den Submodalitäten gibt.*

1. Kalibrieren Sie sich.

2. Erklären Sie den Fehler des Immunsystems.

3. Überprüfen Sie auf sekundäre Gewinne/Ökologieprobleme.

---

* Siehe: Richard Bandler, *Veränderung des subjektiven Erlebens* (Junfermann: Paderborn, 1987).

4. Finden Sie eine geeignete Ressource/ein geeignetes Gegenbeispiel. Evozieren Sie die Submodalitäten für das Gegenbeispiel. Sie können fragen: „Wie denken Sie darüber?“ Hierbei handelt es sich um die Submodalitäten, die das Immunsystem der Person nutzt, wenn es angemessen reagiert.
5. Arbeiten Sie die Submodalitäten heraus, die mit der Allergen-Situation zusammenhängen. Dabei handelt es sich um die Submodalitäten, die das Immunsystem der Person nutzt, wenn es unangemessen reagiert.
6. Sowie die Person an das Allergen denkt, lassen Sie sie die Submodalitäten übertragen, so daß das Erlebnis in den Submodalitäten dem des Gegenbeispiels gleicht.
7. Machen Sie ein Future Pace.
8. Testen Sie.

Epilog

Einer der zentralen Glaubenssätze und eine der Versprechungen des NLP ist, daß effektive Strategien von jedem Einzelnen modelliert und angewendet werden können, der dies tun will. Ein großer Teil dieses Buches geht zurück auf das Modellieren von Strategien und Glaubenssätzen solcher Menschen, die effektiv von potentiell schwächenden oder lebensbedrohlichen Krankheiten oder auch von anderen geistigen und körperlichen Schwierigkeiten (in bezug auf Gesundheit) genesen sind. Dieselben Prinzipien können auf andere Bereiche menschlicher Exzellenz angewendet und genutzt werden. Zum Beispiel wird Wolfgang Amadeus Mozart als einer der größten Komponisten in der gesamten menschlichen Geschichte angesehen. Wie wir schon an früherer Stelle in diesem Buch erwähnten, ist es vielleicht nicht mysteriöses mystisches Talent, das Mozart von anderen absetzt, sondern eher eine sehr reale und konkrete Strategie, die er nutzte, um seine Erfahrung zu organisieren und zu integrieren. Er wandte seine Strategie in einer Weise an, die ihm erlaubte, so hervorragend zu werden, wie er war. Ich habe Briefe von Mozart studiert und herausgefunden, daß er im Grunde einen ziemlich expliziten und doch extrem eleganten kreativen Denkprozeß offen darlegte, den ich modelliert habe. Dieser Prozeß kann benutzt werden, um Harmonie zu schaffen, auch in anderen Bereichen als nur musikalischen Noten. Das folgende ist eine Meditation für Gesundheit, die von dem formalen Denkprozeß abgeleitet ist, den Mozart verwandte, um Musik zu komponieren. Obwohl der Inhalt mit innerer Erfahrung, Gesundheit und Vitalität zu tun hat, ist die Struktur dieser psychologischen Symphonie vom Meister selbst.

Übung

Erlauben Sie sich selbst, sich einen Moment Zeit zu nehmen, und seien Sie sich einfach nur Ihres Körpers bewußt ... nehmen Sie die Gefühle wahr ... vielleicht gibt es Teile von Ihnen, denen Sie während des Tages wirklich nicht viel Aufmerksamkeit geschenkt haben ... nehmen Sie die Symmetrie Ihrer Hände wahr, Ihres Körpers, Ihrer Füße, von Ihrer linken Seite zur rechten ... und dann ... richten Sie Ihre Aufmerksamkeit ... tief hinein in Ihr Inneres ... finden Sie einen Teil, dem Sie immer Vertrauen schenken konnten, daß er gesund ist ... dieser Teil von Ihnen, auf den Sie trotz aller Krankheiten, die Sie durchgemacht haben, immer zählen konnten ... es ist ein Teil Ihres Körpers.

Vielleicht ist es Ihr Herz. Vielleicht sind es Ihre Augen. Vielleicht Ihre Lippen. Vielleicht Ihre Beine. Vielleicht Ihre Ohren. Der Teil von Ihnen, dem Sie *am meisten vertrauen,* daß er gesund bleibt, und daß er lebendig bleibt. (Pause)

Und während Sie Ihre Aufmerksamkeit auf diesen Teil lenken, während Sie wirklich in diesen Teil hineingehen, *fühlen Sie ihn.* Fühlen Sie diesen Teil Ihrer Physiologie, Ihres Körpers. (Pause) Und, während Sie das tun, beginnen Sie sich vorzustellen, daß dieser Teil Ihres Körpers wie ein Musikinstrument ist. Und es macht einen Klang, ein Geräusch, eine Melodie. Und lauschen Sie dem Klang dieser Gefühle ... dem Klang von dem Teil Ihres Körpers, der in sich Ihre Vitalität, Ihre Energie und Lebenskraft verkörpert. Und lauschen Sie diesem Klang. Und während Sie den Klang hören, vielleicht können Sie das Gefühl stärker machen, und die Empfindung von Gesundheit und Vitalität und Lebendigkeit kann beginnen, sich über diesen Teil Ihres Körpers hinaus auszubreiten. (Pause)

Während Sie diesen Klang hören und dieses Gefühl fühlen, vielleicht, während Sie den nächsten Atemzug nehmen, können Sie diesen Klang riechen. Sie können dieses Gefühl von Lebendigkeit, von Vitalität riechen. Und nehmen Sie wahr, wie es für Sie riecht. Ist es süß oder fruchtig? Ist es würzig? Ist es aromatisch? Und nehmen Sie wahr, innerlich, wie dieser Geruch ist. Und welchen Geschmack es vielleicht hat. So daß Sie es riechen und schmecken können, diese Empfindung von Vitalität. (Pause)

Und lassen Sie diesen Geruch und diesen Klang beginnen, sich auszubreiten. Und denken Sie an andere Teile Ihres Körpers, oder andere Gefühle, die vielleicht nicht so gesund sind, wie Sie es gern möchten. Und lauschen Sie auf die Geräusche und den Geschmack in jenen Teilen von Ihnen, als wenn Sie Teil eines Festessens wären... wie Teil einer Symphonie ... ein Musik-Stück. Und beginnen Sie, dem Geräusch und dem Geruch und dem Geschmack dieses Lebens und dieser Vitalität und dieser Gesundheit zu erlauben, als ein Kontrapunkt zu dienen oder als ein Tanz, mit all den Teilen Ihres Körpers. So, daß es sich von innen heraus ausbreitet. Und beginnen Sie sogar, es zu sehen, als wenn es Licht wäre, das sich von dem Teil Ihres Körpers ausbreitet. In welcher Farbe, welcher Leuchtkraft würde diese Energie, diese Vitalität erscheinen, während es in diesem Rhythmus tanzt ... in Farben ... in der Musik ... mit all den anderen Teilen Ihres Körpers sich von innen her ausbreitet. Von innen her jeden Teil Ihres Körpers massiert. (Pause)

Und seien Sie gewiß, *diese* Musik und *dieser* Tanz können weitergehen. Selbst heute Nacht in Ihren Träumen, in Ihrem Schlaf, in Ihrem Geist... diese Musik kann sich ausbreiten... dieses Licht kann seine Wärme ausströmen, seinen Geschmack und seinen Duft ganz durch Sie hindurch. Und daß Sie es schmecken können, in den Dingen Ihrer Umgebung, in der Nahrung, die Sie essen. In den Ausblicken, die Sie sehen und den Klängen, die Sie hören. Und daß die Klänge von Leben und Gesundheit und die Farben von Leben und Gesundheit und der Geschmack von Leben und Gesundheit hier sein können für Sie. Und wenn Sie diesen Aufmerksamkeit schenken können, kann Ihr Unbewußtes Sie dahinführen, zu erkennen, welches die angemessenen Dinge sind, die Sie essen, die Sie sehen, die Sie hören. (Pause)

Und vielleicht kann das Licht in Ihnen so stark und leuchtend werden, daß es beginnt, durch Ihre Poren, Ihre Haut und durch Ihre Augen zu scheinen. Und der Klang tönt hinaus durch den Klang Ihrer Stimme und breitet sich aus zu anderen, ohne daß Sie sich anstrengen müssen, einfach nur, wenn Menschen Ihnen nahe sind. Sie fühlen es, und Sie empfinden es. (Pause)

Und erlauben Sie diesem Prozeß, in seinem eigenen Schrittempo weiter zu gehen, in seiner eigenen Geschwindigkeit (rate of speed), in der Weise, die für Sie am ökologischsten ist. Und jede dieser Ideen oder das Lernen, daß Sie hier heute bekommen haben, alles, was Sie hier gelernt haben – wissen Sie, daß Sie sie aufnehmen können, ganz inkorporieren, oder in einer Weise erwägen, die für Sie am ehesten ökologisch und angemessen ist.

Und morgen früh, wenn Sie aufwachen, wachen Sie vielleicht auf mit einem Gespür von Energie und Vitalität, ein entspanntes Gefühl und doch mit einer Lebendigkeit und Wachheit, *die* Sie vielleicht fühlen können, wenn Sie Ihren Augen erlauben, sich zu öffnen, und Kontakt herstellen mit der Welt um Sie herum, hier. Und selbst Geräusche von außerhalb dieses Raums werden sich nicht stören, mit diesen Empfindungen von innerer Vitalität und innerem Frieden.

Glossar

Anker: Stimuli, die konsistent die gleichen internen Gegebenheiten (oder Reaktionen) innerhalb eines Individuums produzieren. Anker treten natürlich auf. Bandler und Grinder entdeckten durch Modellieren, daß man bewußt einen Stimulus mit einer Geste oder einer Berührung oder einem Geräusch einrichten kann, um einen Zustand stabil zu halten. Beim Ankern wird ein externer Stimulus mit einem internen Zustand gepaart/verbunden.

Als-Ob: Eine Methode, bei der man „so tut", „als ob" etwas wahr ist. Es wird angewendet, um eine Ressource aufzubauen.

Assoziierte Zustände: Zustände, wo man ein Ereignis „in der Zeit" („in time") erlebt, als wenn es jetzt geschieht, in Ihrem eigenen Körper, wobei Sie durch Ihre eigenen Augen sehen. Volle Beteiligung im Moment oder volles Wiedererleben einer Erfahrung aus der Vergangenheit.

Augen-Zugangshinweise: Augenbewegungen, die mit visuellem, auditivem oder kinästhetischem Denken korrelieren.

Dissoziierte Zustände: In der Position eines mentalen Beobachters Ihrer eigenen Aktionen zu sein; sich selbst durch die Augen eines Beobachters betrachten.

Inkongruenz: Wenn eine Person sich in irgendeiner Art innerem Konflikt befindet und zwei unterschiedliche Botschaften gesendet werden. Äußeres Verhalten und innere Gefühle passen nicht zusammen, was sich oft als Asymmetrie in der Physiologie der Person zeigt.

Kalibirierung: Die Schärfe der Sinne benutzen (sehen, hören, fühlen), um spezifische Wechsel und Veränderungen im äußeren Zustand einer Person zu bemerken, d.h. Stimmlage, Körperhaltung, Gestik, Hautfarbe, Muskelspannung usw., um zu wissen, wann Veränderungen im inneren Zustand der Person auftreten.

Kongruenz: Wenn sich alle Ihre Teile hinsichtlich Ihres Verhaltens in einem bestimmten Kontext in Übereinstimmung miteinander befinden.

Meta-Modell: 17 Unterscheidungen in der Sprache, die angewandt werden, um hochspezifische, sinnesbezogene Information zu sammeln.

Meta-Programme oder Meta-Sortierungen: Habituelle Denkprozesse, die Menschen nutzen, um Information zu sortieren und ihrer Welt Sinn zu geben.

„New Behavior Generator"-Strategien: Ein Prozeß, in dem eine Person eine Situation Revue passieren läßt, in der sie sich nicht so verhalten hat, wie sie es gern würde und dann neue Ressourcen in diese Situation einfügt. Sie kann entweder (1) eine Ressource aufspüren, zu der sie in der Vergangenheit Zugang hatte; (2) so tun, als ob sie die Ressource hätte, oder (3) jemand anders finden, der/die diese Ressource hat und ihn/sie modellieren.

Pacing: Angleichen dem oder Spiegeln des Verhaltens einer anderen Person inklusive ihrer Körperhaltung, Ton und Tempo der Stimme, Atmung, Prädikate usw. (siehe Rapport).

Pseudo-Orientierung in der Zeit: Jemanden in der Vergangenheit oder in der Zukunft reorientieren.

Rapport: Auf der gleichen Wellenlänge sein mit einer anderen Person: „In Sync" (Übereinstimmung) mit ihm/ihr sein. Rapport tritt auf, wenn Sie sich an das Verhalten einer Person auf vielen unterschiedlichen Ebenen angleichen oder es pacen.

Reframing: In NLP-Terminologie ein Redefinitions-Prozeß, in dem der sekundäre Gewinn als die Absicht/Intention hinter einem Verhalten validiert wird. Es verändert die Perspektive einer Person und stellt neue Wahlmöglichkeiten zur Verfügung.

Repräsentationssystem: Die inneren und äußeren Bilder, Geräusche, Worte und Gefühle, die wir nutzen, um unsere Welt zu „repräsentieren" und ihr Sinn zu verleihen.

Sackgasse/Impasse: Eine Nebelwand. Wenn eine Person „Leere im Kopf" hat oder in Verwirrung gerät, wenn Sie mit ihr an einem Problem arbeiten.

Sinnesschärfe (sensory acuity): Die Fertigkeit, minimale Hinweisreize zu beobachten, zuzuhören oder kinästhetisch zu empfinden, die eine andere Person Ihnen in ihrem/seinem analogen Verhalten anbietet.

Strategie: Eine Sequenz von inneren Repräsentationen (Bilder, Geräusche, Worte, Gefühle), die zu einem Ziel führen.

Submodalität: Eine Modalität ist ein Terminus, der sich auf einen der fünf Sinne bezieht, d.h. visuell, auditiv, kinästhetisch usw. Eine Submodalität ist ein Bestandteil oder eine Qualität einer Modalität. Zum Beispiel beinhalten die Submodalitäten in der visuellen Modalität Schärfe eines Bildes, Klarheit, Fokus, Größe eines assoziierten Bildes versus eines dissoziierten, usw. Auditive Submodalitäten schließen Ton, Stimmung, Volumen, Tempo, Dauer des Klanges, usw. ein. Kinästhetische Submodalitäten beinhalten Druck, Ausdehnung, Dauer, usw.

Swish Muster: Ein generativer NLP-Submodalitäts-Prozeß, der Ihr Gehirn darauf programmiert, in eine neue Richtung zu gehen.

Teil: Ein Komplex von Verhaltensweisen oder eine Strategie, z. B. „Es gibt einen Teil von mir, der will, daß ich abnehme."

Transderivationale Suche: Allgemein T-D Suche genannt. Ein Prozeß, wo ein Gefühl geankert wird, und indem man diesen Anker benutzt, wird das Gefühl in der Zeit zurückgeführt in andere Zeiten, in denen die Person das gleiche Gefühl hatte.

Überbrücken in die Zukunft/ Future Pacing: Die Person in eine Situation in ihrer Zukunft assoziieren, wo ein externer Hinweisreiz in ihrer Umgebung eine interne Reaktion oder ein spezifisches Verhalten auslösen (triggern) wird. Sobald das Gehirn einmal diesen Prozeß in dieser Weise durchlaufen hat, wird das Verhalten automatisch in dem bestimmten Zukunftskontext zur Verfügung stehen.

Veränderung der persönlichen Geschichte: Ein Ankerprozeß im NLP, bei dem einer problematischen Erinnerung aus der Vergangenheit neue Ressourcen hinzugefügt werden.

Visueller Squash: Ein Verhandlungsprozeß zwischen zwei inneren „Teilen" oder Polaritäten, die beinhalten: Definieren der Teile, Identifizieren der positiven Absicht oder des Zweckes jeden Teiles und die Verhandlung, eine Übereinkunft mit daraus resultierender Integration.

Ziel (outcome): Ein Endresultat, das eine definierte sinnesbasierte Evidenz für das Erreichtsein hat.

Zustand: Alle Denkprozesse einer Person zusammenbringen, um einen Satz von Denkprozessen zu kreieren, die direkt auf die Physiologie einwirken.

Literatur

nderson, Jill. *Thinking, Changing, Rearranging: Improving Self-Esteem in Young People.* Portland, OR: Metamorphous Press, 1988.

Andreas, Steve und Connirae. *Change Your Mind and Keep the Change.* Moab, Utah: Real People Press, 1987; dt.: *Gewußt wie – Arbeit mit Submodalitäten und weitere NLP-Interventionen* nach Maß. Paderborn: Junfermann, 1988.

Bandler, Richard. *Using Your Brain – For A Change.* Moab, Utah: Real People Press, 1985; dt.: *Veränderung des subjektiven Erlebens.* Paderborn: Junfermann, 1987.

Bandler, Richard, Grinder, John. *The Structure of Magic I.* Palo Alto, CA: Science and Behavior, 1975; dt.: *Metasprache und Psychotherapie. Die Struktur des Magie I.* Paderborn: Junfermann, 1981.

Bandler, Richard, Grinder, John. *The Structure of Magic II.* Palo Alto, CA: Science and Behavior Books, 1976; dt.: *Kommunikation und Veränderung. Die Struktur der Magie II.* Paderborn: Junfermann, 1982.

Bandler, Richard, Grinder, John. *Reframing.* Moab, Utah: Real People Press, 1982; dt.: *Reframing – ein ökologischer Ansatz in der Psychotherapie (NLP).* Paderborn: Junfermann, 1985.

Bry, Adelaide. *Visualization: Directing the Movies of Your Mind.* New York: Harper & Row, 1979.

Dilts, Robert. *Roots of Neuro-Linguistic Programming.* Cupertino, CA: Meta Publications, 1976.

Dilts, Robert. *Applications of Neuro-Linguistic Programming.* Cupertino, CA: Meta Publications, 1983.

Dilts, Robert, Richard Bandler, Judith DeLozier, Leslie Cameron-Bandler, John Grinder. *Neuro-Linguistic Programming, Vol. I: The Study of the Structure of Subjective Experience.* Cupertino, CA: Meta Publications, 1979; dt.: *Strukturen subjektiver Erfahrung. Ihre Erforschung und Veränderung durch NLP.* Paderborn: Junfermann, 1985.

The Essential Works of Pavlov. Ed. Michael Kaplan. New York: Bantam Books, 1965.

Gawain, Shakti. *Creative Visualization.* Berkeley, CA: Whatever Publishers, 1978; dt.: *Stell dir vor. Kreativ visualisieren.* Reinbek: Rowohlt.

Grinder, Michael. *Righting The Educational Conveyor Belt.* Portland, OR: Metamorphous Press, 1989.

Gordon, David. *Therapeutic Metaphors.* Cupertino, CA: Meta Publications, 1978; dt.: *Therapeutische Metaphern.* Paderborn: Junfermann, 1986.

Kostere, Kim, Malatesta, Linda. *Get The Results You Want.* Portland, OR: Metamorphous Press, 1989.

Lee, Scout. *The Excellence Principle.* Portland, OR: Metamorphous Press, 1985.

Lewis, Byron, Pucelik, Frank. *Magic of NLP Demystified.* Portland, OR: Metamorphous Press, 1982.

Silva, Jose. *The Silva Mind Control Method.* New York, NY: Simon & Schuster, 1977; dt: *Die Silva-Mind-Control Methode für Führungskräfte.* München, Erd.
Simonton, Carl, Matthews-Simonton, Stephanie. *Getting Well Again.* New York: Bantam Books, 1982; Dt.: *Wieder gesund werden.* Reinbek: Rowohlt, 1982.
Stone, Christopher. *Re-Creating Your Self.* Portland, OR: Metamorphous Press, 1988.
Taylor, Carolyn. *Your Balancing Act: Discovering New Life Through Five Dimensions of Wellness.* Portland, OR: Metamorphous Press, 1988.

JUNFERMANN

„Schließen Sie die Augen ...“

256 Seiten, kart.
DM 39,80; € 20,50
ISBN 3-87387-453-9

Tad James gibt in dem vorliegenden Buch einen tiefen und intensiven Einblick in die Kunst der Hypnose. Meisterhypnotiseure wie Milton Erickson oder George Estabrooks werden vorgestellt und ihre Techniken vom indirekt-permissiven Stil über den direkt-autoritären Stil erläutert. Alle diese Techniken wirken, indem sie eine Verbindung zum Unbewußten aufbauen. Dieses Buch vermittelt das Wissen über Hypnose detailliert wie kein anderes Werk zu dieser Thematik.

„Außergewöhnlich am vorliegenden Buch ist, wie tief und umfassend das Thema dargestellt wird. Tad hat die Entwicklung der Hypnose von ihren Anfängen bis hin zu den Meisterhypnotiseuren des 20. Jahrhunderts studiert. Das Buch dokumentiert Tads Fähigkeit, komplexe Konzepte auf ihren Kern zu reduzieren und sie dadurch verständlicher, nachvollziehbarer und leichter anwendbar zu machen.“ – *aus dem Vorwort von David Shepard*

Tad James, PhD., ist Präsident des American Board of Hypnotherapy. Er leitet u.a. sein eigenes NLP-Institut und führt weltweit Seminare durch. Bei JUNFERMANN sind seine Bücher *Time-Coaching* sowie *Time-Line* (mit Wyatt Woodsmall) erschienen.

www.junfermann.de
www.active-books.de

JUNFERMANN • Postfach 1840 • 33048 Paderborn
eMail: ju@junfermann.de • Tel. 0 52 51/13 44 0 • Fax 0 52 51/13 44 44